表現を身につける
初級タイ語 改訂版

スニサー・ウィッタヤーパンヤーノン

SANSHUSHA

【はじめに】

　ひと昔前では多くの日本人のタイとの出会いは観光やビジネスが主でしたが、近年では、日本とタイの関係はより緊密になっています。タイではかねてより日本のアニメや漫画、J-POP などへ関心が寄せられていましたが、日本でもドラマや音楽など、タイのサブカルチャーへの関心が広がり、それらをきっかけにタイ語を学びたいと考える日本人も増加しています。また、日本でのタイ語の教育現場でも文法や単語を説明する教材からタイ語を適切に使えるようになる教材／タイ人と円滑コミュニケーションができるようになる教材の需要が高まっていることを感じています。本書は、実用的で日本人に適したタイ語教材を目指し、私の研究（外国語としてのタイ語教育法など）や教育現場での実体験を活かして 2016 年に初版を出版しました。その後、教育現場での本書の使用を通じて、学習者の反応や時代の変化に応じた見直しが必要と感じ、今回の改訂に至りました。改訂版の出版にあたり、初版から本企画に携わって頂き、改訂版の制作に向けても多くの有益な助言を頂いた三修社の菊池暁氏に深く感謝申し上げます。本書がより効果的なタイ語学習の一助となることを願っています。

＜本書の特徴＞
タイ人と円滑にコミュニケーションが取れる表現

　日本人がタイ語を話す際、日本語からの直訳的表現であるため、タイ語の流れとしては少々不自然な表現となっているケースも散見されます。そこで、本書では、タイ人の視点から、タイ語の会話として汎用性が高く、かつタイ人にとって自然に感じる表現を学習していけるようにしました。さらに、タイ人として心地好く感じる表現も随所に織り込んでいます。それらを積み重ねていくことで、タイ語の基礎力を付けることは勿論、円滑にタイ人とのコミュニケーションが取れるようになっていくことを目指しています。他にも、これまで日本人学習者が「この場面で、こういったことをタイ語で言いたい」といった教育現場の経験も反映させていますが、日本語的な表現を無理にタイ語にしたものや、タイ語としての意味は分かるものの実際にタイ人が使用していない表現は避けるようにしました。

詳しい解説

独習でもきちんと各表現を理解し、使えるようになるよう、解説は、単なる意味の説明だけではなく、できる限り詳しく使い方やニュアンスを説明するとともに、例文を複数掲載しています。

実践的な練習問題

解説で学んで終わりではなく、それらの表現を使えるようにするため、実践的な練習問題を豊富に用意しています。各課では、繰り返し練習と応用練習があります。繰り返し練習は、単に表現を覚えるためだけではなく、入門の段階で、まだタイ語の動きに慣れていない口の筋肉を、タイ語に慣れさせることも目的としています。応用練習では、自分で考えてみることで、実践的に使えるようにすることを目指しています。

　　タイ語習得を目指された方が、持続的に学習を進めていくための入口として本書が少しでもお役に立つこと、そして、より多くの日本の方がタイ語を通して、タイへの理解を深めることで、日・タイ間がより一層親密な関係を築いていくことを願っています。

●音声ダウンロード・ストリーミング

1. PC・スマートフォンで本書の音声ページにアクセスします。
   https://www.sanshusha.co.jp/np/onsei/isbn/9784384061253/
2. シリアルコード「06125」を入力。
3. 音声ダウンロード・ストリーミングをご利用いただけます。

【本書の使い方】

日本人にとって、タイ語習得の最大の壁はタイ語の「音」と、私は捉えています。タイ語の「音」をきちんと耳と口に覚え込ませないと、会話はもちろんのこと、タイ文字の理解も難しくなってしまいます。ただ、逆に考えれば、「音」さえ、最初にきちんと体に染み込ませることができれば、タイ語は非常に効果的に習得することが可能であるとも言えます。そこで、本書で学習を進めていくに当たっては、「音」を中心とした学習ができるよう、可能な限り、本書のタイ語を音声に収録してあります。本だけで学習するのではなく、必ず「音」とセットで学習することを心掛けてください。

・音声を活用し、必ず実際のタイ語の発音を確認してください。
・タイ語の表記は、原則、タイ文字と発音記号の併記としていますが、基本的に本書の段階では、実際の音を主とし、それを補完するための発音記号を中心に学習を進めてください。
・発音記号では、音節間に「-」を入れ、音節の区切りをより分かりやすく表記しています。特に初期段階では、音節の区切りを意識し、タイ語を聴解＆発音するようにしてください。
・発音記号の一部は、タイ文字のルール通りの発音ではなく、実際の会話で発音される慣用発音の表記としています。ただし、別冊掲載の「タイ文字」においては、混乱を避けるため、実際の発音ではなく、原則文字通りの発音記号で表記していますが、音声の録音は慣用発音となっています。

例）

	文字通りの発音		慣用発音	
ห้องน้ำ	hɔ̂ŋ-nám	➡	hɔ̂ŋ-náam	トイレ
ดิฉัน	dì-chǎn	➡	di-chán	私（女性）
หนังสือ	nǎŋ-sɯ̌ɯ	➡	náŋ-sɯ̌ɯ	本

本書は以下の３部構成となりますが、それぞれの推奨学習方法や注意点について、説明致します。

1. タイ語の発音
2. 本編（第１～12 課）
3. タイ文字（別冊）

1. タイ語の発音

・十分に音の違いを聞き分けできるようにし、かつ自らが発音できるようになることを目指してください。
・日本人が特に混同しやすい発音に関しては、解説や発音方法を詳細にしています。練習問題も活用しながら、確実にそれらの違いを認識・発音できるようにすることを目指してください。

2. 本編（第1～12課）

(1) 会話
　　・各課の本文に相当するものです。まずは発音記号等を見ずに、耳で聞き取ることに挑戦してみましょう。
　　・「(2) 会話に出てきた単語」、「(3) 表現の解説」を学習した後に、改めて耳で理解することに再度挑戦し、最後に目で理解することを推奨します。
　　・各課のサブタイトルはその課の学習目標です。それらのことができるようになることを目指しましょう。

(2) 会話に出てきた単語
　　・本文（会話）に出てきた重要単語をまとめたものです。

(3) 表現の解説
　　・本文（会話）に出てくる汎用性の高い表現を例文付で解説しています。

(4) 練習
　　・「(3) 表現の解説」で学習した内容を、実践的に使えるようにするための練習です。
　　・全課に単語を入れ替える形での反復練習があります。この形式は、構文を覚えるとともに、タイ語の発音に口の筋肉を慣れさせていくことを目的としたものですので、言葉を入れ替えながら、反復して練習しましょう。

(5) 関連語彙
　　・「(3) 表現の解説」「(4) 練習」に出てきた重要単語をまとめたものです。

3. タイ文字（別冊）

・タイ語の「音」が耳と口に染み込むまでは、焦ってタイ文字の学習をする必要はありません。「音」がきちんと身に付いてこそ、タイ文字も効果的に習得可能となります。
・タイ語の「音」に慣れた頃から、少しずつ学習することを推奨します。（目安として、第5～6課）

もくじ

タイ語の発音 **1** 「音節」と「拍」 …… 10
2 母音
3 子音
4 声調

第1課 **自己紹介――挨拶と自己紹介ができる** …… 22
挨拶 自己紹介 人の呼び方
1 挨拶の表現
2 ค่ะ [khâʔ] / คะ [kháʔ] / ครับ [khráp]
3 โทษนะ [thôot náʔ]
4 人称表現
5 ชื่ออะไร [chɯ̂ɯ ʔa-ray]
6 ล่ะ [lâʔ]
7 ยินดีที่ได้รู้จัก [yin-dii thîi dâay rúu-càk]

第2課 **相手のことを聞く――出身地や職業について話をすることができる** …… 32
タイ語の語順 AはBです① 疑問文の作り方①
1 タイ語の基本語順
2 A + เป็น [pen] + B
3 ใช่ไหม [chây-máy]
4 แล้ว [lɛ́ɛw]
5 疑問詞
6 ที่ [thîi]

第3課 **相手との距離を縮める――年齢や家族構成について話をすることができる** … 40
数字①（0～999） 疑問文の作り方② 所在／存在を表す表現
家族に関する表現
1 数字と数え方（0～999）
2 มี [mii] + A
3 動詞+ ไหม [máy]
4 อยู่ [yùu]
5 家族

第4課　未知なる味との遭遇——知らないことや印象について聞くことができる …… 52
　　　　指示代名詞　　ＡはＢです②　　疑問文の作り方③　　副詞の使い方
　　　　　1　นี่ [nîi] / นั่น [nân] / โน่น [nôon]
　　　　　2　คือ [khɯɯ]
　　　　　3　หรือ [rɯ̌ɯ] / เหรอ [rɤ̌ɤ] / หรอ [rɔ̌ɔ]
　　　　　4　หรือเปล่า [rɯ́-plàaw]
　　　　　5　ไหม [máy]
　　　　　6　ลอง [lɔɔŋ] ＋動詞＋ ดู [duu]
　　　　　7　เป็นไง [pen ŋay]
　　　　　8　นะ [ná?]
　　　　　9　副詞の使い方

第5課　市場にて——買い物ができる …………………………………………… 66
　　　　数字②（1,000 ～）　　類別詞　　可能 / 許可を表す表現
　　　　　1　数字と数え方（1,000 ～）
　　　　　2　A ＋ นี้ [níi] / A ＋ นั้น [nán] / A ＋ โน้น [nóon]
　　　　　3　類別詞
　　　　　4　ไม่ [mây] ＋形容詞 / 動詞＋ หรอก [rɔ̀ɔk]
　　　　　5　動詞の修飾
　　　　　6　ได้ [dâay]
　　　　　7　จ๊ะ [cá?] / จ้า [câa]
　　　　　8　ก็แล้วกัน [kɔ̂ɔ-lɛ́ɛw-kan]
　　　　　9　นะ [ná?]
　　　　　10　（名詞 / 動詞＋）ก็ได้ [kɔ̂ɔ-dâay]

第6課　誘ってみる——提案とその対応ができる ……………………………… 82
　　　　曜日に関する表現　　未来を表す表現　　意志 / 願望を表す表現
　　　　経験を表す表現
　　　　　1　曜日に関する表現
　　　　　2　จะ [càʔ] ＋動詞
　　　　　3　ว่าจะ [wâa càʔ] ＋動詞

- **4** 動詞＋動詞
- **5** อยาก(จะ) [yàak (cà?)] ＋動詞／形容詞
- **6** เคย [khəəy] ＋動詞
- **7** 動詞＋ ยาก [yâak]
- **8** 動詞句／名詞／形容詞＋ ด้วย [dûay]
- **9** 名詞＋ ก็ [kɔ̂ɔ]

第7課 待ち合わせ──場所を示すことができる ……… 94
位置／場所を表す表現　意見を求める表現

- **1** 位置／場所を表す表現
- **2** 位置／場所を表す表現（前置詞など）
- **3** รู้จัก [rúu-càk]
- **4** 疑問詞＋ ดี [dii]
- **5** ดีไหม [dii máy]

第8課 遅刻の時は──時間を示すことができる ……… 110
時間に関する表現　謝罪を表す表現　完了を表す表現

- **1** 時間の表現
- **2** 移動手段
- **3** 謝り方
- **4** 動詞＋ (กัน)เถอะ [(kan) thə̀ʔ]
- **5** 名詞／形容詞／動詞＋ แล้ว [lɛ́ɛw]

第9課 タクシーにて──道順を示すことができる ……… 124
道順に関する表現　依頼文の作り方　義務／習慣を表す表現

- **1** 道を教える
- **2** A ＋ แล้วก็ [lɛ́ɛw-kɔ̂ɔ] ＋ B
- **3** 依頼の表現
- **4** 動詞＋ เลย [ləəy]
- **5** อีก [ʔìik]
- **6** ใช่ [chây] ＋名詞＋ หรือเปล่า [rɯ́-plàaw]
- **7** ต้อง [tɔ̂ŋ] ＋動詞／形容詞

第**10**課 **別れ際**——方法や手段を確認できる ……………………… *136*
 方法/手段を尋ねる表現　推量を表す表現　年月日に関する表現
  1 動詞+ ยังไง [yaŋ-ŋay]
  2 動詞（+目的語等）+ ไป [pay] / มา [maa] / กลับ [klàp]
  3 คง(จะ) [khoŋ(càʔ)] +動詞/形容詞
  4 ไม่ mây +動詞/形容詞/副詞+ เท่าไร [thâw-ràykw]
  5 ก่อน [kɔ̀ɔn] +動詞
  6 จะได้ [càʔ dâay]
  7 年月日の表現

第**11**課 **レストランにて**——料理を注文することができる ……………………… *150*
 注文の仕方　関係代名詞
  1 ขอ [khɔ̌ɔ] +名詞/動詞
  2 関係代名詞　名詞+ ที่ [thîi] +動詞/形容詞/文節
  3 อะไร [ʔa-ray] / ที่ไหน [thîi-nǎy] / ใคร [khray] + ไหม [máy] / หรือเปล่า [rɯ́ɯ-plàaw]
  4 ชอบ [chɔ̂ɔp] +名詞/動詞
  5 A + หรือ [rɯ̌ɯ] + B

第**12**課 **お別れの前に**——気持ちを示すことができる ……………………… *162*
 ものの受け渡しに関する表現　感情を表す表現　仮定の表現
  1 ให้ [hây] +名詞（もの）
  2 ขอบคุณ [khɔ̀ɔp-khun] + ที่ [thîi] +文節
  3 อย่า [yàa] +動詞
  4 動詞+ สิ [sìʔ]
  5 ถ้า [thâa] + A + ก็ [kɔ̂ɔ] + B

別冊　**タイ文字**　**1** 子音字　**4** 子音字+子音字
     2 母音符号　**5** その他のルール
     3 声調記号　**6** よく使われる記号など

 練習問題の解答
 単語 INDEX

タイ語の発音

1 「音節」と「拍」

タイ語の発音を構成する個別の音を説明する前に、「音節」と「拍」について、簡単に触れておきたいと思います。

タイ語は「音節」という単位で音が構成されているのに対して、日本語は「拍」という単位で構成されています。タイ語の音節は「子音＋母音（＋末子音）＋声調」、日本語の拍は「仮名１文字」といったものです。タイ人と日本人は無意識の内にそれぞれ「音節」もしくは「拍」の単位で音を区切っています。例えば、以下の言葉を日本人とタイ人が聞いたら、同じ言葉でも音の切れ目が異なってきます。

「ほっかいどう（北海道）」

【音節】① [hok] ＋② [kay] ＋③ [doo] ＝３音節

【拍】①「ほ」＋②「っ」＋③「か」＋④「い」＋⑤「ど」＋⑥「う」＝６拍

「せんえん（千円）」

【音節】① [seŋ] ＋② [en] ＝２音節

【拍】①「せ」＋②「ん」＋③「え」＋④「ん」＝４拍

そのため、日本人がタイ語を日本語の「拍」的な発音をすると、タイ人にとって非常に聞き取り難い発音となってしまいます。タイ語を話す際は、「音節」的に発音することを心掛ける必要があります。

本書ではタイ語の「音節」的な発音を意識するため、発音記号では音節毎に [-] で区切った表記としています。また、日本人が「音節」的発音をしていくために注意して頂きたい点についても、次項以降で適宜説明しています。

2 母音

基本母音

タイ語には９つの基本母音があります。そして、この９つの基本母音は、短く発音する「短母音」と長く発音する「長母音」があります。タイ文字ではそれぞれ別の文字を使用します。

001

発音記号		発音の仕方
短母音	長母音	
a	aa	・日本語の「ア」とほぼ同じ音。
i	ii	・日本語で意識的にゆっくりと「イ」を発音する場合と近い音。 ・口の両端を横に引くことを意識します。
ɯ	ɯɯ	・「イ」を言う時の口の形で「ウ」と発音。 ・日本語で意識せずに「ウ」を言う時に発音されている音。 ・口の両端を横に引くことを意識することで、[u] との違いを出す。
u	uu	・日本語で意識的にゆっくりと「ウ」を発音する場合と近い音。 ・口を丸めることを意識することで、[ɯ] との違いを出す。
e	ee	・日本語で意識的にゆっくりと「エ」を発音する場合と近い音。 ・口の両端を少し横に引くことを意識することで、[ɛ] との違いを出す。
ɛ	ɛɛ	・「ア」を言う時の口の形で、「エ」と発音。 ・口の開きを若干大きくすることを意識することで、[e] との違いを出す。
o	oo	・日本語で意識的にゆっくりと「オ」を発音する場合と近い音。 ・口を丸めることを意識することで、[ɔ] との違いを出す
ɔ	ɔɔ	・[o] の発音時よりも下顎を少し下げ、かつ口を少し横に広げた形で、「オ」と発音。
ə	əə	・[ɯ] の発音よりも下顎を少し下げ、口を半開きにした口の形で、「オ」と発音。 ・「ウ」と「オ」の中間のような発音。

以下の図は口の中を９つに区切り、タイ語の母音を発音する時の舌の位置と口の開閉具合を簡略的に示したものです。こちらの図も参考にして、それぞれの母音を発音する時の舌の位置と口の開閉のポイントを覚えていきましょう。

舌の位置

舌の位置	前	中央	奥	開口度
上	[i]	[ɯ]	[u]	閉
中	[e]	[ə]	[o]	半閉 半開
下	[ɛ]	[a]	[ɔ]	開

【発音のポイント】
(1) 一見、母音から始まる音節は、実は音節の最初には声門破裂音 [ʔ] という子音を必ず伴っています。母音と標準でセットになっている子音の発音であり、ついその存在を忘れがちになりますが、タイ語の発音では重要な要素です。
(2) 短母音と長母音の区別は音の長さだけでなく、単語の最後の音節が短母音で終わる場合は、声門閉鎖音 [-ʔ] という末子音を伴います。タイ文字では声門閉鎖音を表記する文字がないため、声門破裂音と同じく、ついその発音を忘れがちになります。短母音と長母音を区別するのは、音の長さと同じく音節末の声門閉鎖音の有無を意識しましょう。

注）声門破裂音／声門閉鎖音 [ʔ] の発音については、後述の「子音」の箇所で説明しています。一般のタイ人は声門音を子音として特に意識しているものではありませんが、日本人がタイ語の「音節」的発音をしていくためには重要な要素です。

(002) **練習1** 舌の位置と口の開閉の違いを意識しながら、発音練習をしてください。

(1)	i	ii	e	ee	ɛ	ɛɛ
(2)	ɯ	ɯɯ	ə	əə	a	aa
(3)	u	uu	o	oo	ɔ	ɔɔ
(4)	i	ii	ɯ	ɯɯ	u	uu
(5)	e	ee	ə	əə	o	oo
(6)	ɛ	ɛɛ	a	aa	ɔ	ɔɔ

(003) **練習2** (1) ～ (8) の発音を聞いて、発音されているものを選んでください。

(1)	ɯ	u	(5)	a	aa
(2)	e	ɛ	(6)	u	uu
(3)	o	ɔ	(7)	e	ee
(4)	ə	ɔ	(8)	o	oo

(004) ## 二重母音

2つの母音を連続して発音する二重母音がタイ語には [ia] [ɯa] [ua] の3つがあります。

【発音のポイント】
(1) 1番目の母音を長めに発音し、2番目の母音を添えるように発音します。
(2) 日本語では2拍と捉えられる音ですが、タイ語では1音節と捉えられる音ですので、2つの母音を「拍」的に区切らないよう、つまりカタカナでタイ語の発音を捉えないようにしましょう。

005 「拍」的な発音例

		正	誤	
勉強する	เรียน	rian	riʔ ʔan	「リアン」として発音

006 練習 3 発音練習をしてください。

(1)	ia	ɯa	ua	(3)	bɯa	mɯa	lɯa
(2)	bia	mia	lia	(4)	bua	mua	lua

3 子音

子音

タイ語には 21 の（頭）子音があります。

注）MP3 には「子音＋ ɔɔ」で収録しています。

007

発音記号	発音の仕方
k	・無気音であるため、息を出さずに、喉の奥から「コー」と発音。 ・「ガ行」にならないように注意。 ・日本語で単語の頭でなく、単語の中に「カ行」の音がある場合などに発音されている音。 例）冷蔵庫 [reizooko]
kh	・有気音であるため、必ず息を出しながら発音することを意識。 ・日本語の「カ行」を意識的にゆっくりと発音した時と、ほぼ同じ発音。
ŋ	・「番号」を発音する時のように、鼻に少しかけて「ンゴ」と発音する感じに近い音。ただし、鼻にかけすぎないように注意。 ・発音する際は、空気を鼻からではなく、口から出すようにする（舌の根本を高い位置にしておくと、鼻から出てしまうので要注意）。
c	・無気音であるため、息を出さずに、喉の奥から「チョー」と「ジョー」の間のような音を出すようにして発音。舌先を軽く歯茎に付ける。
ch	・有気音であるため、必ず息を出して発音することを意識。 ・「ショー」と「チョー」の間のような音を出すようにして発音。
d	・日本語の「ダ行」と、ほぼ同じ発音。
t	・無気音であるため、息を出さずに、喉の奥から「トー」と発音。 ・日本語で単語の中に「タ行」の音がある場合などに発音されている音。　例）北 [khita]
th	・有気音であるため、必ず息を出して発音することを意識。 ・日本語の「タ行」を意識的にゆっくりと発音した時と、ほぼ同じ音。
n	・日本語の「ナ行」と、ほぼ同じ音。
b	・日本語の「バ行」と、ほぼ同じ音。

p	・無気音であるため、息を出さずに、喉の奥から「ポー」と発音。 ・日本語で単語の中に「パ行」の音がある場合などに発音されている音。　例）やっぱり [yappali]
ph	・有気音であるため、必ず息を出して発音することを意識。 ・日本語の「パ行」を意識的にゆっくりと発音した時と、ほぼ同じ音。
f	・英語の「f」のように、唇と歯で音を発生。
m	・日本語の「マ行」と、ほぼ同じ音。
r	・巻き舌で舌を震わせて発音。
l	・日本語の「ラ行」に近い音ですが、舌先を上の前歯の歯茎辺りに付けることを意識。
y	・日本語の「ヤ行」に近い音ですが、日本語よりも子音の音 [y] を若干強くするイメージで発音。 ・日本語にはない母音との組み合わせでは発音が難しい場合があるので、要注意。
w	・日本語の「ワ行」に近い音ですが、日本語よりも子音の音 [w] を若干強くするイメージで発音。 ・日本語にはない母音との組み合わせでは発音が難しい場合があるので、要注意。
s	・日本語の「サ行」と、ほぼ同じ音。
h	・日本語の「ハ行」と、ほぼ同じ音。
ʔ	・他の頭子音が母音の前にない場合に発音される音で、喉を締めて音を出す（声門破裂音）。 ・これにより、タイ語の音節は母音から始まるものはなく、必ず子音から始まるものとなっており、音節の切れ目を作っていく上で、重要な役割。

(008)　**練習 4**　頭子音を意識しながら、発音練習をしてください。

k	kaa	kii	kuu	kɯɯ	kee	kɛɛ	kɔɔ	koo	kəə
kh	khaa	khii	khuu	khɯɯ	khee	khɛɛ	khɔɔ	khoo	khəə
c	caa	cii	cuu	cɯɯ	cee	cɛɛ	cɔɔ	coo	cəə
ch	chaa	chii	chuu	chɯɯ	chee	chɛɛ	chɔɔ	choo	chəə
t	taa	tii	tuu	tɯɯ	tee	tɛɛ	tɔɔ	too	təə
th	thaa	thii	thuu	thɯɯ	thee	thɛɛ	thɔɔ	thoo	thəə
p	paa	pii	puu	pɯɯ	pee	pɛɛ	pɔɔ	poo	pəə
ph	phaa	phii	phuu	phɯɯ	phee	phɛɛ	phɔɔ	phoo	phəə
ŋ	ŋaa	ŋii	ŋuu	ŋɯɯ	ŋee	ŋɛɛ	ŋɔɔ	ŋoo	ŋəə

s	saa	sii	suu	sɯɯ	see	sɛɛ	sɔɔ	soo	səə
d	daa	dii	duu	dɯɯ	dee	dɛɛ	dɔɔ	doo	dəə
b	baa	bii	buu	bɯɯ	bee	bɛɛ	bɔɔ	boo	bəə
f	faa	fii	fuu	fɯɯ	fee	fɛɛ	fɔɔ	foo	fəə
y	yaa	yii	yuu	yɯɯ	yee	yɛɛ	yɔɔ	yoo	yəə
l	laa	lii	luu	lɯɯ	lee	lɛɛ	lɔɔ	loo	ləə
r	raa	rii	ruu	rɯɯ	ree	rɛɛ	rɔɔ	roo	rəə
w	waa	wii	wuu	wɯɯ	wee	wɛɛ	wɔɔ	woo	wəə
h	haa	hii	huu	hɯɯ	hee	hɛɛ	hɔɔ	hoo	həə
m	maa	mii	muu	mɯɯ	mee	mɛɛ	mɔɔ	moo	məə
n	naa	nii	nuu	nɯɯ	nee	nɛɛ	nɔɔ	noo	nəə

【発音のポイント】

（1）無気音と有気音

・タイ語では日本語では意識されていない無気音と有気音の使い分けがあります。具体的には [p] と [ph]、[t] と [th]、[c] と [ch]、そして [k] と [kh] になります。無気音を発音する時には口から空気が出ていないのに対し、有気音の時は口から空気が出ているのが違いです。口に手の平を当ててみて、空気が出ているかどうかを確認してみましょう。

・日本語の「カ行」と「ガ行」は、声帯を震えさせるかどうかで違いを出します。声帯が震えない「カ行」が無声音で、声帯が震える「ガ行」は有声音となります。（喉の辺りを触ってみると、声帯の震えが分かります）日本人がタイ語の無気音と有気音の違いを出すために、日本語と同じように無意識の内に無声音と有声音の違いによって、タイ語の無気音と有気音の違いを出そうとする傾向がよく見られます。

（例）[k-] と [kh-] の違いを、「ガ行」と「カ行」に置き換え

タイ人には逆に無声音と有声音の違いがよく分かりませんので、注意しましょう。

・日本語の「パ行」「タ行」「カ行」について、それらが単語の最初に来る場合や、意識的にゆっくりと発音すると有気音になるのに対し、単語の中に来ると無気音で発音される傾向が見られます。

（例）同じ「タ」でも、谷＝ [<u>tha</u>ni]（有気音）、北＝ [khi<u>ta</u>]（無気音）で発音される傾向

その影響で、タイ語の単語の中（第２音節以降）で、有気音で発音すべき所を、日本人は無意識の内に無気音で発音してしまう傾向もよく見られるので注意しましょう。

009 **練習 5** 無気音と有気音の違いを意識しながら、発音練習をしてください。

(1)	kaa	khaa	kuu	khuu	kɯɯ	khɯɯ
(2)	chay	cay	chaa	caa	chuu	cuu
(3)	thaa	taa	thii	tii	thɔɔ	tɔɔ
(4)	pay	phay	paa	phaa	puu	phuu

010 (2) [y] [w]

これらの子音は母音との組み合わせによっては、日本人には難しい発音があります。例えば、[ʔii] と [yii] はタイ人にとっては全く別の音ですが、日本人には同じ「イー」として聞こえてしまう傾向があります。[y] の発音方法を身に付けるために、日本人が普段から出している音をヒントとした以下のような練習をしてみましょう。

① [ʔaa] と [ʔii] を繰り返し発音：舌の位置や口の開きを感覚で覚えるようにします。

② [yaa] と [ʔii] を繰り返し発音：①の繰り返し作業を、途中から [ʔaa] を [yaa] へと置き換えます。
この時、[y] の音をどのようにして出しているかを意識しましょう。

③ [yaa] と [yii] を繰り返し発音：②で意識した [yaa] の感覚から [yii] の発音につなげます。

④ [ʔii] と [yii] を繰り返し発音：③の後に、これら 2 つの発音を比較すると、それぞれの発音で、口や舌の使い方が違っていることが分かるかと思います。

他にも日本人にとって、[y] と一緒になると発音し難くなる母音 ([e] [ɛ] など) でもこの練習をしてみましょう。
[w] についても、同様の練習が効果的です。

011 **練習 6** 頭子音の違いを意識しながら、発音練習をしてください。

(1)	raa	laa	rɔɔ	lɔɔ	rɯɯ	lɯɯ
(2)	naa	ŋaa	nay	ŋay	nuu	ŋuu
(3)	yii	ʔii	yia	ʔia	yɯa	ʔɯa
(4)	wua	ʔua	wii	ʔii	wia	ʔia

12 **練習 7** (1) ～ (8) の発音を聞いて、発音されているものを選んでください。

(1)	kay	khay	(5)	rɯa	lɯa
(2)	pii	phii	(6)	nii	ŋii
(3)	too	thoo	(7)	yii	ʔii
(4)	cəə	chəə	(8)	wua	ʔua

13 **二重子音**

母音を挟まずに、2 つの子音を連続して発音します。[pl] [pr] [phl] [phr] [tr] [kl] [kr] [kw] [khl] [khr] [khw] の 11 の二重子音があります。

注）MP3 には「二重子音＋ ɔɔ」で収録。

【発音のポイント】

日本語には存在しない音の構造ですので、「拍」的な発音とならないように注意が必要です。具体的には、2 つの子音の間に不要な母音を入れないように注意しましょう。

14 「拍」的な発音例

		正	誤	
怖い	กลัว	klua	ku-lua	「クルア」として発音

末子音

音節の最後に来る子音で、9 あります。日本語では意識されないものですが、タイ語は重要な役割を果たしています。

注）MP3 には「a+ 末子音」で収録。

15

発音記号	発音の仕方	
-m	・「乾杯」[khammpai] と言う時に、[kham] で止めた時の [-m] の音。 ・[-n] [-ŋ] との違いを出すため、唇を閉じて、息を止めることを意識。	平音節
-n	・「みんな」[minna] と言う時に、[min] で止めた時の [-n] の音。 ・[-m] [-ŋ] との違いを出すため、舌先を上の歯茎に付けて、息を鼻から抜いて止めることを意識。	
-ŋ	・「マンガ」[maŋga] と言う時に、[maŋ] で止めた時の [-ŋ] の音。 ・[-m] [-n] との違いを出すため、舌先をどこにも付けずに、息を鼻から抜いて止めることを意識。	
-w	・「ウ」と「オ」の中間にあるような音を、弱く添えるように発音。	
-y	・「イ」を弱く添えるように発音。	

-p	・「やっぱり」[yappari] と言う時に、[yap] で止めた時の [-p] の音。 ・[-t] [-k] [-ʔ] との違いを出すため、唇を閉じて、息を止めることを意識。	促音節
-t	・「やっと」[yatto] と言う時に、[yat] で止めた時の [-t] の音。 ・[-p] [-k] [-ʔ] との違いを出すため、舌の先を歯茎の裏に付いた時に息を止めることを意識。	
-k	・「はっきり」[hakkiri] と言う時に、[hak] で止めた時の [-k] の音。 ・[-ʔ] との違いを出すため、舌を固定することにより息を止めることを意識。	
-ʔ	・「あっ！」[aʔ] と言う時の音となり、短母音の後にのみ来る末子音。 ・[-k] との違いを出すため、声門を閉めることにより息を止めることを意識。	

【発音のポイント】

(1) タイ語の末子音は日本語でも発音されている音ですが、日本語では意識して使い分けられていない音です。例えば、日本語の「ッ」として [-p] [-t] [-k] [-ʔ] が、「ン」として [-m] [-n] [-ŋ] が無意識に発音されています。日本語では「ッ」と「ン」の直後に来る音の影響を受け変化しています。日本語では同じ「ッ」と「ン」であったとしても、タイ語では全く別の音として捉えられます。これを利用し、日本語で発音されている音で感覚を覚えながら、使い分けをできるようにしていきましょう。（上記例参照）

(2) 日本語は次音節の子音の影響を受け、直前の末子音の音（「ッ」や「ン」）が変化しますが、タイ語では影響を受けることはありません。末子音と次音節の子音がお互いに影響を受けないように注意しましょう。具体的には、末子音で一旦音節を区切り、次の音節に移っていくことを意識してみましょう。

016 末子音／頭子音が変化してしまう例

		正	誤	
トイレ	ห้องน้ำ	hɔ̂ŋ-náam	hɔ̂n-náam	子音の影響で、前の末子音が変化
11	สิบเอ็ด	sìp-ʔèt	sìp-pèt	末子音の影響で、後の子音が変化

(3) 短母音＋[-ʔ] の音節が単語の最終音節でない場合、声門閉鎖音は弱まります。声門閉鎖音を意識し過ぎると逆に不自然な発音となります。そのため、本書では単語の最終音節以外の [-ʔ] は省略しています。ただし、後に続く子音の影響を受けないように注意しましょう。

017

		正	誤	
ニンニク	กระเทียม	kraʔ-thiam	krat-thiam	子音の影響で、前の末子音が変化

4 声調

声調とは音節単位での音の高さ / イントネーションです。日本語にはほとんどない要素ですが、タイ語では非常に重要な役割を持っています。タイ語には５つの声調があります。

(1) 平声（発音記号：無）：普通の声の高さで平らに発音（最後に少し下降）
(2) 低声（発音記号：｀）：低い声で平らに発音
(3) 下声（発音記号：＾）：高いところから下降しながら発音
(4) 高声（発音記号：´）：高い声で平らに発音
(5) 上声（発音記号：ˇ）：低いところから上昇させて発音

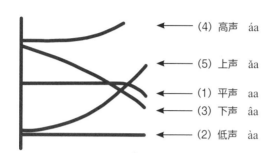

18

(4) 高声 áa
(5) 上声 ǎa
(1) 平声 aa
(3) 下声 âa
(2) 低声 àa

注）MP3 には [aa] を例として収録。

【発音のポイント】

(1) まずは平声を発音できるようにしましょう。平らに発音、つまり「一定の音の高さで発音」するのは実は日本人にとっては、意識すると難しいことです。また、「普通の声の高さ」というのも、日本人とタイ人では若干異なっており、日本人の方が若干低めの傾向です。タイ語での平声での音の高さを覚え、かつ「一定の音の高さで発音」するということを確実に身に付けましょう。

(2) 平声がしっかり発音できるようになったら、次に低声を覚えましょう。上記（1）の通り、日本人が感じる普通の声の高さは、タイ人よりも若干低いです。そのため、日本人が発音する平声と低声が、タイ人にとっては、聞き分けが難しい場合があります。タイ語の平声での音の高さを基準として、平声と低声との差別化を図っていくようにしましょう。「一定の音の高さで発音」することは、平声と同じです。

(3) 次は高声です。高声はいくら高い音を出しても、タイ人は他の声調とは間違えることはないので、思い切って高い音を出すように心がけましょう。

(4) 最後に下声と上声ですが、これらは極端に高低差を出していけば、タイ人にとっては分かり易いものとなります。

19 **練習 8** 声調を意識しながら、発音練習をしてください。

(1)	maa	来る	máa	馬	mǎa	犬		
(2)	yaa	薬	yàa	～しないで	yâa	お婆さん		
(3)	khàa	生姜	khâa	価値	kháa	商売する	khǎa	足

(4)	phîi	姉／兄	phǐi	お化け				
(5)	mày	新しい	mây	～ではない	máy	～ですか？	mǎy	絹
(6)	sùa	ござ	sûa	服	sǔa	虎		
(7)	thaa	塗る	thâa	もし	tháa	挑戦する		
(8)	sìi	4	sîi	（歯の類別詞）	síi	親しい	sǐi	色
(9)	khaaw	生臭い	khàaw	ニュース	khâaw	ご飯	khǎaw	白
(10)	nîi	これ	níi	この	nǐi	逃げる		

020 **練習 9** (1) ～ (8) の発音を聞いて、発音記号に、声調記号を付けてください。

(1) maa may

(2) may maa

(3) may may

(4) may may

(5) baan may may

(6) baan may may

(7) sɯa yaa suay may

(8) sɯa yaa may suay

021 **練習 10** 末子音の違いを意識しながら、発音練習をしてください。

-k	yâak	難しい	mâak	たくさん	nàk	重い	rîak	呼ぶ
-t	pə̀ət	開く	khít	考える	bàat	バーツ	rót-tìt	渋滞
-p	sìp	10	kàp	～と～	tɔ̀ɔp	答える	yáp	シワになる
-m	sǎam	3	phǒm	私	nîm	柔らかい	lom	風
-n	bâan	家	lên	遊ぶ	sǔun	0	rɔ́ɔn	暑い
-ŋ	bâaŋ	多少	rɛɛŋ	強い	sǐaŋ	声	kèŋ	上手い
-w	yaaw	長い	khǐaw	緑	khâaw	ご飯	rew	早い
-y	khɔɔy	待つ	yáay	移る	rɔ́ɔy	100	khǎay	売る

022 **練習 11** (1) ～ (5) の発音を聞いて、発音されているものを選んでください。

(1) bâan bâaŋ

(2) nát náp

(3) rɔ́ɔŋ rɔ́ɔy

(4) yâak yâat

(5) yaam yaaŋ

23 練習 12 二重子音を意識しながら、発音練習をしてください。

kr	kruŋ-thêep	バンコク	kròot	怒る	kra-pǎw	カバン	kron	イビキをかく
kl	klay	遠い	klɔ̂ŋ	カメラ	klûay	バナナ	klâam	筋肉
kw	kwâaŋ	広い	kwaaŋ	鹿	kwàat	掃く	kwàa	～より
khr	khrua	台所	khray	誰？	khruu	先生	khrûŋ	～半
khl	khláay	似ている	khlɔ̂ɔt	産む	khlîi	開く	khlûɯɯn	波
khw	khwaay	水牛	khwǎan	斧	khwan	煙	khwɛ̌ɛn	架ける
tr	trùat	調べる	traa	シンボル	triam	準備する	troŋ	まっすぐ
pr	pràp	調整する	prîaw	酸っぱい	pra-thêet	国	pra-tuu	扉
pl	plaa	魚	plɛ̀ɛk	変な	plɯ̀ak	皮	plùuk	植える
phr	phráʔ	お坊さん	phrɔ́ʔ	なぜなら	phrûŋ-níi	明日	phrík	唐辛子
phl	phleeŋ	歌	phlǎə	うっかりする	phlɛ̌ɛ	傷	phlàk	押す

24 練習 13 (1) ～ (10) のタイ語を聞いて、発音記号で書いてください。

(1)

(2)

(3)

(4)

(5)

(6)

(7)

(8)

(9)

(10)

第 1 課 自己紹介——挨拶と自己紹介ができる

啓太郎とナッダーは、共通の友人の誕生パーティーで初めて出会いました。
会話から、初めて会った時の挨拶の表現を学びましょう。

025

เค	สวัสดีครับ โทษนะครับ คุณชื่ออะไรครับ
khee	sa-wàt-dii khráp thôot náʔ khráp khun chûuɯ ʔa-ray khráp
นัด	สวัสดีค่ะ ชื่อนัดดาค่ะ
nát	sa-wàt-dii khâʔ chûuɯ nát-daa khâʔ
เค	ชื่อเล่นล่ะครับ
khee	chûuɯ-lên lâʔ khráp
นัด	ชื่อเล่นชื่อนัดค่ะ คุณล่ะคะ
nát	chûuɯ-lên chûuɯ nát khâʔ khun lâʔ kháʔ
เค	ผมชื่อเคตาโร ชื่อเล่นชื่อเคครับ
khee	phǒm chûuɯ khee-taa-rôo chûuɯ-lên chûuɯ khee khráp
นัด	ยินดีที่ได้รู้จักค่ะ
nát	yin-dii thîi dâay rúu-càk khâʔ
เค	ครับ เช่นกันครับ
khee	khráp chên-kan khráp

026 **会話に出てきた単語**

สวัสดี	sa-wàt-dii	こんにちは
ครับ	khráp	〜です（男性）
โทษนะ	thôot náʔ	すみません
คุณ	khun	あなた
ชื่อ	chûuɯ	名前
อะไร	ʔa-ray	何？
ดิฉัน	di-chán	私（女性が使う一人称単数形）
ค่ะ	khâʔ	〜です（女性）
ชื่อเล่น	chûuɯ-lên	あだ名
ล่ะ	lâʔ	〜は？
คะ	kháʔ	ですか？（女性）
ผม	phǒm	私（男性が使う一人称単数形）
ยินดีที่ได้รู้จัก	yin-dii thîi dâay rúu-càk	はじめまして
เช่นกัน	chên-kan	こちらこそ

和訳

ケー　こんにちは。すみませんが、お名前は何ですか？
ナッ　こんにちは。名前はナッダーです。
ケー　あだ名は？
ナッ　あだ名はナッです。あなたは？
ケー　私の名前は啓太郎で、あだ名はケーです。
ナッ　はじめまして。
ケー　こちらこそ。

027 **1 挨拶の表現**

สวัสดี [sa-wàt-dii] は時間を選ばず、かつ出会った時と別れる時のいずれの場面でも使用される汎用性の高い挨拶の表現です。

A : สวัสดีค่ะ	sa-wàt-dii khâʔ	こんにちは。（女性）
B : สวัสดีครับ	sa-wàt-dii khráp	こんにちは。（男性）

親しくなると สวัสดี [sa-wàt-dii] を短縮した หวัดดี [wàt-dii] という言い方も使います。

A : หวัดดี	wàt-dii	おはよう。
B : หวัดดีค่ะ	wàt-dii khâʔ	おはようございます。（女性）

他にも使用頻度の高い挨拶の表現をいくつかご紹介します。

挨拶

A : สบายดีหรือเปล่าครับ	sa-baay dii rɯ́-plàaw khráp	お元気ですか？（男性）
B : สบายดีค่ะ	sa-baay dii khâʔ	元気です。（女性）

สบายดี [sa-baay dii] は「元気」という意味です。なお、หรือเปล่า [rɯ́-plàaw] は文を疑問形にする言葉ですが、これは第４課で詳しく学習します。

A : วันนี้เป็นไง	wan-níi pen ŋay	今日はどう？
B-1 : เรื่อยๆ ครับ	rɯ̂ay-rɯ̂ay khráp	まあまあです。（男性）
B-2 : สบายดีครับ	sa-baay dii khráp	元気です。（男性）

A : ไปไหนมา	pay nǎy maa	どこに行ってきたの？
B : ไปแถวนี้มา	pay thɛ̌w-níi maa	その辺。

A : กินข้าวหรือยัง	kin khâaw rɯ́-yaŋ	ご飯は食べた？
B-1 : กินแล้ว	kin lɛ́ɛw	もう食べた。
B-2 : ยัง	yaŋ	まだ。

ไปไหนมา [pay nǎy maa] や กินข้าวหรือยัง [kin khâaw rɯ́-yaŋ] は挨拶代わりなので、真剣に細かく答えなくても大丈夫です。

ワンポイント：知っておきタイ

日本人は気候の話を挨拶代わりにしますが、タイ人は挨拶では、あまり気候のことは話しません。タイは１年中暑く、気候にあまり変化がないためかもしれません。また、親しい相手には、相手の外見（ファッションや髪型）を褒めるのも、挨拶の一つのような感じで多用されます。タイ人と親しくなってきたら、色々な表現での挨拶を試してみましょう。

別れる時

A：แล้วเจอกันใหม่ครับ	lέεw cəə kan mày khráp	では、また。(男性)
B：ค่ะ แล้วเจอกันใหม่ค่ะ	khâʔ lέεw cəə kan mày khâʔ	はい。では、また。(女性)

自分が先にその場を離れる場合

A：กลับก่อนนะครับ	klàp kɔ̀ɔn náʔ khráp	お先に。(男性)
B：เชิญค่ะ	chəən khâʔ	どうぞ。(女性)

自分と同等／立場が下の相手に対して

A：กลับดี ๆ นะครับ	klàp dii-dii náʔ khráp	気をつけて帰ってね。(男性)
B：ขอบคุณค่ะ	khɔ̀ɔp-khun khâʔ	ありがとうございます。(女性)

励ます時やしばらく会わない時に使用

A：โชคดีครับ	chôok-dii khráp	お元気で。／幸運を。(男性)
B：ขอบคุณค่ะ	khɔ̀ɔp-khun khâʔ	ありがとうございます。(女性)

028

2 โทษนะ [thôot náʔ]

親しい人などに対して、軽く謝る時の表現です。人にちょっとした迷惑をかけた時、人を呼び止める時などにも使用し、日本語の「すみません」に近いニュアンスです。

丁寧にお詫びをする場合は、ขอโทษ [khɔ̌ɔ-thôot] という表現を使用します。

謝られて、特に問題ない場合は、ไม่เป็นไร [mây-pen-ray]「大丈夫／気にしないで」といった表現で返します。

A：ขอโทษ	khɔ̌ɔ-thôot	ごめんなさい。
B：ไม่เป็นไร	mây-pen-ray	いいえ。

お礼　逆の表現となるお礼は次の通りです。

一般的なお礼の言葉

A：ขอบคุณครับ	khɔ̀ɔp-khun khráp	ありがとうございます。(男性)
B：ยินดีค่ะ	yin-dii khâʔ	喜んで。／どういたしまして。(女性)

自分と同等 / 立場が下の相手に対して

A：ขอบใจนะ　khɔ̀ɔp-cay náʔ　ありがとうね。
B：ไม่เป็นไรค่ะ　mây-pen-ray khâʔ　気にしないでください。(女性)

029 **3 ค่ะ [khâʔ] / คะ [kháʔ] / ครับ [khráp]**

日本語の「～です／～ます」に相当する言葉で、ニュアンスを丁寧にしたい場合に、文末に加える言葉です。女性は ค่ะ [khâʔ] で、男性は ครับ [khráp] を使用します。女性が使う ค่ะ [khâʔ] に限り、疑問文では คะ [kháʔ] となり、平叙文とは声調が異なります。「はい」といった返事にも使用する言葉です。以降、本書では会話本文を除き、ค่ะ [khâʔ] / คะ [kháʔ] / ครับ [khráp] を、省略して ค. [kh.] と表記します。

030 **4 人称表現**

人称代名詞

		人称 一	人称 二	人称 三	タイトル	
ผม	phǒm	●				・話し手：男性
ดิฉัน	di-chán	●				・話し手：女性 ・改まった場面で使用
ฉัน	chán	●				・話し手：主に女性、カジュアルな場面で使用
เรา	raw	●	●			・一人称・二人称とも単数 / 複数として使用可 ・พวก [phûak-] が頭に付いて、พวกเรา [phûak-raw] となると複数形
หนู	nǔu	●	●		●	・年下に使用（一人称で使用する場合は話し手が年下） ・話し手：女性 ・「ねずみ」の意味
คุณ	khun		●		●	・タイトルとして使用する場合は「～さん」のニュアンス
เธอ	thəə		●	●		・三人称では女性を言及するときに使用することが多い
ท่าน	thâan		●		●	・敬意を表し、タイトルとして使用する場合は「～様」のニュアンス
เขา	kháw			●		

人称表現でよく使われる表現

พี่	phîi	●	●	●	●	・「兄 / 姉」の意味で、年上に使用（一人称で使用する場合は話し手が年上） ・親以上に年齢が離れている場合は ลุง [luŋ]「おじさん」や ป้า [pâa] を使用
น้อง	nɔ́ɔŋ	●	●	●	●	・「弟 / 妹」の意味で、年下に使用（一人称で使用する場合は話し手が年下）
อาจารย์	ʔaa-caan	●	●	●	●	・教職の先生（高校以上）
ครู	khruu	●	●	●	●	・教職の先生(小中学校 / 一人称では高校以上の先生でも使用)

หมอ	mɔ̌ɔ	●	●	●	●	・医者
名前 / あだ名		●	●	●		・タイではあだ名をよく使う ・タイでは名字を使用するのは公式書類ぐらい

タイ語の人称代名詞は เรา [raw] のように、複数の人称で使われるものもあるなど、少々複雑です。本書では便宜上、例文等に人称代名詞を多く用いていますが、実際にはタイ語の人称表現としては人称代名詞よりも親族名称や名前などを多く使用します。タイ語でのコミュニケーションでは親しさといった横の関係の他にも、年齢差や立場といった縦の関係を示すことが求められ、その役割を大きく担うのが人称表現となります。

しかしながら、人称代名詞では縦の関係を示すことができるものは หนู [nǔu] など一部の語に限られており、人称代名詞を使うと失礼になるケース（例：先生に対して คุณ [khun]）や冷たい印象を与える可能性（例：友人との会話で ดิฉัน [di-chán] を使用）もあるので、注意が必要です。逆に人称表現を適切に使えると上手く人間関係が築くことが可能となります。例えば、年上の相手に対して คุณ [khun] ではなく、พี่ [phîi]（＋あだ名）を使うと敬意を示しつつ距離が近いと感じます。

表中にある「タイトル」とは、名前や名詞（職業名称、親族名称など）の前に付ける用法が可能な語のことを意味し、タイトルを付けることで敬意や親しみを表します。日本語での「～さん」「～様」「～ちゃん」「～兄さん」「～先生」に近い用法です（例：ケー＋兄→ケー兄さん、医者＋さん→お医者さん、父＋さん→お父さん、ケー＋先生→ケー先生）。

なお、この表以外にも人称代名詞やその他の人称表現は数多くありますので、少しずつ表現の幅を広げていきましょう。

031

5 ชื่ออะไร [chɯ̂ɯ ʔa-ray]

ชื่อ [chɯ̂ɯ] は「名前」、อะไร [ʔa-ray] は「何？」という意味で、名前を聞く疑問文となります。聞きたい人の名前を特定する場合は、文頭に名前を聞きたい人の三人称や敬称などを置きます。

เขาชื่ออะไร	kháw chɯ̂ɯ ʔa-ray	彼（彼女）の名前は何ですか？

自分の名前を名乗る時は、

ผม / ดิฉันชื่อ…	phǒm / di-chán chɯ̂ɯ …	私の名前は～です。

と言いますが、文脈で主語が明らかな場合、ผม [phǒm] / ดิฉัน [di-chán] を省略することが可能です。

A：คุณชื่ออะไร ค.	khun chɯ̂ɯ ʔa-ray kh.	あなたの名前は何ですか？
B：ดิฉันชื่อนัดดา ค.	di-chán chɯ̂ɯ nát-daa kh.	私の名前はナッダーです。
A：เขาชื่ออะไร ค.	kháw chɯ̂ɯ ʔa-ray kh.	彼の名前は何ですか？
B：ชื่อเคตาโร ค.	chɯ̂ɯ khee-taa-rôo kh.	名前は啓太郎です。

話している相手に直接名前やあだ名を聞く場合は、主語を省くことが多いです。

あだ名を聞く場合は、ชื่อ [chɯ̂ɯ] の前に、ชื่อเล่น [chɯ̂ɯ-lên] を加えます。

A : ชื่อเล่นชื่ออะไร ค.　chûuɯ-lên chûuɯ ʔa-ray kh.　あだ名は何ですか？
B : ชื่อเล่นชื่อเค ค.　chûuɯ-lên chûuɯ khee kh.　あだ名はケーです。

ワンポイント：知っておきタイ

タイでは名字で呼び合うことはほとんどありません。親しい友人でも相手の名字を知っている人は極めて稀です。名前で呼ぶのも改まった時だけで、あだ名が最も一般的な呼称となります。そのため、名前でタイ人のことを呼ぶと相手は距離を感じてしまいますが、あだ名で呼ぶと親しみを感じてもらえます。もちろん、あだ名ではなく、名前で呼ばなくてはならない人もいますが、一般的にタイ人は距離の近い付き合い方を好みます。そのため、これから仲良くなりたい人に対しては、最初からあだ名で呼ぶ習慣を身に付けましょう。さらに言えば、こちらから相手のあだ名を聞くと印象が良くなりますし、タイ人が覚え易いあだ名を自分につけておくと、すぐに覚えてもらえます。

名字を聞く場合は、ชื่อ［chûuɯ］を、นามสกุล［naam-sa-kun］へ置き換えます。

A : เขานามสกุลอะไร　kháw naam-sa-kun ʔa-ray　彼の名字は何ですか？
B : เขานามสกุลไซโต　kháw naam-sa-kun say-tôo　彼の名字は斉藤です。

032 6 ล่ะ [lâʔ]

質問された内容や直前で話していた内容と同じことを、再度聞く時に使う表現です。ล่ะ［lâʔ］を使うことによって、同じ文章を繰り返さないで済みます。

คุณล่ะ　khun lâʔ　あなたは？
นัดล่ะ　nát lâʔ　ナッは？
อาจารย์ล่ะ ค.　ʔaa-caan lâʔ kh.　先生は？

033 7 ยินดีที่ได้รู้จัก [yin-dii thîi dâay rúu-càk]

初めて会った相手に使う表現ですが、若い世代やカジュアルな場面において、特にタイ人同士ではほとんど使いません。タイ人同士の場合は、名前をお互い紹介した後、相手との距離感を縮めるため、相手の年齢や住んでいる所などプライベートの質問をし合い、会話を進めます。一方で、改まった場面やタイ語がまだあまりできない場合は、この表現を使いましょう。
直訳すると、ยินดี［yin-dii］「喜ぶ」、ที่ได้［thîi dâay］「できる」、รู้จัก［rúu-càk］「知る」といった意味ですので、英語の Nice to meet you と近い意味です。
この表現への答え方は、同じ表現を繰り返すか、เช่นกัน［chên-kan］「こちらこそ」と言います。

A : ยินดีที่ได้รู้จัก ค.　yin-dii thîi dâay rúu-càk kh.　初めまして。
B : เช่นกัน ค.　chên-kan kh.　こちらこそ。

034 **練習1** 言葉の組み合わせを変えて、反復練習をしてください。

(1)

โทษนะ ค. thôot náʔ kh.	คุณ เขา อาจารย์ (คุณ) เพื่อน (คุณ)	khun kháw ʔaa-caan (khun) phɯ̂an (khun)	ชื่อ นามสกุล ชื่อเล่น (ชื่อ)	chɯ̂ɯ naam-sa-kun chɯ̂ɯ-lên (chɯ̂ɯ)	อะไร ค. ʔa-ray kh.

(2)

ดิฉัน ผม เขา อาจารย์ เพื่อน	di-chán phǒm kháw ʔaa-caan phɯ̂an	ชื่อ chɯ̂ɯ	นัดดา เคตาโร วินัย วันมาฆ์ นาโอมิ	nát-daa khee-taa-rôo wí-nay wan-maa naa-ʔoo-míʔ

035 **練習2** (1) ～ (7) の質問に対して、タイ語で答えてください（自分自身のことについて答
質問) えてください）。

036
解答例)
(1) คุณชื่ออะไร　　　　　　　　khun chɯ̂ɯ ʔa-ray
(2) คุณนามสกุลอะไร　　　　　　khun naam-sa-kun ʔa-ray
(3) คุณชื่อเล่นชื่ออะไร　　　　　khun chɯ̂ɯ-lên chɯ̂ɯ ʔa-ray
(4) อาจารย์คุณชื่ออะไร　　　　　ʔaa-caan khun chɯ̂ɯ ʔa-ray
(5) อาจารย์คุณนามสกุลอะไร　　ʔaa-caan khun naam-sa-kun ʔa-ray
(6) เพื่อนคุณชื่ออะไร　　　　　　phɯ̂an khun chɯ̂ɯ ʔa-ray
(7) เพื่อนคุณชื่อเล่นชื่ออะไร　　phɯ̂an khun chɯ̂ɯ-lên chɯ̂ɯ ʔa-ray

037 **練習3** (1) ～ (15) のタイ語を聞いて、それに対してタイ語で答えてください。

解答例)

第 1 課　自己紹介　29

039 **関連語彙**

หวัดดี	wàt-dii	こんにちは
สบายดี	sa-baay dii	元気な
หรือเปล่า	rɯ́ɯ-plàaw	～ですか？
วันนี้	wan-níi	今日
เป็นไง	pen ŋay	どう？
เรื่อยๆ	rɯ̂ay-rɯ̂ay	まあまあ
ไป	pay	行く
ไหน	nǎy	どこ？ / どれ？ / どの？
มา	maa	来る
แถวนี้	thɛ̌w-níi	このあたり
กิน	kin	食べる / 飲む
ข้าว	khâaw	ご飯
หรือยัง	rɯ́ɯ-yaŋ	もう～した？
แล้ว	lɛ́ɛw	もう～した
ยัง	yaŋ	まだ
ขอบคุณ	khɔ̀ɔp-khun	ありがとう
ขอบใจ	khɔ̀ɔp-cay	ありがとう
ยินดี	yin-dii	喜ぶ
ไม่เป็นไร	mây-pen-ray	気にしない / 大丈夫
ขอโทษ	khɔ̌ɔ-thôot	ごめんなさい
กลับ	klàp	帰る
ก่อน	kɔ̀ɔn	前に / 先に
นะ	náʔ	～ね
เชิญ	chəən	どうぞ
แล้ว	lɛ́ɛw	それで / では

เจอ(กัน)	cəə (kan)	会う
ใหม่	mày	新しい / また
ดี ๆ	dii-dii	ちゃんと / 気を付けて
โชคดี	chôok-dii	幸運
บ๊ายบาย	báay-baay	バイバイ
เขา	kháw	彼 / 彼女
พวกเรา	phûak-raw	私たち
พวกคุณ	phûak-khun	あなたたち
พวกเขา	phûak-kháw	彼ら / 彼女ら
พี่	phîi	姉 / 兄 / ～さん
น้อง	nɔ́ɔŋ	妹 / 弟 / ～さん
หนู	nǔu	私 / あなた / ～ちゃん
เรา	raw	私 / 私たち / あなた
ฉัน	chán	私
อาจารย์	ʔaa-caan	先生
หมอ	mɔ̌ɔ	医者
ลุง	luŋ	おじさん
ป้า	pâa	おばさん
นามสกุล	naam-sa-kun	名字
เพื่อน	phɯ̂an	友達
วันมาฆ์	wan-maa	ワンマー（女性の名前）
วินัย	wí-nay	ウィナイ（男性の名前）

第2課 相手のことを聞く
――出身地や職業について話をすることができる

ケーとナッは、お互いのことをもう少し知りたいと思っています。

040

นัด	คุณเคเป็นคนญี่ปุ่นใช่ไหมคะ
nát	khun khee pen khon yîi-pùn chây-máy khá?
เค	ครับ แล้วคุณนัดเป็นคนที่ไหนครับ
khee	khráp lɛ́ɛw khun nát pen khon thîi-nǎy khráp
นัด	เป็นคนเชียงรายค่ะ แต่ทำงานที่กรุงเทพฯ
nát	pen khon chiaŋ-raay khâ? tɛ̀ɛ tham-ŋaan thîi kruŋ-thêep
เค	ผมเกิดที่โตเกียว และทำงานที่โตเกียวครับ
khee	phǒm kə̀ət thîi too-kiaw lɛ́? tham-ŋaan thîi too-kiaw khráp
นัด	คุณเคทำงานอะไรคะ
nát	khun khee tham-ŋaan ?a-ray khá?
เค	เป็นอาจารย์ภาษาญี่ปุ่นครับ คุณนัดล่ะครับ
khee	pen ?aa-caan phaa-sǎa yîi-pùn khráp khun nát lâ? khráp
นัด	นัดทำงานที่โรงแรม เป็นเลขานุการค่ะ
nát	nát tham-ŋaan thîi rooŋ-rɛɛm pen lee-khǎa-nú-kaan khâ?

41 **会話に出てきた単語**

เป็น	pen	～です
คน	khon	人
ใช่ไหม	chây-máy	ですよね？
ครับ	khráp	はい / そうです
แล้ว	lɛ́ɛw	で / それで / ところで
ที่ไหน	thîi-nǎy	どこ？
เชียงราย	chiaŋ-raay	チェンライ（タイの北部にある県名）
แต่	tɛ̀ɛ	しかし
ทำงาน	tham-ŋaan	仕事する
ที่	thîi	～で
กรุงเทพฯ	kruŋ-thêep	バンコク
เกิด	kə̀ət	生まれる
โตเกียว	too-kiaw	東京
และ	lɛ́ʔ	～と～ / そして
ภาษา	phaa-sǎa	言語 / 言葉
ญี่ปุ่น	yîi-pùn	日本
โรงแรม	rooŋ-rɛɛm	ホテル
เลขานุการ	lee-khǎa-nú-kaan	秘書

和訳

ナッ　ケーさんは日本人ですよね？
ケー　そうです。で、ナッさんは、出身はどこですか？
ナッ　チェンライ人（チェンライ出身）です。しかし、バンコクで仕事をしています。
ケー　私は東京で生まれて、そして東京で仕事をしています。
ナッ　ケーさんは、お仕事は何をしていますか？
ケー　日本語の先生です。ナッさんは？
ナッ　私はホテルで働いています。秘書です。

第2課　相手のことを聞く　33

042 1 タイ語の基本語順

名詞＋修飾語（名詞など）

โรงเรียน [rooŋ-rian] ＋ ภาษา [phaa-sǎa] ＋ ไทย [thay]
学校　言語　タイ　⇒タイ語学校

主語＋動詞＋目的語

ดิฉัน [di-chán] ＋ เรียน [rian] ＋ ภาษาไทย [phaa-sǎa thay]
私　勉強する　タイ語　⇒私はタイ語を勉強する

043 2 A＋เป็น [pen] ＋B

A＋เป็น [pen] ＋B で A が B の属性であることを表します。เป็น [pen] の後、つまり B で使えるものは、名詞と名詞句のみとなります。เป็น [pen] を省略するケースがありますが、B に入るものが職業、国籍、地位といった内容の場合は省略しません

คุณนัดเป็นเลขานุการ	khun nát pen lee-khǎa-nú-kaan	ナッさんは秘書です。
คุณคิมเป็นคนเกาหลี	khun khim pen khon kaw-lǐi	キムさんは韓国人です。

B は A よりも表す内容の範囲が大きくなければならず、A と B の位置を入れ替えることはできません。

○ ดิฉันเป็นคนญี่ปุ่น	di-chán pen khon yîi-pùn	私は日本人です。
× คนญี่ปุ่นเป็นดิฉัน	khon yîi-pùn pen di-chán	日本人は私です。
○ เขาเป็นอาจารย์	kháw pen ʔaa-caan	彼は先生です。
× อาจารย์เป็นเขา	ʔaa-caan pen kháw	先生は彼です。

044 3 ใช่ไหม [chây-máy]

「そうですよね？」という意味で、状況 / 状態を確認したり、自分の言葉に同意を求めたりする時に使用する表現です。
ใช่ [chây] は「そうです」の意味で、ไหม [máy] は文末に付けることで、文を疑問文にする役割の言葉です。答え方としては、以下のようになります。

肯定形：ใช่ [chây] / A＋เป็น [pen] ＋B　など
否定形：ไม่ใช่ [mây chây] / A＋ไม่ใช่ [mây chây] ＋B　など

A：คุณเป็นคนไทยใช่ไหม ค.　あなたはタイ人ですよね？
khun pen khon thay chây-máy kh.

B-1 : ไม่ใช่ ค. ดิฉันไม่ใช่คนไทย　いいえ、私はタイ人ではありません。
mây chây kh. di-chán mây chây khon thay

B-2 : ใช่ ค. ดิฉันเป็นคนไทย　はい、私はタイ人です。
chây kh. di-chán pen khon thay

ไม่ใช่［mây châyは、疑問文に対しての「いいえ」という回答の他、เป็น［pen］の否定形としても使われます。

อาจารย์เป็นคนไทย　先生はタイ人です。
ʔaa-caan pen khon thay

อาจารย์ไม่ใช่คนญี่ปุ่น　先生は日本人ではありません。
ʔaa-caan mây chây khon yîi-pùn

45 **4 แล้ว** ［lɛ́ɛw］

แล้ว［lɛ́ɛw］はさまざまな意味で使われますが、第２課で学習するのは「ところで、それで」といった意味となります。話を始める時や話題を切り替える時に使います。

A : คุณเป็นคนญี่ปุ่นใช่ไหม ค.　あなたは日本人ですよね。
khun pen khon yîi-pùn chây-máy kh.

B : ใช่ ค. แล้วคุณเป็นคนที่ไหน ค.　そうです。で、あなたの出身はどこですか？
chây kh. lɛ́ɛw khun pen khon thîi-nǎy kh.

A : เป็นคนกรุงเทพฯ ค.　バンコク出身です。
pen khon kruŋ-thêep kh.

46 **5 疑問詞**

ที่ไหน ［thîi-nǎy］ **どこ？**

A : เป็นคนที่ไหน ค.　pen khon thîi-nǎy kh.　出身はどこですか？
B : เป็นคนโตเกียว ค.　pen khon too-kiaw kh.　東京です。

A : เกิดที่ไหน ค.　kə̀ət thîi-nǎy kh.　どこで生まれましたか？
B : เกิดที่ชุมพร ค.　kə̀ət thîi chum-phɔɔn kh.　チュムポーン（県）出身です。

อะไร ［ʔa-ray］ **何？**

A : เป็นคนอะไร ค.　pen khon ʔa-ray kh.　何人ですか？
B : เป็นคนญี่ปุ่น ค.　pen khon yîi-pùn kh.　日本人です。

A : เรียนอะไร ค. rian ʔa-ray kh. 何を勉強していますか？
B : เรียนภาษาไทย ค. rian phaa-sǎa thay kh. タイ語を勉強しています。

A : ทำงานอะไร ค. どんな仕事をしていますか？
tham-ŋaan ʔa-ray kh.

B : เป็นพนักงานบริษัท ค. 会社員です。
pen pha-nák-ŋaan bɔɔ-ri-sàt kh.

(047) **6** ที่ [thîi]

場所を表す前置詞となり、場所名の前に置きます。

เกิดที่เชียงราย チェンライで生まれました。
kə̀ət thîi chiaŋ-raay

เป็นนักศึกษาที่มหาวิทยาลัยเชียงใหม่ チェンマイ大学の学生です。
pen nák-sùk-sǎa thîi ma-hǎa-wít-tha-yaa-lay chiaŋ-mày

(048) **練習 1** 文脈を考えながら、言葉の組み合わせを変えて反復練習をしてください。

(1)

ดิฉัน	di-chán		คนญี่ปุ่น	khon yîi-pùn
			คนไทย	khon thay
ผม	phǒm	เป็น pen	คนจีน	khon ciin
			คนโตเกียว	khon too-kiaw
เขา	kháw		อาจารย์	ʔaa-caan
			นักศึกษา	nák-sùk-sǎa
			พนักงานบริษัท	pha-nák-ŋaan bɔɔ-ri-sàt

(2)

ดิฉัน	di-chán	ทำงาน	tham-ŋaan		โรงแรม	rooŋ-rɛɛm
					บริษัทญี่ปุ่น	bɔɔ-ri-sàt yîi-pùn
ผม	phǒm	เกิด	kə̀ət	ที่ thîi	ธนาคาร	tha-naa-khaan
					กรุงเทพฯ	kruŋ-thêep
เขา	kháw	เรียน	rian		เชียงราย	chiaŋ-raay
					โอซากะ	ʔoo-saa-kâa

36

	มหาวิทยาลัย	ma-hăa-wít-tha-yaa-lay
	โรงเรียนภาษาไทย	rooŋ-rian phaa-săa-thay

練習2 (1)～(5)の質問に対して、タイ語で答えてください（自分自身のことについて答えてください）。

(1) คุณเป็นคนอะไร　　　　　khun pen khon ʔa-ray
(2) คุณเกิดที่ไหน　　　　　　khun kə̀ət thîi-nǎy
(3) คุณทำงานอะไร　　　　　khun tham-ŋaan ʔa-ray
(4) คุณทำงานที่ไหน　　　　 khun tham-ŋaan thîi-nǎy
(5) คุณเรียนภาษาไทยที่ไหน　 khun rian phaa-sǎa thay thîi-nǎy

練習3 以下の表を見て、(1)～(7)の質問を聞いて、タイ語で答えてください。

名前	ナッダー	啓太郎	リー	キム	ロバート
国籍	タイ人	日本人	中国人	韓国人	アメリカ人
出身	チェンライ	東京	北京	ソウル	ニューヨーク
仕事	秘書	先生	会社員	大学生	医者
場所	ホテル	日本語学校	東京	チェンマイ大学	大阪

例　A：คุณนัดดาเป็นคนอะไร　　　　　ナッダーさんは何人ですか？
　　　 khun nát-daa pen khon ʔa-ray

　　 B：คุณนัดดาเป็นคนไทย　　　　　 ナッダーさんはタイ人です。
　　　 khun nát-daa pen khon thay

第2課　相手のことを聞く　37

関連語彙

053	พนักงานบริษัท	pha-nák-ŋaan bɔɔ-ri-sàt	会社員
	พนักงานธนาคาร	pha-nák-ŋaan tha-naa-khaan	銀行員
	พนักงานไปรษณีย์	pha-nák-ŋaan pray-sa-nii	郵便局員
	พนักงานขาย	pha-nák-ŋaan khǎay	店員
	นักศึกษา	nák-sɯ̀k-sǎa	大学生
	นักเรียน	nák-rian	学生
	นักข่าว	nák-khàaw	記者
	นักร้อง	nák-rɔ́ɔŋ	歌手
	นักแสดง	nák-sa-dɛɛŋ	俳優
	ข้าราชการ	khâa-râat-cha-kaan	公務員
	กุ๊ก	kúk	調理師
	ช่างตัดผม	châaŋ-tàt-phǒm	理容師
	ครู	khruu	教師（小学校～高校）
	ทนายความ	tha-naay-khwaam	弁護士
	หมอ	mɔ̌ɔ	医者
	พยาบาล	pha-yaa-baan	看護師
	ตำรวจ	tam-rùat	警察官
	แม่บ้าน	mɛ̂ɛ-bâan	主婦
	วิศวกร	wít-sa-wá-kɔɔn	エンジニア
	เจ้าของกิจการ	câw-khɔ̌ɔŋ kìt-ca-kaan	自営業

054	คนไทย	khon thay	タイ人
	คนจีน	khon ciin	中国人
	คนเกาหลี	khon kaw-lǐi	朝鮮人（多くは「韓国人」の意で使用）

คนลาว	khon laaw	ラオス人
คนอเมริกา	khon ʔa-mee-ri-kaa	アメリカ人
คนกรุงเทพฯ	khon kruŋ-thêep	バンコク出身の人
ภาษาไทย	phaa-sǎa thay	タイ語
ภาษาญี่ปุ่น	phaa-sǎa yîi-pùn	日本語
ภาษาอังกฤษ	phaa-sǎa ʔaŋ-krìt	英語
ภาษาจีน	phaa-sǎa ciin	中国語
ภาษาต่างประเทศ	phaa-sǎa tàaŋ pra-thêet	外国語
ภาษา	phaa-sǎa	言語

055

วิศวะ	wít-sa-wáʔ	工学
บริหาร	bɔɔ-ri-hǎan	経営
บัญชี	ban-chii	会計
โรงเรียน	rooŋ-rian	学校
มหา(วิทยา)ลัย	ma-hǎa-(wít-tha-yaa-)lay	大学
บริษัท	bɔɔ-ri-sàt	会社
โรงพยาบาล	rooŋ-pha-yaa-baan	病院
ธนาคาร	tha-naa-khaan	銀行

056

ชุมพร	chum-phɔɔn	チュンポーン（タイの南部にある県名）
ปักกิ่ง	pàk-kìŋ	北京
โซล	soow	ソウル
นิวยอร์ก	niw-yɔ̀ɔk	ニューヨーク
โอซากะ	ʔoo-saa-kâa	大阪

第 3 課 相手との距離を縮める
——年齢や家族構成について話をすることができる

ナッは、ケーと友達になりたいと思いました。

057 นัด　คุณเคมีเบอร์ติดต่อไหมคะ

nát　khun khee mii bəə tìt-tɔ̀ɔ máy kháʔ

เค　มีครับ เบอร์มือถือของผมเบอร์ 08-7590-2420 ครับ

khee　mii khráp bəə mɯɯ-thɯ̌ɯ khɔ̌ɔŋ phǒm bəə sǔun pɛ̀ɛt - cèt hâa kâaw sǔun - sɔ̌ɔŋ sìi sɔ̌ɔŋ sǔun khráp

นัด　เบอร์มือถือของนัดเบอร์ 08-6145-7392 ค่ะ แล้วตอนนี้พักอยู่ที่ไหนคะ

nát　bəə-mɯɯ-thɯ̌ɯ khɔ̌ɔŋ nát bəə sǔun pɛ̀ɛt - hòk nɯ̀ŋ sìi hâa - cèt sǎam kâaw sɔ̌ɔŋ khâʔ lɛ́ɛw tɔɔn-níi phák yùu thîi-nǎy kháʔ

เค　พักอยู่ที่โรงแรมสยามครับ แล้วคุณนัดอยู่ที่ไหนครับ

khee　phák yùu thîi rooŋ-rɛɛm sa-yǎam khráp lɛ́ɛw khun nát yùu thîi-nǎy khráp

นัด　บ้านนัดอยู่ที่รัชดา อยู่กับน้องสาวค่ะ คุณเคมีพี่น้องไหมคะ

nát　bâan nát yùu thîi rát-cha-daa yùu kàp nɔ́ɔŋ-sǎaw khâʔ khun khee mii phîi-nɔ́ɔŋ máy kháʔ

เค　ไม่มีครับ ผมเป็นลูกคนเดียว แล้วน้องสาวคุณนัด

ทำอะไรอยู่ครับ

khee mây mii khráp phǒm pen lûuk-khon-diaw lɛ́ɛw nɔ́ɔŋ-sǎaw khun nát tham ʔa-ray yùu khráp

นัด เรียนหนังสืออยู่ที่มหาลัยเกษตรศาสตร์ค่ะ เอกภาษาญี่ปุ่น

nát rian náŋ-sʉ̌ʉ yùu thîi ma-hǎa-lay ka-sèet-sàat khâʔ ʔèek phaa-sǎa yîi-pùn

058 **会話に出てきた単語**

มี	mii	ある / いる / 持っている
เบอร์ติดต่อ	bəə tìt-tɔ̀ɔ	連絡番号
ไหม	máy	～か？
เบอร์มือถือ	bəə mʉʉ-thʉ̌ʉ	携帯番号
เบอร์	bəə	番号
ของ	khɔ̌ɔŋ	～の～（所有を表す）
ตอนนี้	tɔɔn-níi	今
พัก	phák	泊まる
อยู่	yùu	住む / ある / いる / ～している
บ้าน	bâan	家
รัชดา	rát-cha-daa	ラッチャダー（バンコク市内の地名）
กับ	kàp	～と一緒に / ～と～
น้องสาว	nɔ́ɔŋ-sǎaw	妹
พี่น้อง	phîi-nɔ́ɔŋ	きょうだい
ทำ	tham	する
หนังสือ	náŋ-sʉ̌ʉ	本
เรียน(หนังสือ)	rian (náŋ-sʉ̌ʉ)	勉強する
มหาลัย	ma-hǎa-lay	大学 （口語）
เกษตรศาสตร์	ka-sèet-sàat	カセサート（大学名）
เอก	ʔèek	専攻

和訳

ナッ　ケーさんへ連絡できる番号がありますか？
ケー　あります。私の携帯番号は、08-7590-2420 です。
ナッ　私の携帯番号は 08-6145-7392 です。ところで、今どこに泊まっていますか？
ケー　サヤームホテルです。それで、ナッさんはどこに住んでいますか？
ナッ　家はラッチャダーにあります。妹と住んでいます。ケーさんは、きょうだいがいますか？
ケー　いません。一人っ子です。それで、ナッさんの妹さんは今、何をしていますか？
ナッ　カセサート大学で勉強しています。専攻は日本語です。

1 数字と数え方（0 ～ 999）

タイ語の数には 100 万までの単位がありますが、この課では 0 ～ 999 まで学習します。1、2、3…というアラビア数字のほかに、タイ文字の数字も用います。

059 0 ～ 10

0 ๐	ศูนย์	sǔun					
1 ๑	หนึ่ง	nɯ̀ŋ		6 ๖	หก	hòk	
2 ๒	สอง	sɔ̌ɔŋ		7 ๗	เจ็ด	cèt	
3 ๓	สาม	sǎam		8 ๘	แปด	pɛ̀ɛt	
4 ๔	สี่	sìi		9 ๙	เก้า	kâaw	
5 ๕	ห้า	hâa		10 ๑๐	สิบ	sìp	

電話番号の聞き方：เบอร์อะไร [bəə ʔa-ray]

A：เบอร์โทรศัพท์คุณเบอร์อะไร ค.　あなたの電話番号は、何番ですか？
bəə thoo-ra-sàp khun bəə ʔa-ray kh.

B：เบอร์ 08-2020-1999 ค.　08-2020-1999 です。
bəə sǔun pɛ̀ɛt - sɔ̌ɔŋ sǔun sɔ̌ɔŋ sǔun - nɯ̀ŋ kâaw kâaw kâaw kh.

0 と 2 は、発音が似ているため、電話番号の場合だけ、0 と 2 を区別するために、2 を โท [thoo] と発音することがあります（ただし、必ずではありません）。

060 11 ～ 19

11 ～ 19 は、10 と 1 ～ 9 の組み合わせですが、11 は [sìp-nɯ̀ŋ] ではなく、[sìp-ʔèt] と言います。

11 ๑๑	สิบเอ็ด	sìp-ʔèt	13 ๑๓	สิบสาม	sìp-sǎam
12 ๑๒	สิบสอง	sìp-sɔ̌ɔŋ	14 ๑๔	สิบสี่	sìp-sìi

15	๑๕	สิบห้า	sìp-hâa
16	๑๖	สิบหก	sìp-hòk
17	๑๗	สิบเจ็ด	sìp-cèt
18	๑๘	สิบแปด	sìp-pὲεt
19	๑๙	สิบเก้า	sìp-kâaw

061 20 ～ 99

20 は［sɔ̌ɔŋ-sìp］ではなく、［yîi-sìp］と言います。また 11 と同様、21、31･･･91 も［-nʉ̀ŋ］ではなく、［-ʔèt］と言います。

20	๒๐	ยี่สิบ	yîi-sìp
21	๒๑	ยี่สิบเอ็ด	yîi-sìp-ʔèt
22	๒๒	ยี่สิบสอง	yîi-sìp-sɔ̌ɔŋ
51	๕๑	ห้าสิบเอ็ด	hâa-sìp-ʔèt
64	๖๔	หกสิบสี่	hòk-sìp-sìi
99	๙๙	เก้าสิบเก้า	kâaw-sìp-kâaw

年齢の聞き方：อายุเท่าไร / อายุกี่ปี ［ʔaa-yúʔ thâw-rày / ʔaa-yúʔ kìi pii］

A：คุณเคอายุเท่าไร ค.	khun khee ʔaa-yúʔ thâw-rày kh.	ケーさんはいくつですか？
B：อายุ 30 ปี ค.	ʔaa-yúʔ sǎam-sìp pii kh.	30 歳です。

注）「～歳」と言う場合、12 歳以下の場合は、数字＋ ขวบ［khùap］、13 歳以上の場合は、数字＋ ปี［pii］と異なる言葉を使います。

062 100 ～ 999

100 以上で 1 桁が 1 の場合は、［-ʔèt］と言います。また、100 ～ 199 の場合、［nʉ̀ŋ-rɔ́ɔy］の［nʉ̀ŋ-］は省略することができます。

100	๑๐๐	(หนึ่ง)ร้อย	(nʉ̀ŋ) rɔ́ɔy
101	๑๐๑	(หนึ่ง)ร้อยเอ็ด	(nʉ̀ŋ) rɔ́ɔy-ʔèt
102	๑๐๒	(หนึ่ง)ร้อยสอง	(nʉ̀ŋ) rɔ́ɔy-sɔ̌ɔŋ
111	๑๑๑	(หนึ่ง)ร้อยสิบเอ็ด	(nʉ̀ŋ) rɔ́ɔy-sìp-ʔèt
120	๑๒๐	(หนึ่ง)ร้อยยี่สิบ	(nʉ̀ŋ) rɔ́ɔy-yîi-sìp
200	๒๐๐	สองร้อย	sɔ̌ɔŋ-rɔ́ɔy
301	๓๐๑	สามร้อยเอ็ด	sǎam-rɔ́ɔy-ʔèt
999	๙๙๙	เก้าร้อยเก้าสิบเก้า	kâaw-rɔ́ɔy-kâaw-sìp-kâaw

高さ(身長など)の聞き方：สูงเท่าไร / สูงกี่เซนติเมตร ［sǔuŋ thâw-rày / sǔuŋ kìi sen-ti-méet］

A：คุณเคสูงเท่าไร ค.　ケーさんの身長はどのくらいですか？
khun khee sǔuŋ thâw-rày kh.

B : สูง 175 เซนติเมตร ค. 175 センチです。
sǔuŋ rɔ́ɔy-cèt-sìp-hâa sen-ti-méet kh.

063 **2 มี** [mii] **+ A**

「A がある / いる」という意味となり、ものや人、もしくは事象の有無、所有などを表す表現で、A は目的語となります。

否定形 : ไม่ [mây] + มี [mii] + A 「A がない / いない」

否定文を作るためには、動詞の前に否定を表す ไม่ [mây] を置きます。

ผมมีพี่สาวกับน้องชาย 私には姉と弟がいます。
phǒm mii phîi-sǎaw kàp nɔ́ɔŋ-chaay

หนูมีเพื่อนคนไทย タイ人の友人がいます。
nǔu mii phɨ̂an khon thay

ตอนนี้ไม่มีมือถือ 今、携帯電話を持っていない。
tɔɔn-níi mây mii mɯɯ-thɯ̌ɯ

【疑問形】人数を聞く場合　กี่คน [kìi khon]「何人？」
数を聞く場合　เท่าไร [thâw-rày]「いくつ？」「いくら？」

A : ครอบครัวคุณมีกี่คน あなたの家族は何人家族ですか？
khrɔ̂ɔp-khrua khun mii kìi khon

B : มี 4 คน มีพ่อ แม่ พี่ชายและผม 4 人家族です。父、母、兄と私です。
mii sìi khon mii phɔ̂ɔ mɛ̂ɛ phîi-chaay lɛ́ʔ phǒm

A : มีเงินเท่าไร　mii ŋən thâw-rày　お金がいくらありますか？
B : มี 20 บาท　mii yîi-sìp bàat　20 バーツあります。

064 **3 動詞+ ไหม** [máy]

ไหม [máy] を文末に付けることで、疑問文になります。

答え方

【肯定形】疑問文で使われている動詞などを使って答えます。
【否定形】ไม่ [mây] を疑問文で使われている動詞などの前に置いて答えます。

A : คุณเคมีพี่น้องไหม ค. ケーさんはきょうだいがいますか？
khun khee mii phîi-nɔ́ɔŋ máy kh.

B-1 : ไม่มี ค. ผมเป็นลูกคนเดียว いません。一人っ子です。
mây mii kh. phǒm pen lûuk-khon-diaw

B-2 : มี ค.ผมมีพี่สาว 2 คน น้องชาย 1 คน 姉が２人と弟が１人います。
mii kh. phǒm mii phîi-sǎaw sɔ̌ɔŋ khon nɔ́ɔŋ-chaay nùŋ khon

A : อ่านหนังสือไหม ค. ʔàan náŋ-sʉ̌ʉ máy kh. 本を読みますか？

B : อ่าน ค. ʔàan kh. 読みます。

注）ไหม［máy］は①名詞文、②否定文、③現在進行形の疑問文では基本的に使えません。

×① คุณเป็นคนญี่ปุ่นไหม khun pen khon yîi-pùn máy あなたは日本人ですか？

×② คุณไม่มีชื่อเล่นไหม khun mây mii chʉ̂ʉ-lên máy あなたはあだ名がありませんか？

×③ คุณกำลังเรียนอยู่ไหม khun kam-laŋ rian yùu máy あなたは勉強していますか？

065 **4** อยู่［yùu］

(1) อยู่［yùu］＋場所

「～がある／いる」というものや人の所在や存在を表す動詞となります。

A ＋ อยู่［yùu］＋（前置詞 ที่［thîi］）＋場所「A は（場所）にある／いる」

A は主語となります。

โรงเรียนอยู่(ที่)ถนนสีลม 学校はシーロム通りにあります。
rooŋ-rian yùu (thîi) tha-nǒn sǐi-lom

เขาอยู่(ที่)บริษัท 彼は会社にいます。
kháw yùu (thîi) bɔɔ-ri-sàt

A の場所を聞く疑問文の場合は、ที่ไหน［thîi-nǎy］という疑問詞を使います。

【疑問形】A ＋ อยู่［yùu］＋ ที่ไหน［thîi-nǎy］：A はどこにありますか？／いますか？

A : บ้านอยู่ที่ไหน bâan yùu thîi-nǎy 家はどこですか？

B : บ้านอยู่(ที่)รัชดา bâan yùu (thîi) rát-cha-daa 家はラッチャダーにあります。

【否定形】A ＋ ไม่［mây］＋ อยู่［yùu］「A は（場所）にない／いない」

否定文を作るためには、動詞の前に否定を表す ไม่［mây］を置きます。

主語や場所が話し手の間で共通認識の場合、それらは省略することがあります。

A : คุณนัดอยู่ไหม ค. khun nát yùu máy kh. ナッさんはいますか？

B：ตอนนี้ไม่อยู่ ค.   tɔɔn-níi mây yùu kh.   今、いません。

(2) 動詞＋ อยู่ [yùu]

動詞のすぐ後に อยู่ [yùu] が来ると、「～している」という習慣や状態、もしくは現在進行形を表します。

ตอนนี้พี่ชายอาศัยอยู่ที่ภูเก็ต   今、兄はプーケットに住んでいます。
tɔɔn-níi phîi-chaay ʔaa-sǎy yùu thîi phuu-kèt

A：คุณเคพักอยู่ที่ไหน   ケーさんはどこに泊まっていますか？
khun khee phák yùu thîi-nǎy

B：พักอยู่(ที่)โรงแรมสยาม   サヤームホテルに泊まっています。
phák yùu (thîi) rooŋ-rɛɛm sa-yǎam

A：คุณแม่ทำอะไรอยู่   khun mɛ̂ɛ tham ʔa-ray yùu   お母さんは何をしていますか？
B：ทำอาหารอยู่   tham ʔaa-hǎan yùu   料理を作っています。

【否定形】 ไม่ได้ [mây dâay] ＋動詞

ตอนนี้ไม่ได้ทำงาน   tɔɔn-níi mây dâay tham-ŋaan   今、仕事をしていません。

現在進行形には以下の表現もあります。

กำลัง [kam-laŋ] ＋動詞＋ อยู่ [yùu] または กำลัง [kam-laŋ] ＋動詞

ตอนนี้พ่ออาบน้ำอยู่
tɔɔn-níi phɔ̂ɔ ʔàap-náam yùu

ตอนนี้พ่อกำลังอาบน้ำอยู่   今、父がシャワーを浴びています。
tɔɔn-níi phɔ̂ɔ kam-laŋ ʔàap-náam yùu

ตอนนี้พ่อกำลังอาบน้ำ
tɔɔn-níi phɔ̂ɔ kam-laŋ ʔàap-náam

【否定形】 ไม่ได้ [mây dâay] ＋動詞

กำลัง [kam-laŋ] や อยู่ [yùu] は、ほぼ省略されています。

ตอนนี้พ่อไม่ได้อาบน้ำ   父は、今はシャワーを浴びていません。
tɔɔn-níi phɔ̂ɔ mây dâay ʔàap-náam

มี [mii] と อยู่ [yùu] の違い

日本語にすると、「～がある / いる」という同じ表現ですが、その使い方は大きく異なります。

มี [mii]　：ものや人などが存在していること、ものを所有していることを表しています。対象となるものや人の存在自体を問題としている表現です。つまり、「それがあるか」もしくは「ないか」、「その人がいるか」もしくは「いないか」がポイントとなります。対象となるものや人は、文の目的語となります。

อยู่ [yùu]：対象となるものや人が存在していることを前提としています。対象となるものや人が「どこにあるのか / いるのか」、「そこにあるか / いるか」ということがポイントとなります。対象となるものや人は文の主語となります。

日本語では、「いる」＝生物、「ある」＝無生物といった使い分けがされていますが、タイ語のมี [mii] と อยู่ [yùu] では生物 / 無生物の区別なく、使うことができます。

A：คุณมีพี่น้องไหม	khun mii phîi-nɔ́ɔŋ máy	あなたはきょうだいがいますか？
B：มี ค. มีพี่ชาย ค.	mii kh. mii phîi-chaay kh.	います。兄がいます。
A：ตอนนี้เขาอยู่ที่ไหน ค.	tɔɔn-níi kháw yùu thîi-nǎy kh.	今、彼はどこにいますか？
B：อยู่ที่ภูเก็ต ค.	yùu thîi phuu-kèt kh.	プーケットにいます。

（お店に日本人スタッフがいるか確認する場面）

A：มีคนญี่ปุ่นไหม	mii khon yîi-pùn máy	（お店に）日本人がいますか？
B：มี ค. แต่ตอนนี้ไม่อยู่	mii kh. tɛ̀ɛ tɔɔn-níi mây yùu	います。しかし、今留守です。

066 **5** **家族**

日本語の呼称区分とは異なる部分もありますので、図などを活用して覚えていきましょう。

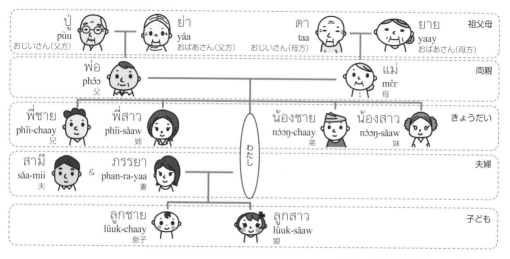

067 **練習 1** 以下の数字をタイ語で言ってみてください。

0	6	18	64	209	777
1	7	20	75	311	856
2	8	21	86	421	999
3	9	32	97	517	
4	10	41	100	601	
5	11	53	101	651	

068 **練習 2** 文脈を考えながら、言葉の組み合わせを変えて反復練習をしてください。

(1)

	เบอร์ติดต่อ	bəə tìt-tɔ̀ɔ	
	ชื่อเล่น	chɯ̂ɯ-lên	
มี mii	เฟซบุ๊ก	féet-búk	ไหม ค. máy kh.
	ไลน์	laay	
	คนญี่ปุ่น	khon yîi-pùn	
	ที่ว่าง	thîi-wâaŋ	

(2)

			ทำงาน	tham-ŋaan		บ้าน	bâan
นัด	nát		พัก	phák		มหาลัย	ma-hǎa-lay
เพื่อน	phɯ̂an		เรียนหนังสือ	rian náŋ-sɯ̌ɯ		โรงแรม	rooŋ-rɛɛm
แม่	mɛ̂ɛ		ทำอาหาร	tham ʔaa-hǎan		ห้าง	hâaŋ
พ่อ	phɔ̂ɔ	กำลัง kam-laŋ	ซื้อของ	sɯ́ɯ-khɔ̌ɔŋ	อยู่ที่ yùu thîi	ร้านอาหาร	ráan ʔaa-hǎar
อาจารย์	ʔaa-caan		กินอาหาร	kin ʔaa-hǎan		สุขุมวิท	sù-khǔm-wít
ผม	phǒm		สอน	sɔ̌ɔn		ห้องสมุด	hɔ̂ŋ-sa-mùt
ดิฉัน	di-chán		ฟังเพลง	faŋ phleeŋ		โตเกียว	too-kiaw
			ทำการบ้าน	tham kaan-bâan		บริษัท	bɔɔ-ri-sàt
			อ่านหนังสือ	ʔàan náŋ-sɯ̌ɯ		ร้านกาแฟ	ráan kaa-fɛɛ

69 答例)

練習3 (1) ～ (5) の日本語をタイ語に訳してください。

(1) 私には姉がいます。

(2) 私の姉は東京にいます。

(3) (電話で) お母さんはいますか?

(4) (このホテルに) 日本人はいますか?

(5) あなたのお兄さんはどこにいますか?

70 質問)

練習4 (1) ～ (10) の質問に対して、タイ語で答えてください (自分自身のことについて答えてください)。

71 解答例)

(1) เบอร์มือถือของคุณเบอร์อะไร bəə mɯɯ-thɯ̌ɯ khɔ̌ɔŋ khun bəə ʔa-ray

(2) คุณอายุเท่าไร khun ʔaa-yúʔ thâw-rày

(3) คุณสูงเท่าไร khun sǔuŋ thâw-rày

(4) บ้านของคุณอยู่ที่ไหน bâan khɔ̌ɔŋ khun yùu thîi-nǎy

(5) ตอนนี้คุณทำอะไรอยู่ tɔɔn-níi khun tham ʔa-ray yùu

(6) คุณเรียน / ทำงานอยู่ที่ไหน khun rian / tham-ŋaan yùu thîi-nǎy

(7) คุณมีพี่น้องไหม khun mii phîi-nɔ́ɔŋ máy

(8) (พวก)เขาอาศัยอยู่ที่ไหน (phûak-)kháw ʔaa-sǎy yùu thîi-nǎy

(9) (พวก)เขาทำอะไรอยู่ (phûak-)kháw tham ʔa-ray yùu

(10) คุณพ่อคุณแม่อาศัยอยู่ที่ไหน khun phɔ̂ɔ khun mɛ̂ɛ ʔaa-sǎy yùu thîi-nǎy

ワンポイント：**知っておきタイ**

日本語では外で改まって自分の親族を呼ぶ場合は「父」や「母」と謙遜して呼ぶのが一般的であるのに対して、タイ語では逆に身内も丁寧に呼ぶ方が礼儀正しい印象を与えます。具体的には、特に立場や年齢が上の人を [khun]「～さん」を付けて呼びます。例えば、自分 / 他人の家族にかかわらず、父親であれば คุณพ่อ [khun phɔ̂ɔ] と呼びます。皆さんも、タイ人によい印象を与えるために、自分の身内へも丁寧な呼称を使いましょう。

関連語彙

072

เบอร์โทรศัพท์	bəə thoo-ra-sàp	電話番号
เบอร์ที่ทำงาน	bəə thîi-tham-ŋaan	職場の番号
เบอร์บ้าน	bəə bâan	家の番号
(โทรศัพท์)มือถือ	(thoo-ra-sàp) mɯɯ-thɯ̌ɯ	携帯電話
ไลน์	laay	LINE
เฟซบุ๊ก	féet-búk	facebook
อาหาร	ʔaa-hǎan	料理
หนังสือ	náŋ-sɯ̌ɯ	本
กาแฟ	kaa-fɛɛ	コーヒー
ดนตรี	don-trii	音楽
เพลง	phleeŋ	歌
จดหมาย	còt-mǎay	手紙
โทรทัศน์	thoo-ra-thát	テレビ
เงิน	ŋən	お金
ที่ว่าง	thîi-wâaŋ	空いている席 / 場所
การบ้าน	kaan-bâan	宿題
ครอบครัว	khrɔ̂ɔp-khrua	家族
อายุ	ʔaa-yúʔ	年齢
ปี	pii	年 / ～歳
ขวบ	khùap	～歳（12 歳以下）
สูง	sǔuŋ	身長、高い
เซนติเมตร	sen-ti-méet	センチメートル
เท่าไร	thâw-rày	いくつ？
กี่	kìi	いくつの～

[73] กำลัง　　　　kam-laŋ　　　　～している
　　　สอน　　　　　sɔ̌ɔn　　　　　教える
　　　อาบน้ำ　　　　ʔàap-náam　　　シャワーを浴びる
　　　ทำ　　　　　　tham　　　　　する / 作る

[74] คุยโทรศัพท์　　khuy-thoo-ra-sàp　電話で話す
　　　อ่าน　　　　　ʔàan　　　　　読む
　　　ดื่ม　　　　　　dɯ̀ɯm　　　　飲む
　　　ฟัง　　　　　　faŋ　　　　　聞く
　　　เขียน　　　　　khǐan　　　　書く
　　　ดู　　　　　　　duu　　　　　見る
　　　อาศัย　　　　　ʔaa-sǎy　　　住む
　　　ซื้อของ　　　　sɯ́ɯ-khɔ̌ɔŋ　　買い物をする

[75] ที่ทำงาน　　　　thîi-tham-ŋaan　　職場
　　　บ้านเกิด　　　　bâan-kə̀ət　　　実家
　　　ถนน　　　　　tha-nǒn　　　　通り、道
　　　ภูเก็ต　　　　　phuu-kèt　　　プーケット（タイ南部の県名）
　　　สีลม　　　　　sǐi-lom　　　　シーロム（バンコクの繁華街）
　　　สุขุมวิท　　　　sù-khǔm-wít　　スクンビット
　　　　　　　　　　　　　　　　　（バンコクにある日本人街の名前）
　　　ร้านกาแฟ　　　ráan kaa-fɛɛ　　喫茶店
　　　โรงพยาบาล　　rooŋ-pha-yaa-baan　病院
　　　ห้าง　　　　　　hâaŋ　　　　　デパート
　　　ห้องสมุด　　　　hɔ̂ŋ-sa-mùt　　図書館
　　　ร้านอาหาร　　　ráan ʔaa-hǎan　　レストラン

第3課　相手との距離を縮める　51

第 4 課 未知なる味との遭遇
——知らないことや印象について聞くことができる

ケーは、見たこともない料理を目にしました。

076 เค โทษนะครับ นี่อะไรครับ
khee thôot náʔ khráp nîi ʔa-ray khráp

นัด นี่หรือคะ "กุ้งแช่น้ำปลา" ค่ะ
nát nîi rɯ̌ə kháʔ "kûŋ-chɛ̂ɛ-nám-plaa" khâʔ

เค อาหารไทยหรือเปล่าครับ
khee ʔaa-hǎan thay rɯ́ɯ-plàaw khráp

นัด ใช่ค่ะ ทานไหมคะ
nát chây khâʔ thaan máy kháʔ

เค เผ็ดไหมครับ
khee phèt máy khráp

นัด เผ็ดนิดหน่อยค่ะ ลองทานดูไหมคะ
nát phèt nít-nɔ̀y khâʔ lɔɔŋ thaan duu máy kháʔ

เค ครับ
khee khráp

นัด　เป็นไงคะ ไม่อร่อยหรือคะ
nát　pen ŋay kháʔ mây ʔa-rɔ̀y rə̌ə kháʔ

เค　เผ็ดมากครับ
khee　phèt mâak khráp

นัด　หรือคะ เผ็ดแต่อร่อยนะคะ
nát　rə̌ə kháʔ phèt tὲε ʔa-rɔ̀y náʔ kháʔ

เค　หรือครับ
khee　rə̌ə khráp

77 **会話に出てきた単語**

นี่	nîi	これ、こちら
หรือ	rə̌ə	そうなの！（感嘆詞）/ ～ですか？
กุ้งแช่น้ำปลา	kûŋ-chɛ̂ɛ-nám-plaa	クンチェーナムプラー（生エビのナムプラー漬け）
หรือเปล่า	rʉ́-plàaw	～ですか？
ใช่	chây	そう
ทาน	thaan	食べる / 飲む（丁寧語）
เผ็ด	phèt	辛い
นิดหน่อย	nít-nɔ̀y	少し
ลอง...ดู	lɔɔŋ … duu	～してみる
เป็นไง	pen ŋay	～はどう？
อร่อย	ʔa-rɔ̀y	おいしい
มาก	mâak	とても / たくさん
แต่	tὲε	しかし

和訳

ケー　すみません。これは何ですか？
ナッ　これですか？　クンチェーナムプラー（生エビのナムプラー漬け）です。
ケー　タイ料理ですか？

第 4 課　未知なる味との遭遇　53

ナッ	そうですよ。食べませんか？
ケー	辛いですか？
ナッ	ちょっと辛いです。食べてみますか？
ケー	はい。
ナッ	どうですか？　おいしくないですか？
ケー	とても辛いです。
ナッ	そうですか！　でも、辛いけどおいしいですよ。
ケー	そうですかねえ。

078　**1**　นี่ [nîi] ／ นั่น [nân] ／ โน่น [nôon]

話し手　นี่ [nîi] これ　　นั่น [nân] それ　　โน่น [nôon] あれ　　ไหน [nǎy] どれ？

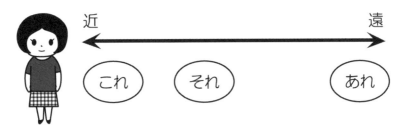

話し手からの距離で感覚的に使い分けます。もの、場所、人の指示代名詞として使えます。

นี่ทุเรียน　　　　　　　　　　　　　これはドリアンです。
nîi thú-rian

นั่นมหาวิทยาลัยธรรมศาสตร์　　　　　それはタマサート大学です。
nân ma-hǎa-wít-tha-yaa-lay tham-ma-sàat

โน่นวัดอรุณ　　　　　　　　　　　　あれはワット・アルンです。
nôon wát ʔa-run

A：นี่คุณวินัย　หัวหน้าดิฉัน ค.　　　こちらは私の上司のウィナイさんです。
　　nîi khun wí-nay hǔa-nâa di-chán kh.

B：สวัสดี ค.　　　　　　　　　　　こんにちは。
　　sa-wàt-dii kh.

079 **2** **คือ** [khɯɯ]

นี่(คือ)อะไร　　nîi (khɯɯ) ʔa-ray　　これは何？

A+คือ [khɯɯ] + B で A = B となります。本文での使い方のように คือ [khɯɯ] は省略されることがあります。

คือ [khɯɯ] と เป็น [pen] の違い

A + คือ [khɯɯ] + B：A = B

主語＝Aの存在を特定する時に使用する動詞で、AとBは同じ範囲を指しています。そのため、AとBは入れ替えても文が成立します。

A + เป็น [pen] + B：A < B

状態、性質、職業など、主語＝Aの状態や属性を表す時に使用します。AはBの一部、つまりBはAよりも大きい範囲を指します。そのため、Bは必ずしもAではないため、AとBを入れ替えると文が成立しません。

○ คุณพ่อดิฉันคือคนนั้น　　私の父は、あの人です。
khun phɔ̂ɔ di-chán khɯɯ khon nán
A（私の父）＝B（あの人）

○ คนนั้นคือคุณพ่อดิฉัน　　あの人は、私の父です。
khon nán khɯɯ khun phɔ̂ɔ di-chán
A（あの人）＝B（私の父）

○ คุณพ่อดิฉันเป็นคนญี่ปุ่น　　私の父は、日本人です。
khun phɔ̂ɔ di-chán pen khon yîi-pùn
A（私の父）＜B（日本人）

× คนญี่ปุ่นเป็นคุณพ่อดิฉัน　　日本人は、私の父です。
khon yîi-pùn pen khun phɔ̂ɔ di-chán
A（日本人）＞B（私の父）

080 **3** **หรือ** [rɯ̌ɯ] / **เหรอ** [rə̌ə] / **หรอ** [rɔ̌ɔ]

หรือ [rɯ̌ɯ] は、文末に付けることで、相手が言ったことを確認する疑問文となります。そして、หรือ [rɯ̌ɯ] が入ると、驚きや意外な気持ちといった主観が入っているニュアンスとなります。

หรือ [rɯ̌ɯ] は、実際の話し言葉では เหรอ [rə̌ə] または หรอ [rɔ̌ɔ] とも発音されています。本書ではタイ文字では หรือ としていますが、発音記号では [rə̌ə] の表記を用いています。

答え方

【肯定形】ค่ะ［khâʔ］ / ครับ［khráp］「はい」、ใช่［chây］「そう」 など
【否定形】ไม่ใช่［mây chây］「そうではない」、เปล่า［plàaw］「いいえ」 など

A：นี่หรือ ค.　　これですか？
nîi rɯ̌ə kh.

B：ค.　　はい。
kh.

A：คุณเป็นคนญี่ปุ่นหรือ ค.　　あなたは日本人ですか？
khun pen khon yîi-pùn rɯ̌ə kh.

B：ใช่ ค.　　そうです。
chây kh.

否定疑問文

ไม่［mây］... หรือ［rɯ̌ɯ］ / เหรอ［rə̌ə］ / หรอ［rɔ̌ɔ］
หรือ［rɯ̌ɯ］と同じニュアンスで使います。

A：ไม่อร่อยเหรอ ค.　　おいしくないですか？
mây ʔa-rɔ̀y rə̌ə kh.

B：เปล่า ค. อร่อย ค.　　いいえ、おいしいです。
plàaw kh. ʔa-rɔ̀y kh.

A：ไม่กินเหล้าเหรอ ค.　　お酒を飲まないのですか？
mây kin lâw rə̌ə kh.

B：ค. ไม่กิน ค.　　はい、飲まないです。
kh. mây kin kh.

相づちとして

หรือ［rɯ̌ɯ］の一言で会話がつながり、非常に便利です。発音の仕方によって、異なる意味を表現することができます。

(1) 疑わしい時

疑いの表情を浮かべながら、低めで伸ばして発音してください。

A：อาหารไทยเผ็ดแต่อร่อย ค.　　タイ料理は辛いけど、おいしいですよ。
ʔaa-hǎan thay phèt tɛ̀ɛ ʔa-rɔ̀y kh.

B：เหรอ ค.　　そうなの～？
rə̌ə kh.

(2) 残念な時

テンションを下げてゆっくり伸ばして残念な気持ちを込めて発音してください。

A: ผมไม่กินเหล้า ค. 私はお酒を飲まないのです。
phǒm mây kin lâw kh.

B: เหรอ ค. そうですか。
rǝ̌ǝ kh.

(3) うれしい時

全体的に高く、語尾を上げて、気持ち速めに発音してください。

A: คนไทยชอบคนญี่ปุ่นนะ ค. タイ人は日本人が好きですよ。
khon thay chɔ̂ɔp khon yîi-pùn náʔ kh.

B: เหรอ ค. そうですか。
rǝ̌ǝ kh.

081 4 หรือเปล่า [rɯ́-plàaw]

文末に付けることで、「～ですか？ / しますか？（それとも違いますか？）」といったニュアンスの疑問文となります。第３課の ไหม [máy] と同じく、基本は「はい or いいえ」で答えられる疑問文です。

เขาเป็นคนญี่ปุ่นหรือเปล่า 彼は日本人ですか？
kháw pen khon yîi-pùn rɯ́-plàaw

เขาใจดีหรือเปล่า 彼は優しいですか？
kháw cay-dii rɯ́-plàaw

เขาชอบอาหารไทยหรือเปล่า 彼はタイ料理が好きですか？
kháw chɔ̂ɔp ʔaa-hǎan thay rɯ́-plàaw

答え方

【肯定形】ค่ะ [khâʔ] / ครับ [khráp]「はい」、ใช่ [chây]「そう」

A: คุณเป็นคนไทยหรือเปล่า ค. あなたはタイ人ですか？
khun pen khon thay rɯ́-plàaw kh.

B: ค. เป็นคนไทย ค. はい、タイ人です。
kh. pen khon thay kh.

【否定形（名詞文）】เปล่า [plàaw]「いいえ」、ไม่ใช่ [mây chây] ＋疑問で使われた名詞

A: คุณเป็นคนญี่ปุ่นหรือเปล่า ค. あなたは日本人ですか？
khun pen khon yîi-pùn rɯ́-plàaw kh.

B : เปล่า ค. ผมไม่ใช่คนญี่ปุ่น　いいえ、私は日本人ではありません。
plàaw kh. phǒm mây chây khon yîi-pùn

【否定形（動詞文）】ไม่［mây］＋疑問で使われた動詞

A : ชอบอาหารไทยหรือเปล่า ค.　タイ料理が好きですか？
chɔ̂ɔp ʔaa-hǎan thay rɯ́-plàaw kh.

B : ไม่ชอบ ค.　好きではありません。
mây chɔ̂ɔp kh.

【否定形（形容詞文）】ไม่［mây］＋疑問で使われた形容詞

A : ภรรยาใจดีหรือเปล่า ค.　奥さんは優しいですか？
phan-ra-yaa cay-dii rɯ́-plàaw kh.

B : ไม่ใจดี ค.　優しくないです。
mây cay-dii kh.

082 5 ไหม［máy］

第３課では「動詞＋ไหม［máy］＝～ますか？」を学習しましたが、第４課では（1）形容詞＋ไหม［máy］、(2) 副詞＋ไหม［máy］の構文、そして（3）誘いの意味でのไหม［máy］を学習します。

(1) 形容詞＋ไหม［máy］

A : อาหารไทยเผ็ดไหม　タイ料理は辛いですか？
ʔaa-hǎan thay phèt máy

B : เผ็ด ค.　辛いです。
phèt kh.

(2) 副詞＋ไหม［máy］

A : มีคนไทยที่ญี่ปุ่นมากไหม　日本にはタイ人がたくさんいますか？
mii khon thay thîi yîi-pùn mâak máy

B : ไม่มาก ค.　多くないです。
mây mâak kh.

答え方：(1) ～ (2)

【肯定形】疑問文で使われている形容詞 / 副詞を使って答えます。
【否定形】ไม่［mây］を疑問文で使われている形容詞 / 副詞の前に置いて答えます。

(3) 誘いの ไหม [máy]

A : อร่อยนะ ทานไหม　　おいしいよ。食べませんか？
ʔa-rɔ̀y náʔ thaan máy

B : ค. ขอบคุณ ค.　　はい、ありがとうございます。
kh. khɔ̀ɔp-khun kh.

【答え方：(3)】

受ける時 : ค. ขอบคุณ ค.　　はい、ありがとうございます。
kh. khɔ̀ɔp-khun kh.

断る時 : ไม่เป็นไร　　大丈夫です / 遠慮します。
mây-pen-ray

083 **6** ลอง [lɔɔŋ] ＋動詞＋ ดู [duu]

ลอง [lɔɔŋ]「試す、試みる」、ดู [duu]「見る」の意味で、ลอง [lɔɔŋ] ＋動詞＋ ดู [duu] で「〜してみる」という表現となります。話し言葉では、ลอง [lɔɔŋ]、ดู [duu] のいずれかが省略されることがあります。

อร่อยนะ ลองทานดูไหม　　おいしいよ。食べてみますか？
ʔa-rɔ̀y náʔ lɔɔŋ thaan duu máy

สวยนะ ลองใส่ดูไหม　　きれいよ。着てみますか？
sǔay náʔ mây lɔɔŋ sày duu máy

084 **7** เป็นไง [pen ŋay]

相手の意見や印象を聞く時に使います。話し言葉では เป็นไง [pen ŋay]、もしくは เป็นยังไง [pen yaŋ-ŋay] と言いますが、元々の発音は เป็นอย่างไร [pen yàaŋ-ray] になります。

A : (อาหารไทย)เป็นไง ค.　　（タイ料理は）どうでしたか？
(ʔaa-hǎan thay) pen ŋay kh.

B : เผ็ดแต่อร่อยมาก ค.　　辛かったですが、とてもおいしかったです。
phèt tὲε ʔa-rɔ̀y mâak kh.

A : (เมืองไทย)เป็นไง ค.　　（タイは）どうでしたか？
(mɯaŋ thay) pen ŋay kh.

B : สนุกมาก ค. คนไทยใจดี อาหารไทยอร่อย
sa-nùk mâak kh. khon thay cay-dii ʔaa-hǎan thay ʔa-rɔ̀y
とても楽しかったです。タイ人は優しかったし、タイ料理はおいしかったです。

A ＋ เป็น [pen] ＋ B ＋ ยังไง [yaŋ-ŋay]　　A（主語）はどんなBですか？

A : เขาเป็นคนยังไง　彼はどんな人ですか？
kháw pen khon yaŋ-ŋay
B : เขาเป็นคนดี　彼はいい人です。
kháw pen khon dii

A : อาหารไทยเป็นอาหารยังไง　タイ料理はどんな料理ですか？
ʔaa-hǎan thay pen ʔaa-hǎan yaŋ-ŋay
B : เป็นอาหารรสจัด　味が濃い料理です。
pen ʔaa-hǎan rót càt

085 8 นะ [náʔ]

文末に付けさまざまなニュアンスを持たせる表現です。第４課の会話では、自分の言いたいことを強調する意味で使用していますが、ほかにも何かをお願いする時、ニュアンスを和らげたい時、念押しをする時、または確認をしたい時などにも使われます。

อาหารไทยเผ็ดแต่อร่อยนะ　タイ料理は辛いけど、おいしいよ。
ʔaa-hǎan thay phèt tɛ̀ɛ ʔa-rɔ̀y náʔ
สวยนะ ไม่เอาหรือ　きれいだよ。要らないの？
sǔay náʔ mây ʔaw rɯ̌ə

086 9 副詞の使い方

副詞は、動詞 / 形容詞の後に置き、動詞 / 形容詞を修飾します。

程度や数量を表す副詞

มาก [mâak] / เยอะ [yə́ʔ]「とても、たくさん」 นิดหน่อย [nít-nɔ̀y]「ちょっと、少し」

ภาษาไทยยากนิดหน่อย　タイ語がちょっと難しいです。
phaa-sǎa thay yâak nít-nɔ̀y
มีคนญี่ปุ่นที่กรุงเทพฯ เยอะ　バンコクには日本人がたくさんいます。
mii khon yîi-pùn thîi kruŋ-thêep yə́ʔ
เขากินมาก　彼女はたくさん食べます。
kháw kin mâak

087 **練習 1** 文脈を考えながら、言葉の組み合わせを変えて反復練習をしてください。

(1)

				อากาศร้อน	ʔaa-kàat rɔ́ɔn		
เขา	kháw			คนไทย	khon thay		
คนญี่ปุ่น	khon yîi-pùn	ชอบ	chɔ̂ɔp	คนใจดี	khon cay-dii	หรือ	rɯ̌ɯ
คนไทย	khon thay	เป็น	pen	อาหารเผ็ด	ʔaa-hǎan phèt	หรือเปล่า	rɯ́-plàaw
				อาหารญี่ปุ่น	ʔaa-hǎan yîi-pùn	ไหม	máy
				คนญี่ปุ่น	khon yîi-pùn		

(2)

		ทน	thon		
แม่	mɛ̂ɛ	แพง	phɛɛŋ		
แฟน	fɛɛn	ดุ	dùʔ	มาก	mâak
สินค้าญี่ปุ่น	sǐn-kháa yîi-pùn	จืด	cɯ̀ɯt	นิดหน่อย	nít-nɔ̀y
อาหารแม่	ʔaa-hǎan mɛ̂ɛ	อร่อย	ʔa-rɔ̀y		
		ใจดี	cay-dii		
		หล่อ	lɔ̀ɔ		

088 質問) **練習 2** (1) ～ (10) の質問に対して、タイ語で答えてください（自分自身のことについて答えてください）。

089 解答例)

(1) คุณชอบเมืองไทยไหม

khun chɔ̂ɔp mɯaŋ-thay máy

(2) ภาษาไทยยากไหม

phaa-sǎa thay yâak máy

(3) ที่ญี่ปุ่นมีคนไทยมากไหม

thîi yîi-pùn mii khon thay mâak máy

(4) คุณเป็นคนโตเกียวหรือเปล่า

khun pen khon too-kiaw rɯ́-plàaw

(5) ครอบครัวคุณอาศัยอยู่ที่โตเกียวหรือเปล่า
khrôɔp-khrua khun ʔaa-sǎy yùu thîi too-kiaw rúi-plàaw

(6) คุณเรียนภาษาไทยอยู่หรือเปล่า
khun rian phaa-sǎa thay yùu rúi-plàaw

(7) คนญี่ปุ่นชอบคนไทยหรือเปล่า
khon yîi-pùn chôɔp khon thay rúi-plàaw

(8) คนญี่ปุ่นเป็นคนยังไง
khon yîi-pùn pen khon yaŋ-ŋay

(9) เมืองไทยเป็นยังไง
mɯaŋ-thay pen yaŋ-ŋay

(10) ของเมืองไทยเป็นยังไง
khɔ̌ɔŋ mɯaŋ-thay pen yaŋ-ŋay

090 (会話)

練習 3 以下の会話は、市場での会話です。この会話を繰り返し練習するとともに、①〜④の言葉を変えた会話をしてみてください。

091 (置き換え例)

A : ลุง โทษนะ ค. นี่อะไร ค.
luŋ thôot náʔ kh. nîi ʔa-ray kh.
おじさん、すみません。これは何ですか？

B : นี่เหรอ ①น้ำปลา เป็น ②เครื่องปรุงของไทย
nîi rə̌ə ① nám-plaa pen ② khrɯ̂aŋ-pruŋ khɔ̌ɔŋ thay
これですか？ ①魚醤です。②タイの調味料です。

A : รสชาติเป็นไง ค.
rót-châat pen-ŋay kh.
どんな味ですか？

B : ③เค็มนิดหน่อย แต่อร่อยนะ ชิมไหม
③ khem nít-nɔ̀y tɛ̀ɛ ʔa-rɔ̀y náʔ chim máy
③ちょっと塩辛いですが、おいしいですよ。味見しますか？

A : ค. ขอบคุณ ค.
kh. khɔ̀ɔp-khun kh.
はい、ありがとうございます。

B：เป็นไง

pen-ŋay

どう？

A：④<u>เหม็นนิดหน่อยแต่อร่อย</u> ค.

④ <u>mĕn nít-nòy tὲε ʔa-ròy</u> kh.

<u>④ちょっと臭いですが、おいしい</u>です。

092（会話）
093（解答例）

練習 4 ワーンさんの恋人に関する会話を聞いて、（1）～（5）の質問に答えてください。

(1) เขาใจดีไหม　kháw cay-dii máy

(2) เขาหล่อไหม　kháw lɔ̀ɔ máy

(3) เขาขยันไหม　kháw kha-yăn máy

(4) เขาเป็นคนไทยหรือเปล่า　kháw pen khon thay rɯ́ɯ-plàaw

(5) เขาเป็นคนอเมริกาหรือเปล่า　kháw pen khon ʔa-mee-ri-kaa rɯ́ɯ-plàaw

関連語彙

094	ทุเรียน	thú-rian	ドリアン
	ผลไม้	phǒn-la-máay	果物
	อาหาร	ʔaa-hǎan	料理
	เครื่องเทศ	khrûaŋ-thêet	香味料
	เครื่องปรุง	khrûaŋ-pruŋ	調味料
	เหล้า	lâw	酒
	รส(ชาติ)	rót(-châat)	味
	ข้าวมันไก่	khâaw-man-kày	カオマンガイ（タイ風蒸し鶏飯）
	ไส้กรอกอีสาน	sây-krɔ̀ɔk ʔii-sǎan	サイクローク･イサーン（タイ東北地方のソーセージ）
	น้ำปลา	nám-plaa	ナムプラー（魚醤）
095	วัดอรุณ	wát ʔa-run	ワット・アルン（バンコクにある寺）
	ธรรมศาสตร์	tham-ma-sàat	タマサート（大学名）
	ทะเล	tha-lee	海
	หัวหน้า	hǔa-nâa	上司
	แฟน	fɛɛn	恋人
	นิสัย	ní-sǎy	性格
	ของ	khɔ̌ɔŋ	物 / 商品 / ～の～
	สินค้า	sǐn-kháa	商品
	รถ	rót	車
	อากาศ	ʔaa-kàat	天気 / 気候
096	คือ	khɯɯ	～は～
	ชอบ	chɔ̂ɔp	好き
	ใส่	sày	着る /（時計・メガネなどを）つける
	ใช้	cháy	使う
	เอา	ʔaw	いる / 買う
097	ใจดี	cay-dii	親切な

ดุ	dùʔ	厳しい
สวย	sǔay	美しい
หล่อ	lɔ̀ɔ	ハンサムな
ขี้เหร่	khîi-rèe	不細工な
อ้วน	ʔûan	太っている
ผอม	phɔ̌ɔm	痩せている
สนุก	sa-nùk	楽しい / 面白い
ดี	dii	よい
รวย	ruay	お金持ち
ขี้เกียจ	khîi-kìat	怠ける
ขยัน	kha-yǎn	勤勉な
หอม	hɔ̌ɔm	よい香りがする
เหม็น	měn	臭い
เค็ม	khem	塩辛い
จืด	cɯ̀ɯt	（味が）薄い
จัด	càt	（味が）濃い
แพง	phɛɛŋ	（値段が）高い
ถูก	thùuk	（値段が）安い
ยาก	yâak	難しい
ง่าย	ŋâay	簡単な
ร้อน	rɔ́ɔn	熱い
หนาว	nǎaw	寒い
สะอาด	sa-ʔàat	清潔な
สกปรก	sòk-ka-pròk	汚い
ทน	thon	長持ちする
เยอะ	yə́ʔ	たくさん / 多い
น้อย	nɔ́ɔy	少し / 少ない

第 5 課 市場にて──買い物ができる

ナッは市場である腕時計に興味を示しました。

098 นัด ลุง เรือนนี้เท่าไรจ๊ะ
nát luŋ rɯan níi thâw-rày cá?

คนขาย 3,000 บาทครับ
khon khǎay sǎam-phan bàat khráp

นัด แพงจังค่ะ
nát phɛɛŋ caŋ khâ?

คนขาย ไม่แพงหรอก คุณใส่สวยนะ
khon khǎay mây phɛɛŋ rɔ̀ɔk khun sày sǔay ná?

นัด หรือคะ ลดได้ไหม
nát rɯ̌ɯ khá? lót dâay máy

คนขาย 2,700 ก็แล้วกันครับ
khon khǎay sɔ̌ɔŋ-phan-cèt kɔ̂ɔ-lɛ́ɛw-kan khráp

นัด 2,000 ได้ไหมคะ นะ นะ
nát sɔ̌ɔŋ-phan dâay máy khá? ná? ná?

คนขาย	ไม่ได้หรอกครับ ขาดทุน
khon khǎay	mây dâay rɔ̀ɔk khráp khàat-thun
นัด	งั้น ไม่เป็นไรค่ะ
nát	ŋán mây-pen-ray khâʔ
คนขาย	เดี๋ยว ๆ ก็ได้ครับ
khon khǎay	dǐaw dǐaw kɔ̂ɔ-dâay khráp

9

会話に出てきた単語

เรือน	rɯan	～個（時計の類別詞）
...นี้	... níi	この～
จ๊ะ	cáʔ	（親しさを示す終助詞 / 疑問文の時）
จัง	caŋ	とても / 結構
ไม่...หรอก	mây ... rɔ̀ɔk	そんな～ではないよ / ～ないよ
ลด	lót	値下げする / 下げる
ได้	dâay	～してもいいですか？ / ～できる / OK
ก็แล้วกัน	kɔ̂ɔ-lɛ́ɛw-kan	～にしよう
นะ	náʔ	～ね / お願い
ขาดทุน	khàat-thun	赤字だ
งั้น	ŋán	それでは / それなら / じゃ
ไม่เป็นไร	mây-pen-ray	（断る意味で）大丈夫です / 遠慮します
เดี๋ยว	dǐaw	ちょっと待って
ก็ได้	kɔ̂ɔ-dâay	まあ、いいですよ

和訳

ナッ	おじさん、この時計はいくらですか？
店員	3,000 バーツです。
ナッ	高いですね。
店員	高くないですよ。よく似合っていますよ。
ナッ	そうですか！　安くできますか？

店員	2,700にしましょう！
ナッ	2,000はダメですか？　ね、お願い。
店員	それは無理ですね。赤字になってしまう。
ナッ	なら、仕方ないです。
店員	待って、待って！　いいですよ。

100 **1** 数字と数え方（1,000 〜）

1,000 = พัน［phan］と言います。下2桁がゼロの場合（●,●00）や、話し言葉では100［rɔ́ɔy］を省略することがあります（例：1,200［phan-sɔ̌ɔŋ］ 6,500［hòk-phan-hâa］)。

1,000	(nʉ̀ŋ-)phan
2,200	sɔ̌ɔŋ-phan-sɔ̌ɔŋ(-rɔ́ɔy)
3,530	sǎam-phan-hâa-rɔ́ɔy-sǎam-sìp
4,100	sìi-phan-nʉ̀ŋ-rɔ́ɔy
5,711	hâa-phan-cèt-rɔ́ɔy-sìp-ʔèt
6,350	hòk-phan-sǎam-rɔ́ɔy-hâa-sìp
7,890	cèt-phan-pɛ̀ɛt-rɔ́ɔy-kâaw-sìp
8,360	pɛ̀ɛt-phan-sǎam-rɔ́ɔy-hòk-sìp
9,540	kâaw-phan-hâa-rɔ́ɔy-sìi-sìp
9,999	kâaw-phan-kâaw-rɔ́ɔy-kâaw-sìp-kâaw

1万、10万、100万の各桁で固有の桁数の言い方があります。

10,000	หมื่น	mʉ̀ʉn
100,000	แสน	sɛ̌ɛn
1,000,000	ล้าน	láan

1,000万以上は、100万までの桁数を組み合わせて表現します。

10,000,000	sìp-láan
100,000,000	rɔ́ɔy-láan
1,000,000,000	phan-láan
14,600	(nʉ̀ŋ-)mʉ̀ʉn-sìi-phan-hòk(-rɔ́ɔy)
689,000	hòk-sɛ̌ɛn-pɛ̀ɛt-mʉ̀ʉn-kâaw-phan
8,230,000	pɛ̀ɛt-láan-sɔ̌ɔŋ-sɛ̌ɛn-sǎam-mʉ̀ʉn
20,000,000	yîi-sìp-láan
450,000,000	sìi-rɔ́ɔy-hâa-sìp-láan

2 A + นี้ [níi] / A + นั้น [nán] / A + โน้น [nóon]

第4課で学習した「นี่ [nîi] これ」などの指示代名詞と同じく話し手からの距離で感覚的に使い分けます。名詞に付く指示詞は声調が指示代名詞と違いますので、注意しましょう。

| 話し手 | A + นี้ [níi] このA | A + นั้น [nán] そのA | A + โน้น [nóon] あのA |

A＝名詞

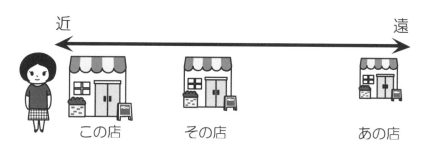

แม่ชอบร้านนี้
mɛ̂ɛ chɔ̂ɔp ráan níi   母はこのお店が好きだ。

ร้านนั้นอร่อย
ráan nán ʔa-rɔ̀y   そのお店はおいしい。

3 類別詞

個別のもの／人を特定して話す場合に、名詞と一緒に使われる言葉を類別詞と言います。類別詞は名詞によって決まっているので、個別に覚える必要があります。日本語の助数詞（〜冊／〜個／〜本／〜人など）に近いイメージかもしれません。⇒下記（1）

ただし、類別詞では数を伴わずに使用することもあるのが、助数詞との大きな違いです。⇒下記（2）〜（4）

なお、（1）〜（4）の全ての使い方共通で、話し言葉において、対象となる名詞が話し手同士での共通認識であれば、名詞を省略することがあります。

(1)（名詞＋）数＋類別詞

日本語の助数詞と同じように、もの／人を数える場合の単位として、数字と一緒に使用します。

ผมมี (เนกไท) 3 เส้น
phǒm mii (nék-thay) sǎam sên   私は（ネクタイを）3本持っています。

ดิฉันมี (พจนานุกรมภาษาไทย) 2 เล่ม   私は（タイ語の辞書を）2冊持っています。
di-chán mii (phót-ca-naa-nú-krom phaa-sǎa thay) sɔ̌ɔŋ lêm

(2)（名詞＋）類別詞＋指示詞

もの / 人を特定する場合、第 5 課の 2 で学習した指示詞と一緒に使います。

以下の例では、日本語では全て「この腕時計」の意味になりますが、類別詞の使い方によって、タイ語では意味が異なります。

(a) นาฬิกานี้　　naa-li-kaa níi

(b) นาฬิกาเรือนนี้　　naa-li-kaa rɯan níi

(c) เรือนนี้　　rɯan níi

(a) その種類（腕時計）全体を指す場合は、類別詞（腕時計の類別詞＝ เรือน [rɯan]）が不要。

(b) 1 個の時計を特定する場合は、類別詞が必ず必要となります。特に日本人が忘れがちになる点なので注意しましょう。

(c) 前述の通り、話し言葉では、文脈次第で名詞を省略することがあります。

(3)（名詞＋）類別詞＋形容詞

もの / 人の特徴を説明し、かつ特定する場合、形容詞の前に類別詞を置きます。

(เสื้อ)ตัวสีแดงราคาเท่าไร　　赤いの（シャツ）は、いくらですか？

(sɯ̂a) tua sǐi-dɛɛŋ raa-khaa thâw-rày

(ทุเรียน)ลูกใหญ่ราคาเท่าไร　　大きいの（大きいドリアン）は、いくらですか？

(thú-rian) lûuk yày raa-khaa thâw-rày

(4)（名詞＋）類別詞＋ ละ [láʔ] ＋値段

ละ [láʔ] は「〜につき」の意味となり、もの 1 つ当たりの値段を言う場合の表現です。

A : (ผ้าพันคอ)ผืนละเท่าไร ค.　　（このマフラーは）1 枚いくらですか？

(phâa-phan-khɔɔ) phɯ̌ɯn láʔ thâw-rày kh.

B : ผืนละ 1,200 บาท ค.　　1 枚 1,200 バーツです。

phɯ̌ɯn láʔ phan-sɔ̌ɔŋ-rɔ́ɔy bàat kh.

03 類別詞

อัน	ʔan	メガネ、消しゴム
ใบ	bay	カバン、財布、帽子、皿
เล่ม	lêm	辞書、ナイフ
ตัว	tua	シャツ、スカート、犬、椅子
ผืน	phʉ̌ʉn	ハンカチ、マフラー
เส้น	sên	ネクタイ、ベルト、ネックレス
คู่	khûu	靴、箸
คัน	khan	車、スプーン＆フォーク、傘
ด้าม	dâam	ペン
แท่ง	thɛ̂ŋ	鉛筆、（棒型）アイス
ลูก	lûuk	マンゴー、ボール
ชิ้น	chín	ケーキ、肉
ดอก	dɔ̀ɔk	花、鍵
แผ่น	phɛ̀n	CD、紙
ฉบับ	cha-bàp	新聞、雑誌、手紙
คน	khon	学生、会社員
หลัง	lǎŋ	家、ピアノ
สาย	sǎay	電車の路線、川、道

104 4 ไม่ [mây] ＋形容詞 / 動詞＋ หรอก [rɔ̀ɔk]

話し相手がいる状況で使用する否定の表現です。1 人の時だけでは使用しません。相手の話したこと / 意志 / 質問を否定する時に用いられるもので、「そんなことはない / ～しないよ」といったニュアンスになる表現です。

A : ภาษาไทยยากมาก	phaa-sǎa thay yâak mâak	タイ語はとても難しい。
B : ไม่ยากหรอก	mây yâak rɔ̀ɔk	そんなことないよ。
A : ไปไหม	pay máy	行く？
B : ไม่ไปหรอก	mây pay rɔ̀ɔk	（そこへは）行かないよ。

105 5 動詞の修飾

タイ語では、形容詞を副詞的な役割で使用することも可能です。形容詞は、動詞(句)の後に置きます。

ใส่	sày	着ける	+	สวย	sǔay	美しい	⇒	ใส่สวย	sày sǔay	似合っている
กิน	kin	食べる	+	เก่ง	kèŋ	上手な	⇒	กินเก่ง	kin kèŋ	たくさん食べる
พูด	phûut	話す	+	เร็ว	rew	速い	⇒	พูดเร็ว	phûut rew	速く話す
พูด	phûut	話す	+	ช้า	cháa	遅い	⇒	พูดช้า	phûut cháa	ゆっくり話す
เดิน	dəən	歩く	+	สวย	sǔay	美しい	⇒	เดินสวย	dəən sǔay	美しく歩く
ทำ	tham	作る	+	อร่อย	ʔa-rɔ̀y	おいしい	⇒	ทำอร่อย	tham ʔa-rɔ̀y	おいしく作る
ตื่น	tùuun	起きる	+	เช้า	cháaw	朝早い	⇒	ตื่นเช้า	tùuun cháaw	朝早く起きる

106 6 ได้ [dâay]

ได้ [dâay] はさまざまな意味や使い方がありますが、第 5 課では（1）可能と（2）許可の意味での使い方を学習します。
副詞は ได้ [dâay] の後に置かれます。

(1) 可能「～できる」

動詞（＋目的語）＋ ได้ [dâay] / 形容詞＋ ได้ [dâay]

ดิฉันพูดภาษาไทยได้นิดหน่อย　私はタイ語が少し話せます。
di-chán phûut phaa-sǎa thay dâay nít-nɔ̀y

ผมใช้คอมพิวเตอร์ได้ดี　私はパソコンを上手く使えます。
phǒm cháy khɔm-phiw-tə̂ə dâay dii

ผู้หญิงทุกคนสวยได้　全ての女性が美しくなれます。
phûu-yǐŋ thúk-khon sǔay dâay

疑問形

ได้ [dâay] + ไหม [máy]　など

答え方

【肯定形】ได้ [dâay] など
【否定形】ไม่ได้ [mây dâay] など

A : ทานเนื้อได้ไหม ค.	thaan núa dâay máy kh.	牛肉は食べられますか？
B : (ทาน)ได้ ค.	(thaan) dâay kh.	食べられます。
A : ลดได้ไหม ค.	lót dâay máy kh.	値引いてくれますか？
B : (ลด)ไม่ได้ ค.	(lót) mây dâay kh.	できません。

(2) 許可

（1）と文型は同じですが、文脈によって、可能ではなく、許可を意味する表現となります。

答え方

【肯定形】ได้ [dâay] / เชิญ [chəən]「OK」 など
【否定形】ไม่ได้ [mây dâay]「NG」 など

A : สูบบุหรี่ได้ไหม ค.	sùup bu-rìi dâay máy kh.	タバコを吸ってもいいですか？
B : ไม่ได้ ค.	mây dâay kh.	ダメです。
A : ถ่ายรูปได้ไหม ค.	thàay-rûup dâay máy kh.	写真を撮ってもいいですか？
B : เชิญ ค.	chəən kh.	どうぞ。

107 7 จ๊ะ [cáʔ] / จ้า [câa]

จ๊ะ [cáʔ] / จ้า [câa] を文末に付けると、文のニュアンスを和らげる効果があります。可愛らしく響く印象なので、相手との距離が近い印象を与えます。男女とも使えますが、改まった場面では使用しません。

疑問文は จ๊ะ [cáʔ]、平叙文では จ้า [câa] を使用します。

ราคาเท่าไรจ๊ะ	raa-khaa thâw-rày cáʔ	値段はいくら？
สวัสดีจ้า	sa-wàt-dii câa	おはよう。

108 8 ก็แล้วกัน [kɔ̂ɔ-lɛ́ɛw-kan]

文末に付ける表現です。以下のようなニュアンスで使用します。

(1) 交渉する時 「〜としましょう」

(2) 提案する時 「〜でどうですか？」

(3) 話の内容のまとめをする時 「〜にしましょう」

値段交渉の会話

A：ลดได้ไหม ค.	lót dâay máy kh.	値下げできますか？
B：2,700 ก็แล้วกัน ค.	sɔ̌ɔŋ-phan-cèt kɔ̂ɔ-lɛ́ɛw-kan kh.	2,700 でどうですか？⇒（2）
A：2,000 ก็แล้วกัน ค.	sɔ̌ɔŋ-phan kɔ̂ɔ-lɛ́ɛw-kan kh.	2,000 にしましょう。⇒（1）

友人と何を食べに行くかを話している会話の最後で

อาหารไทยก็แล้วกัน	ʔaa-hǎan thay kɔ̂ɔ-lɛ́ɛw-kan	タイ料理にしましょう！⇒（3）

109 9 นะ [náʔ]

第４課での会話では内容を強調する意味でしたが、第５課の会話ではお願いする文で使用している表現です。

2,000 ได้ไหม นะ นะ　　2,000 でもいい？　ね、お願い。
sɔ̌ɔŋ-phan dâay máy náʔ náʔ

อาหารไทยก็แล้วกัน นะ นะ　　タイ料理にしよう。ね、ね。
ʔaa-hǎan thay kɔ̂ɔ-lɛ́ɛw-kan náʔ náʔ

110 10 （名詞 / 動詞＋） ก็ได้ [kɔ̂ɔ-dâay]

誰かに頼まれた時や誘われた時などに、（状況により仕方なく）承諾した時、「どちらでもいい」というニュアンスを表したい時に使用する表現です。ก็ได้ [kɔ̂ɔ-dâay] の前は、名詞や動詞が来ますが、省略されることも多いです。

A：2,000 ได้ไหม นะ นะ	sɔ̌ɔŋ-phan dâay máy náʔ náʔ	2,000 でもいい？ ね､お願い。
B：ก็ได้ ค.	kɔ̂ɔ-dâay kh.	まあ、いいですよ。

A：อาหารไทยก็แล้วกัน	ʔaa-hǎan thay kɔ̂ɔ-lɛ́ɛw-kan	タイ料理にしましょう。
B：ก็ได้	kɔ̂ɔ-dâay	まあ、いいよ。

111 **練習 1** 以下の数字をタイ語で言ってみましょう。

1,500	150,000
2,300	290,000
3,400	746,000
4,670	4,100,000
5,810	6,230,000
14,000	21,000,000
68,000	840,000,000
91,000	5,000,000,000

112 **練習 2** 絵の中に、どんなものがいくつあるか、タイ語で説明してください。

例 มีรองเท้า 5 คู่ mii rɔɔŋ-tháaw hâa khûu 靴が 5 足あります。

113 (解答例)

練習 3 あなたは市場でお店を開いています。お客さんへタイ語で商品の値段を説明してください。値段は自由に設定可能です。

	値段		値段
(1) シャツ	バーツ	(8) 大きいカバン	バーツ
(2) 腕時計	バーツ	(9) 小さいカバン	バーツ
(3) ベルト	バーツ	(10) 財布	バーツ
(4) 男性用の靴	バーツ	(11) スカート	バーツ
(5) 女性用の靴	バーツ	(12) ネクタイ	バーツ
(6) ハンカチ	バーツ	(13) 傘	バーツ
(7) メガネ	バーツ	(14) 帽子	バーツ

114 **練習 4** 文脈を考えながら、言葉の組み合わせを変えて、反復練習をしてください。

(1)

ผม	phǒm	พูดภาษาไทย	phûut phaa-sǎa thay			นิดหน่อย	nít-nɔ̀y
ดิฉัน	di-chán	ใช้คอมพิวเตอร์	cháy khɔm-phiw-tə̂ə				
น้อง	nɔ́ɔŋ	ทำอาหารไทย	tham ʔaa-hǎan thay	ได้	dâay		
พี่	phîi	ขับรถ	khàp-rót	ไม่ได้	mây dâay	ดี	dii
พ่อ	phɔ̂ɔ	ว่ายน้ำ	wâay-náam				
แม่	mɛ̂ɛ	เล่นเปียโน	lên pia-noo				

(2)

ในรถไฟ	nay rót-fay			โทรศัพท์	thoo-ra-sàp		
ที่วัด	thîi wát	ญี่ปุ่น	yîi-pùn	กินอาหาร	kin ʔaa-hǎan	ได้	dâay
ที่โรงพยาบาล	thîi rooŋ-pha-yaa-baan	ไทย	thay	สูบบุหรี่	sùup bu-rìi	ไม่ได้	mây dâay
ที่พิพิธภัณฑ์	thîi phí-phít-tha-phan			ถ่ายรูป	thàay-rûup		
				ใส่กางเกงขาสั้น	sày kaaŋ-keeŋ khǎa-sân		

115 (解答例) **練習 5** 以下の日本語をタイ語に訳してください。

(1) 母は英語が少し話せます。

(2) 父は辛い料理が食べられません。

(3) タイ料理を作れますか？

(4) 電話を使ってもいいですか？

(5) 寝てもいいよ。

関連語彙

116 ต่างชาติ	tàaŋ-châat	外国
นาฬิกา	naa-li-kaa	時計
แว่นตา	wɛ̂n-taa	メガネ
ยางลบ	yaaŋ-lóp	消しゴム
กระเป๋า	kra-pǎw	カバン
กระเป๋าสตางค์	kra-pǎw sa-taaŋ	財布
หมวก	mùak	帽子
จาน	caan	皿
ชาม	chaam	茶碗
ถ้วย	thûay	カップ
พจนานุกรม	phót-ca-naa-nú-krom	辞書
มีด	mîit	ナイフ
เสื้อ	sʉ̂a	シャツ
กระโปรง	kra-prooŋ	スカート
กางเกง	kaaŋ-keeŋ	ズボン
กางเกงขาสั้น	kaaŋ-keeŋ khǎa-sân	短パン
หมา	mǎa	犬
แมว	mɛɛw	ねこ
เก้าอี้	kâw-ʔîi	椅子
ผ้าเช็ดหน้า	phâa-chét nâa	ハンカチ
ผ้าพันคอ	phâa-phan-khɔɔ	マフラー
เนกไท	nék-thay	ネクタイ
เข็มขัด	khěm-khàt	ベルト
สร้อยคอ	sɔ̂y-khɔɔ	ネックレス
รองเท้า	rɔɔŋ-tháaw	靴

หนังสือพิมพ์	náŋ-sɯ̌ɯ-phim	新聞
ถุงเท้า	thǔŋ-tháaw	靴下
ตะเกียบ	ta-kìap	箸
ร่ม	rôm	傘
ช้อน	chɔ́ɔn	スプーン
ส้อม	sɔ̂m	フォーク
ปากกา	pàak-kaa	ペン
ดินสอ	din-sɔ̌ɔ	鉛筆
ไอศกรีม	ʔay-sa-kriim	アイスクリーム
ลูกบอล	lûuk-bɔɔn	ボール
เค้ก	khéek	ケーキ
เนื้อ	nɯ́a	肉
ซูชิ	suu-shíʔ	寿司
ดอกไม้	dɔ̀ɔk-máay	花
กุญแจ	kun-cɛɛ	鍵
นิตยสาร	nít-ta-ya-sǎan	雑誌
นักเรียน	nák-rian	学生
รถไฟ	rót-fay	電車
แม่น้ำ	mɛ̂ɛ-náam	川
ถนน	tha-nǒn	道
ทุกอย่าง	thúk-yàaŋ	全部
ผู้หญิง	phûu-yǐŋ	女性
ผู้ชาย	phûu-chaay	男性
ใน	nay	中
วัด	wát	寺 / 寺院
พิพิธภัณฑ์	phí-phít-tha-phan	博物館

	เปียโน	pia-noo	ピアノ
117	สีแดง	sǐi-dɛɛŋ	赤色
	สีขาว	sǐi-khǎaw	白色
	ใหญ่	yày	大きい
	เล็ก	lék	小さい
	เก่ง	kèŋ	上手な
	เช้า	cháaw	早い
	เร็ว	rew	速い
	ช้า	cháa	遅い / ゆっくり
118	เดิน	dəən	歩く
	ตื่น	tùuun	起きる
	นอน	nɔɔn	寝る
	พูด	phûut	話す
	สูบบุหรี่	sùup bu-rìi	タバコを吸う
	ถ่ายรูป	thàay-rûup	写真を撮る
	ว่ายน้ำ	wâay-náam	泳ぐ
	ขับรถ	khàp-rót	運転する
	เล่น	lên	(楽器を) 演奏する / (スポーツを) する

王宮

水上マーケット

トゥクトゥク

第5課　市場にて　　81

第 6 課 誘ってみる——提案とその対応ができる

ケーの水上マーケット行きプランについて、ナッから提案が。

119 นัด วันอาทิตย์นี้จะทำอะไรคะ
nát wan ʔaa-thít níiʔ càʔ tham ʔa-ray kháʔ

เค ว่าจะไปตลาดน้ำครับ
khee wâa càʔ pay ta-làat-náam khráp

นัด จะไปทำอะไรคะ
nát càʔ pay tham ʔa-ray kháʔ

เค อยากไปนั่งเรือดูบ้านริมน้ำครับ
khee yàak pay nâŋ rɯa duu bâan rim-náam khráp

นัด เคยไปหรือเปล่าคะ
nát khəəy pay rɯ́-plàaw kháʔ

เค ไม่เคยครับ ไปยากไหมครับ
khee mây khəəy khráp pay yâak máy khráp

นัด ยากนิดหน่อยค่ะ นัดไปด้วยไหมคะ วันอาทิตย์ว่างพอดีค่ะ
nát yâak nít-nɔ̀y khâʔ nát pay dûay máy kháʔ wan ʔaa-thít wâaŋ phɔɔ-dii khâʔ

เค จริงหรือครับ ขอบคุณคุณนัดมากๆเลยครับ
khee ciŋ rə̌ə khráp khɔ̀ɔp-khun khun nát mâak mâak ləəy khráp

นัด ยินดีค่ะ ยินดี นัดก็กำลังอยากไปอยู่พอดี
nát yin-dii khâʔ yin-dii nát kɔ̂ɔ kam-laŋ yàak pay yùu phɔɔ-dii

20 **会話に出てきた単語**

วันอาทิตย์	wan ʔaa-thít	日曜日
จะ	càʔ	～する（未来や意思を表す助動詞）
ว่าจะ	wâa càʔ	～しようと思う
ไป	pay	行く
ตลาดน้ำ	ta-làat-náam	水上マーケット
อยาก	yàak	～したい
นั่ง	nâŋ	乗る / 座る
เรือ	rɯa	船
ริมน้ำ	rim-náam	川沿い
เคย	khəəy	～したことがある
ยาก	yâak	難しい
ด้วย	dûay	一緒に
ว่าง	wâaŋ	空いている
พอดี	phɔɔ-dii	ちょうど
จริง	ciŋ	本当に
เลย	ləəy	実に
ก็	kɔ̂ɔ	～も

和訳

ナッ　今度の日曜日、何をしますか？
ケー　水上マーケットに行こうと思います。
ナッ　何をしに行くのですか？

ケー　船で川沿いの家を見に行きたいのです。

ナッ　行ったことがありますか？

ケー　行ったことはないです。行きづらいですか？

ナッ　ちょっと行きづらいです。一緒に行きましょうか？　日曜日はちょうど空いています。

ケー　本当ですか！　本当にありがとうございます！

ナッ　いいえ、いいえ。私もちょうど行きたかったのです。

(121) 1 曜日に関する表現

วันอาทิตย์	wan ʔaa-thít	日曜日
วันจันทร์	wan can	月曜日
วันอังคาร	wan ʔaŋ-khaan	火曜日
วันพุธ	wan phút	水曜日
วันพฤหั(สบดี)	wan phá-rɯ́-hàt (sàʔ-bɔɔ-dii)	木曜日
วันศุกร์	wan sùk	金曜日
วันเสาร์	wan sǎw	土曜日

ワンポイント：**知っておきタイ**

タイ人にとって曜日は、とても重要な要素です。タイ人は何曜日生まれかをよく聞きます。生まれた曜日で、その人の性格や運勢が分かると信じているからです。まさに日本人にとっての血液型のようなものです。タイに行く時は、自分の「生年曜日」を調べておくといいでしょう。

A : คุณเกิดวันอะไร ค.	khun kə̀ət wan ʔa-ray kh.	あなたは何曜日生まれですか？
B : วันพุธ ค.	wan phút kh.	水曜日です。

曜日＋ นี้ [níi]「今週の～曜日」　曜日＋ หน้า [nâa]「来週の～曜日」
曜日＋ ที่แล้ว [thîi-lɛ́ɛw]「先週の～曜日」

วันอังคารนี้	wan ʔaŋ-khaan níi	今週の火曜日
วันจันทร์หน้า	wan can nâa	来週の月曜日
วันพุธที่แล้ว	wan phút thîi-lɛ́ɛw	先週の水曜日

อาทิตย์ [ʔaa-thít]「週」についても、上記と同様の表現によって、「今週」「来週」「先週」の意味になります。

อาทิตย์นี้	ʔaa-thít níi	今週
อาทิตย์หน้า	ʔaa-thít nâa	来週
อาทิตย์ที่แล้ว	ʔaa-thít thîi-lɛ́ɛw	先週

タイ語には動詞の未来形や過去形はなく、未来や過去を明確にしたい時には、時間を表す表現を加えます。

วันเสาร์ที่แล้วมาได้ไหม　　先週の土曜日、来られましたか？
wan sǎw thîi-lɛ́ɛw maa dâay máy

วันอาทิตย์นี้มาได้ไหม　　今度の日曜日、来られますか？
wan ʔaa-thít níi maa dâay máy

อาทิตย์หน้ามาได้ไหม　　来週は来られますか？
ʔaa-thít nâa maa dâay máy

その他の時間に関する表現

เมื่อวานซืน(นี้)	เมื่อวาน(นี้)	วันนี้	พรุ่งนี้	มะรืนนี้
mʉ̂a-waan-sʉʉn(-níi)	mʉ̂a-waan(-níi)	wan-níi	phrûŋ-níi	ma-rʉʉn-níi
一昨日	昨日	今日	明日	明後日

วันนี้วันอะไร	wan-níi wan ʔa-ray	今日は何曜日ですか？
พรุ่งนี้จะไปเมืองไทย	phrûŋ-níi càʔ pay mʉaŋ-thay	明日、タイへ行きます。

(ตอน)เช้า	(ตอน)เที่ยง	(ตอน)บ่าย	(ตอน)เย็น	(ตอน)กลางคืน
(tɔɔn-)cháaw	(tɔɔn-)thîaŋ	(tɔɔn-)bàay	(tɔɔn-)yen	(tɔɔn-)klaaŋ-khʉʉn
午前 / 朝	昼	午後	夕方	夜

これらの表現を曜日 / 日などと一緒に使用する時は、曜日 / 日の前後のどちらにでも置くことが可能です。

พรุ่งนี้เช้าว่างไหม　　明日の朝、空いていますか？
phrûŋ-níi cháaw wâaŋ máy

บ่ายวันจันทร์มีเรียนภาษาไทย　　月曜の午後は、タイ語の授業があります。
bàay wan can mii rian phaa-sǎa thay

22 **2** จะ [càʔ] ＋動詞

（1）未来、（2）意志、（3）習慣を表す助動詞となります。

【否定形】จะ［caʔ］＋ไม่［mây］＋動詞

(1) พรุ่งนี้จะไม่มามหาลัย　明日、大学に来ません。
phrûŋ-níi caʔ mây maa ma-hǎa-lay

(2) วันนี้จะไม่กินข้าว จะลดความอ้วน　今日はご飯を食べません。ダイエットします。
wan-níi caʔ mây kin khâaw caʔ lót khwaam-ʔûan

(3) วันอาทิตย์ปกติจะอยู่บ้าน　日曜日はふだん家にいます。
wan ʔaa-thít pòk-ka-tìʔ caʔ yùu bâan

未来のことを話していることが共通認識の場合、จะ［caʔ］を省略することがあります。

A：อาทิตย์หน้าไปไหม　ʔaa-thít nâa pay máy　来週は行きますか？
B：ไม่ไป　mây pay　行きません。

123 **3** ว่าจะ［wâa caʔ］＋動詞

จะ［caʔ］＋動詞も話し手の意志や計画を表しますが、「～しようと思う／～するつもり」と強調して伝えたい場合に使用する表現です。

【否定形】ว่าจะ［wâa caʔ］＋ไม่［mây］＋動詞

注）疑問文では使用できません。

วันเสาร์หน้าว่าจะไปเมืองไทย　来週の土曜日、タイへ行こうと思います。
wan sǎw nâa wâa caʔ pay mɯaŋ-thay

เมื่อวานว่าจะไม่นอน　昨日、寝ないつもりでした。
mɯ̂a-waan wâa caʔ mây nɔɔn

124 **4** 動詞＋動詞

(1) ไป［pay］／มา［maa］＋動詞

ไป［pay］／มา［maa］の後に続く動詞は目的を表すものが入り、「～をしに行く／来る」という意味の表現となります。目的地の前には場所を表す ที่［thîi］を置きますが、話し言葉では、ที่［thîi］を省略することもあります。

จะไปทำงานที่เชียงใหม่　チェンマイへ仕事をしに行く予定です。
caʔ pay tham ŋaan thîi chiaŋ-mày

จะไปเที่ยวภูเก็ต　caʔ pay thîaw phuu-kèt　プーケットへ遊びに行きます。

移動の目的を聞く時＝ทำอะไร［tham ʔa-ray］

A：จะไปทำอะไรที่ร้านสะดวกซื้อ　コンビニへは何をしに行きますか？
caʔ pay tham ʔa-ray thîi ráan sa-dùak-sɯ́ɯ

B：ไปซื้อกาแฟ　pay sɯ́ɯ kaa-fɛɛ　コーヒーを買いに行きます。

移動の目的地を聞く時＝ ที่ไหน ［thîi-nǎy］

A：จะไปทำบุญที่ไหน　càʔ pay tham-bun thîi-nǎy　どこへタムブンをしに行きますか？

B：ที่อยุธยา　thîi ʔa-yút-tha-yaa　アユタヤです。

（2）手段／状態を表す

（a）นั่งเรือ［nâŋ rɯa］船に乗る＋（b）ดู［duu］見る ⇒ 船から見る

（a）に移動手段や状態などを表す動詞を入れ、どのように（b）を行うかを表す表現です。

นั่งรถเที่ยว	nâŋ rót thîaw	車で出かける
นั่งรถไฟชมวิว	nâŋ rót-fay chom wiw	電車から景色を観賞する
เดินคุย	dəən khuy	歩きながら、おしゃべりをする
ขับรถเที่ยว	khàp rót thîaw	ドライブする
นั่งทำงาน	nâŋ tham-ŋaan	座って仕事をする
ยืนอ่าน	yɯɯn ʔàan	立ち読みする
นอนกิน	nɔɔn kin	寝ながら食べる

25　5 อยาก(จะ) ［yàak (càʔ)］＋動詞／形容詞

動詞＝「～したい／～したがる」、形容詞＝「～になりたい／～になりたがる」という意味の表現です。จะ［càʔ］は省略することが可能です。

否定形：ไม่［mây］＋ อยาก(จะ)［yàak (càʔ)］＋動詞／形容詞

อยากจะพูดภาษาไทยเก่ง　タイ語が上手になりたい。
yàak càʔ phûut phaa-sǎa thay kèŋ

อยากอยู่ที่เชียงใหม่　yàak yùu thîi chiaŋ-mày　チェンマイに住みたい。

วันนี้ไม่อยากทำอาหาร　今日料理を作りたくない。
wan-níi mây yàak tham ʔaa-hǎan

อยากสวย	yàak sǔay	きれいになりたい。
อยากรวย	yàak ruay	お金持ちになりたい。
ไม่อยากแก่	mây yàak kɛ̀ɛ	年寄りになりたくない。

26　6 เคย ［khəəy］＋動詞

経験を表す表現で、「～したことがある」という意味になります。

【否定形】ไม่［mây］＋เคย［khəəy］＋動詞

A：เคยนั่งตุ๊กตุ๊กไหม　khəəy nâŋ túk-túk máy　トゥクトゥクに乗ったことはありますか？

B：เคย ค.　khəəy kh.　あります。

ดิฉันยังไม่เคยดูมวยไทย　私はまだムエタイを見たことがありません。
di-chán yaŋ mây khəəy duu muay-thay

ผมไม่เคยนวด(แผนโบราณ)　私は(タイ)マッサージを受けたことがありません。
phǒm mây khəəy nûat (phɛ̌ɛn-boo-raan)

127 **7** 動詞＋ ยาก［yâak］

ยาก［yâak］「難しい」の意味で、「～しにくい／～しづらい」という表現となります。反対の意味の「～しやすい」は、ง่าย［ŋâay］「簡単な」を使います。

ไปยาก	pay yâak	行きにくい
กินยาก	kin yâak	食べにくい（カニなど物理的に食べにくい）／偏食（食べ物の好き嫌いが多い）
อ่านง่าย	ʔàan ŋâay	読みやすい
นอนง่าย	nɔɔn ŋâay	寝やすい／すぐに寝られる

128 **8** 動詞句／名詞／形容詞＋ ด้วย［dûay］

「一緒に」「～も」を意味する表現です。

ดิฉันไปด้วยได้ไหม　di-chán pay dûay dâay máy　私も一緒に行ってもいいですか？

อยากกินแกงมัสมั่นด้วย แกงเผ็ดด้วย　マッサマンカレーもレッドカレーも食べたい。
yàak kin kɛɛŋ mát-sa-màn dûay kɛɛŋ phèt dûay

แฟนผมสวยด้วยนิสัยดีด้วย　私の恋人はきれいですし、性格もいいです。
fɛɛn phǒm sǔay dûay ní-sǎy dii dûay

129 **9** 名詞＋ ก็［kɔ̂ɔ］

「～も」という意味で、ด้วย［dûay］と近い表現ですが、「一緒に」の意味はありません。

ดิฉันก็อยากไป　di-chán kɔ̂ɔ yàak pay　私も行きたい。

แกงมัสมั่นก็อยากกิน แกงเผ็ดก็อยากกิน　マッサマンカレーも食べたいし、レッドカレーも食べたい。
kɛɛŋ mát-sa-màn kɔ̂ɔ yàak kin kɛɛŋ phèt kɔ̂ɔ yàak kin

แฟนผมหน้าตาก็สวย นิสัยก็ดี　私の恋人は顔もきれいですし、性格もいいです。
fɛɛn phǒm nâa-taa kɔ̂ɔ sǔay ní-sǎy kɔ̂ɔ dii

130 **練習１** 文脈を考えながら、言葉の組み合わせを変えて反復練習をしてください。

(1)

					เดินเล่น	dəən-lên		อเมริกา	ʔa-mee-ri-kaa
					ซื้อน้ำ	súɯɯ náam		กรุงเทพฯ	kruŋ-thêep
ดิฉัน	จะ	càʔ	(ไป)		ขับรถ	khàp-rót		เชียงราย	chiaŋ-raay
di-chán	จะไม่	càʔ mây	(pay)		เที่ยว	thîaw	ที่	ซูเปอร์	súp-pə̂ə
ผม	ว่าจะ	wâa càʔ	(มา)		ดื่มเหล้า	dɯ̀ɯm lâw	thîi	บ้าน	bâan
phǒm			(maa)		ตัดผม	tàt phǒm		ร้านสะดวกซื้อ	ráan sa-dùak-súɯɯ
					ทำงาน	tham-ŋaan		วัดโพธิ์	wát phoo
					นวด	nûat		สวนลุมพินี	sǔan lum-phi-nii

(2)

					ทำงานที่ต่างประเทศ	tham ŋaan thîi tàaŋ-pra-thêet
					ออกกำลังกาย	ʔɔ̀ɔk-kam-laŋ-kaay
					ทำบุญ	tham bun
พ่อ	phɔ̂ɔ			(ไป)	เที่ยวดิสนีย์แลนด์	thîaw dís-nîi-lɛɛn
ดิฉัน	di-chán	อยาก	yàak	(pay)	มีชื่อเสียง	mii chɯ̂ɯ-sǐaŋ
ผม	phǒm	ไม่อยาก	mây yàak	(มา)	เลี้ยงแมว	líaŋ mɛɛw
แฟน	fɛɛn			(maa)	ไปอวกาศ	pay ʔa-wa-kàat
					อยู่ที่เมืองไทย	yùu thîi mɯaŋ-thay
					นั่งตุ๊กตุ๊ก	nâŋ túk-túk
					ผอม	phɔ̌ɔm
					รวย	ruay

(3)

				ไปต่างประเทศ	pay tàaŋ-pra-thêet
				ไปทำบุญที่วัดไทย	pay tham-bun thîi wát thay
พ่อ	phɔ̂ɔ			กินอาหารที่ร้านริมทาง	kin ʔaa-hǎan thîi ráan rim-thaaŋ
ดิฉัน	di-chán	เคย	khəəy	ดำน้ำ	dam-náam
ผม	phǒm	ไม่เคย	mây khəəy	ตัดผมที่เมืองไทย	tàt phǒm thîi mɯaŋ-thay
แฟน	fɛɛn			ท้องเสียที่เมืองไทย	thɔ́ɔŋ-sǐa thîi mɯaŋ-thay
				เรียนภาษาจีน	rian phaa-sǎa ciin
				ดูหนังไทย	duu nǎŋ thay

131 (質問) 132 (＋解答例)

練習 2 (1) ～ (10) の質問に対して、タイ語で答えてください（自分自身のことについて答えてください)。

(1) วันนี้วันอะไร — wan-níi wan ʔa-ray

(2) คุณเกิดวันอะไร — khun kə̀ət wan ʔa-ray

(3) ปกติเรียนภาษาไทยวันอะไร — pòk-ka-tìʔ rian phaa-sǎa thay wan ʔa-ray

(4) วันเสาร์นี้จะทำอะไร — wan sǎw níi càʔ tham ʔa-ray

(5) อยากไปเที่ยวเมืองไทยไหม — yàak pay thîaw mɯaŋ-thay máy

(6) อยากไปเที่ยวที่ไหนของเมืองไทย — yàak pay thîaw thîi-nǎy khɔ̌ɔŋ mɯaŋ-thay

(7) อยากไปทำอะไรที่เมืองไทย — yàak pay tham ʔa-ray thîi mɯaŋ-thay

(8) ตอนนี้ไม่อยากทำอะไร — tɔɔn-níi mây yàak tham ʔa-ray

(9) ตอนเด็กอยากเป็นอะไร — tɔɔn-dèk yàak pen ʔa-ray

(10) อนาคตอยากทำอะไร — ʔa-naa-khót yàak tham ʔa-ray

133 **練習3** ワーンの一週間のスケジュールをタイ語で説明してください。
(解答例)

134 **練習4** (1) ～ (5) の日本語をタイ語に訳してください。
(解答例)

(1) 来週、勉強に来ないつもりです。

(2) バンコクでは運転をしません。

(3) タイもアメリカも遊びに行きたい。

(4) このお店は、料理もおいしく、値段も安いです。

(5) 私はどこでも住めます。

関連語彙

135	ปกติ	pòk-ka-tìʔ	ふだん
	รวย	ruay	金持ち
	แก่	kɛ̀ɛ	年寄り
	ตอนเด็ก	tɔɔn-dèk	幼少期
	อนาคต	ʔa-naa-khót	将来
136	เกิด	kə̀ət	生まれる
	มีเรียน	mii rian	授業がある
	ทำบุญ	tham-bun	タムブン / 徳を積む
	เที่ยว	thîaw	遊ぶ / 旅をする
	ชม	chom	観賞する
	คุย	khuy	おしゃべりする
	ยืน	yɯɯn	立つ
	เดินเล่น	dəən-lên	散歩する
	ซื้อ	sɯ́ɯ	買う
	ตัด	tàt	切る
	ออกกำลังกาย	ʔɔ̀ɔk-kam-laŋ-kaay	運動する
	เลี้ยง	líaŋ	飼う / ご馳走する
	ดำน้ำ	dam-náam	ダイビングする
	ท้องเสีย	thɔ́ɔŋ-sǐa	お腹を壊す
	ทำความสะอาด	tham khwaam-sa-ʔàat	掃除する
	หา	hǎa	(医者などに) 会う / 探す / 見つける
137	ร้านสะดวกซื้อ	ráan sa-dùak-sɯ́ɯ	コンビニ
	ซูเปอร์	súp-pə̂ə	スーパー

วัดโพธิ์	wát phoo	ワット・ポー （マッサージ学校もある寺院）
สวนลุมพินี	sǔan lum-phi-nii	ルムピニー公園 （バンコク市内最大の公園）
อวกาศ	ʔa-wa-kàat	宇宙
ตุ๊กตุ๊ก	túk-túk	トゥクトゥク（オート三輪車）
ร้านริมทาง	ráan rim-thaaŋ	屋台
เยาวราช	yaw-wa-râat	ヤウワラート（バンコク市内の中華街）
สยาม	sa-yǎam	サイアム（バンコク市内の繁華街）
ต่างประเทศ	tàaŋ-pra-thêet	外国
ดิสนี่แลนด์	dís-nîi-lɛɛn	ディズニーランド

138

มวยไทย	muay-thay	ムエタイ（タイ式キックボクシング）
นวด(แผนโบราณ)	nûat (phɛ̌ɛn-boo-raan)	タイ式伝統マッサージ
แกงมัสมั่น	kɛɛŋ mát-sa-màn	マッサマンカレー
แกงเผ็ด	kɛɛŋ phèt	レッドカレー
หน้าตา	nâa-taa	顔
น้ำ	náam	水 / 飲み物
ผม	phǒm	髪の毛
ติ่มซำ	tìm-sam	飲茶（ヤムチャ）
หมอฟัน	mɔ̌ɔ fan	歯医者
สุกี้	su-kîi	タイスキ
วิว	wiw	景色

第 7 課 待ち合わせ

——場所を示すことができる

ナッとケーは、待ち合わせ場所の相談をしています。

139 นัด คุณเคพักอยู่ที่โรงแรมสยามใช่ไหมคะ
nát khun khee phák yùu thîi rooŋ-rɛɛm sa-yǎam chây-máy khá?

เค ครับ รู้จักไหมครับ
khee khráp rúu-càk máy khráp

นัด รู้จักค่ะ อยู่แถวสุขุมวิทซอย 24 ใช่ไหมคะ
nát rúu-càk khâ? yùu thɛ̌w sù-khǔm-wít sɔɔy yîi-sìp-sìi chây-máy khá?

เค ครับ เจอกันที่ไหนดีครับ
khee khráp cəə kan thîi-nǎy dii khráp

นัด งั้นเจอกันในร้านนารายาดีไหมคะ
nát ŋán cəə kan nay ráan naa-raa-yaa dii máy khá?

เค ร้านนารายาอยู่ตรงไหนครับ
khee ráan naa-raa-yaa yùu troŋ-nǎy khráp

นัด อยู่ใกล้ ๆ สถานีพร้อมพงษ์ค่ะ
nát yùu klây-klây sa-thǎa-nii phrɔ́ɔm-phoŋ khâ?

เค　อ๋อ ร้านกระเป๋าข้าง ๆ ห้างเอ็มโพเรียมใช่ไหมครับ
khee　ʔɔ̌ɔ ráan kra-pǎw khâŋ-khâaŋ hâaŋ ʔem-phoo-rîam chây-máy khráp

นัด　ใช่ค่ะ รออยู่ในร้านนะคะ
nát　chây khâʔ rɔɔ yùu nay ráan náʔ kháʔ

40 **会話に出てきた単語**

รู้จัก	rúu-càk	～を知っている
สุขุมวิท	sù-khǔm-wít	スクンビット（通り名）
ซอย	sɔɔy	小路
อ๋อ	ʔɔ̌ɔ	なるほど / そうか！
งั้น	ŋán	じゃ / それでは / それなら
นารายา	naa-raa-yaa	ナーラーヤー（カバン屋の店名）
ตรงไหน	troŋ-nǎy	どこ？
ใกล้ ๆ	klây-klây	近く
สถานี	sa-thǎa-nii	駅
พร้อมพงษ์	phrɔ́ɔm-phoŋ	プロームポン（駅名）
ร้าน	ráan	店
ข้าง ๆ	khâŋ-khâaŋ	隣 / そば
เอ็มโพเรียม	ʔem-phoo-rîam	エンポリアム（デパート名）
รอ	rɔɔ	待つ

和訳

ナッ　ケーさんはサイアムホテルに泊まっていますよね？
ケー　はい、知っていますか？
ナッ　知っています。スクンビット 24 辺りにありますよね？
ケー　はい。どこで会いましょうか？
ナッ　それならナーラーヤーの中で会いませんか？
ケー　ナーラーヤーはどこにありますか？
ナッ　プロームポン駅の近くです。
ケー　なるほど、エンポリアムデパートの隣にあるカバン屋ですね？
ナッ　そうですよ。お店の中で待っていますね。

1 位置 / 場所を表す表現

(1)	(2)	(3)
ตรงนี้ ここ troŋ-níi	ที่นี่ ここ thîi-nîi	แถวนี้ この辺 thɛ̌w-níi
ตรงนั้น そこ troŋ-nán	ที่นั่น そこ thîi-nân	แถวนั้น その辺 thɛ̌w-nán
ตรงโน้น あそこ troŋ-nóon	ที่โน่น あそこ thîi-nôon	แถวโน้น あの辺 thɛ̌w-nóon
ตรงไหน どこ? troŋ-nǎy	ที่ไหน どこ? thîi-nǎy	แถวไหน どの辺? thɛ̌w-nǎy

(1) ⇒ (3) の順番で、対象としている場所の範囲がより広いイメージです。

(1) ตรงไหน [troŋ-nǎy] は示す範囲が狭いので、より具体的な場所を聞く場合に使用します。

A: เจอที่ไหน　　　　　　　　　　　　　どこで会いますか？
　　cəə thîi-nǎy

B: ที่ห้างเซ็นทรัลเวิลด์　　　　　　　　セントラルワールドデパートで。
　　thîi hâaŋ sen-thrân-wəən

A: ตรงไหน　　　　　　　　　　　　　（その中の）どこですか？
　　troŋ-nǎy

B: หน้าร้านจิมทอมป์สันในเซ็นทรัลเวิลด์
　　nâa ráan cim-thɔm-sǎn nay sen-thrân-wəən
　　セントラルワールドの中のジム・トムプソン店の前です。

(2) 話し言葉では、ที่ [thîi] を省略し、「これ / それ / あれ / どれ？」と同じ นี่ [nîi] / นั่น [nân] / โน่น [nôon] / ไหน [nǎy] と言うことがあります。

ที่นี่ที่ไหน　　　　⇒　นี่ที่ไหน　　　　　ここはどこですか？
thîi-nîi thîi-nǎy　　　　nîi thîi-nǎy

สถานีอยู่ที่นั่น　　⇒　สถานีอยู่นั่น　　駅はそこです。
sa-thǎa-nii yùu thîi-nân　　sa-thǎa-nii yùu nân

ห้องน้ำอยู่ที่โน่น	⇒	ห้องน้ำอยู่โน่น	トイレはあそこです。
hɔ̂ŋ-náam yùu thîi-nôon		hɔ̂ŋ-náam yùu nôon	
บ้านอยู่ที่ไหน	⇒	บ้านอยู่ไหน	家はどこですか?
bâan yùu thîi-nǎy		bâan yùu nǎy	

(3) แถวไหน [thěw-nǎy] はだいたいの場所を聞く場合に使用する表現です。

A : ที่ทำงานอยู่แถวไหน　　　　　　　　　職場はどの辺ですか?
　　 thîi-tham-ŋaan yùu thěw-nǎy

B : แถวสุขุมวิท　　　　　　　　　　　　スクンビット辺りです。
　　 thěw sù-khǔm-wít

คอนโดมิเนียมแถวพระราม 9 กำลังนิยม　　今、ラーマ9世辺りのコンドミニア
khɔn-doo-mi-nîam thěw phrá-raam-kâaw kam-laŋ ní-yom　ムは人気です。

บ้านแถวนี้ราคาไม่แพง　　　　　　　　　この辺の家は値段が高くないです。
bâan thěw-níi raa-khaa mây phɛɛŋ

2 位置 / 場所を表す表現（前置詞など）

ข้างหน้า	khâaŋ-nâa	前方	ข้างหลัง	khâaŋ-lǎŋ	後方
หน้า	nâa	～の前	หลัง	lǎŋ	～の後ろ
ข้างซ้าย	khâaŋ-sáay	左側	ข้างขวา	khâaŋ-khwǎa	右側
ตรงกลาง	troŋ-klaaŋ	真ん中	ระหว่าง A กับ B	rá-wàaŋ A kàp B	AとBの間

| คุณเออยู่หน้าคุณบี | A さんは B さんの前にいます。 |
| khun ʔee yùu nâa khun bii | |

| คุณซีอยู่หลังคุณบี | C さんは B さんの後ろにいます。 |
| khun sii yùu lǎŋ khun bii | |

| คุณดีอยู่ข้างซ้าย(ของคุณบี) | D さんは（B さんの）左側にいます。 |
| khun dii yùu khâaŋ-sáay (khɔ̌ɔŋ khun bii) | |

| คุณอีอยู่ข้างขวา(ของคุณบี) | E さんは（B さんの）右側にいます。 |
| khun ʔii yùu khâaŋ-khwǎa (khɔ̌ɔŋ khun bii) | |

| คุณบีอยู่ตรงกลาง | B さんは真ん中にいます。 |
| khun bii yùu troŋ-klaaŋ | |

| คุณบีอยู่ระหว่างคุณดีกับคุณอี | B さんは D さんと E さんの間にいます。 |
| khun bii yùu rá-wàaŋ khun dii kàp khun ʔii | |

143

ข้างบน	khâaŋ-bon	上	ข้างล่าง	khâaŋ-lâaŋ	下
บน	bon	〜の上	ใต้	tâay	〜の下
ข้างใน	khâaŋ-nay	中	ข้างนอก	khâaŋ-nɔ̂ɔk	外
ใน	nay	〜の中	นอก	nɔ̂ɔk	〜の外

นาฬิกาอยู่บนโต๊ะ naa-li-kaa yùu bon tóʔ	時計は机の上にあります。
กระเป๋าอยู่ใต้โต๊ะ kra-pǎw yùu tâay tóʔ	カバンは机の下にあります。
คุณเออยู่ข้างบน khun ʔee yùu khâaŋ-bon	A さんは上にいます。
คุณบีอยู่ข้างล่าง khun bii yùu khâaŋ-lâaŋ	B さんは下にいます。
คุณเอและคุณบีอยู่ในบ้าน khun ʔee lɛ́ʔ khun bii yùu nay bâan	A さんと B さんは家の中にいます。
คุณซีอยู่นอกบ้าน khun sii yùu nɔ̂ɔk bâan	C さんは家の外にいます。

44

ตรงข้าม(กับ)	troŋ-khâam (kàp)	～の向かい	ข้าง ๆ	khâŋ-khâaŋ	～の隣 / ～のそば
ติด (กับ)	tìt (kàp)	～のすぐ隣	ใกล้ ๆ (กับ)	klây-klây (kàp)	～に近い
ไกลจาก	klay càak	～から遠い	ห่างจาก	hàaŋ càak	～から離れる
ชั้น	chán	階			

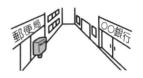

ไปรษณีย์อยู่ตรงข้ามธนาคาร
pray-sa-nii yùu troŋ-khâam tha-naa-khaan
郵便局が銀行の向かいにあります。

ห้างอยู่ข้าง ๆ โรงแรม
hâaŋ yùu khâŋ-khâaŋ rooŋ-rɛɛm
デパートがホテルの隣にあります。

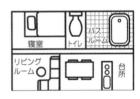

ห้องน้ำอยู่ติดกับห้องนอน
hɔ̂ŋ-náam yùu tìt kàp hɔ̂ŋ-nɔɔn
お手洗いが寝室のすぐ隣にあります。

โรงเรียนอยู่ใกล้ ๆ (กับ)บ้าน
rooŋ-rian yùu klây-klây (kàp) bâan
学校が家の近くにあります。

ที่ทำงานอยู่ไกลจากบ้าน
thîi-tham-ŋaan yùu klay càak bâan
職場が家から遠いです。

ที่ทำงานอยู่ห่างจากบ้าน
thîi-tham-ŋaan yùu hàaŋ càak bâan
職場が家から離れています。

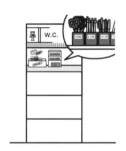

ร้านเครื่องเขียนอยู่ชั้น 4
ráan khrɯ̂aŋ-khǐan yùu chán sìi
文房具屋が４階にあります。

ห้องน้ำอยู่ชั้น 5
hɔ̂ŋ-náam yùu chán hâa
トイレは５階にあります。

45 **3** รู้จัก [rúu-càk]

人 / もの / 場所などの固有名詞を「知っている」という動詞です。

A : คุณเครู้จักวัดโพธิ์ไหม ค.
khun khee rúu-càk wát phoo máy kh.
ケーさんは、ワット・ポーを知っていますか?

B : รู้จัก ค. อยู่ใกล้ ๆ วัดพระแก้วใช่ไหม ค.
rúu-càk kh. yùu klây-klây wát phrá-kɛ̂ɛw chây-máy kh.
知っています。エメラルド寺院の近くですよね。

A : คุณเครู้จักห้างเอ็มโพเรียมหรือเปล่า ค.
khun khee rúu-càk hâaŋ ʔem-phoo-rîam rɯ́-plàaw kh.
ケーさんはエンポリアムデパートを知っていますか?

B : ไม่รู้จัก ค. อยู่ที่ไหน ค.
mây rúu-càk kh. yùu thîi-nǎy kh.
知らないです。どこにありますか?

A : คุณเคไม่รู้จักเบิร์ดธงไชยหรือ ค.
khun khee mây rúu-càk bə́ət-thoŋ-chay rɯ̌ə kh.
ケーさんはバード・トンチャイを知らないのですか?

B : ค. ใคร ค.
kh. khray kh.
はい、誰ですか?

A : นักร้อง ค. ดังมาก
nák-rɔ́ɔŋ kh. daŋ mâak
歌手です。とても有名です。

46 **4** 疑問詞＋ ดี [dii]

相手に相談し、意見を求める表現となります。

เมื่อไรดี	mɯ̂a-rày dii	いつがいい?
อะไรดี	ʔa-ray dii	何がいい?

ที่ไหนดี	thîi-nǎy dii	どこがいい？
ยังไงดี	yaŋ-ŋay dii	どうするのがいい？
ใครดี	khray dii	誰がいい？

答え方：自身の案＋ ดีไหม [dii máy]「～はどう？」

お出かけの相談

A：เจอกันเมื่อไรดี
cəə kan mûa-rày dii
いつ会おうか？

B：วันอาทิตย์ดีไหม
wan ʔaa-thít dii máy
日曜日はどう？

A：โอเค แล้วทำอะไรดี
ʔoo-khee lɛ́ɛw tham ʔa-ray dii
OK、それで何をしようか？

B：ไปดูหนังกันดีไหม
pay duu nǎŋ kan dii máy
映画を見に行くのはどう？

A：ดี ๆ แล้วไปดูที่ไหนดี
dii-dii lɛ́ɛw pay duu thîi-nǎy dii
いいね、ではどこへ見に行こうか？

B：ไปแถวสยามดีไหม
pay thɛ̌w sa-yǎam dii máy
サイアムの辺りに行くのはどう？

A：แล้วไปยังไงดี
lɛ́ɛw pay yaŋ-ŋay dii
で、どうやって行こうか？

B：ไปรถไฟ* ดีไหม วันอาทิตย์รถติด
pay rót-fay* dii máy wan ʔaa-thít rót-tìt
電車はどう？
日曜日は渋滞しているから。
*第 8 課 **2** を参照

A：ดีๆ แล้วเจอกันที่ไหนดี
dii-dii lɛ́ɛw cəə kan thîi-nǎy dii
いいね、それで、どこで会おうか？

B：เจอกันที่บ้านเธอดีไหม
cəə kan thîi bâan thəə dii máy
あなたの家で会うのはどう？

A：โอเค
ʔoo-khee
OK。

招待客の相談

A : เชิญใครดี 誰を招待しようか？
chəən khray dii

B : เพื่อนร่วมงานกับที่บ้านดีไหม 同僚と家族でどう？
phûan-rûam-ŋaan kàp thîi-bâan dii máy

47 **5 ดีไหม** [dii máy]

「〜はどうですか？」といったニュアンスで、相手に同意を求めつつ、丁寧に意見を聞く時、または提案をする時に使用する表現です。

A : เจอกันเมื่อไรดี ค. いつ会おうか？
cəə kan mûa-rày dii kh.

B : พรุ่งนี้ดีไหม ค. 明日は？
phrûŋ-níi dii máy kh.

A : พรุ่งนี้ไม่ได้ ค. 明日はNGです。
phrûŋ-níi mây dâay kh.

B : งั้น มะรืนนี้ดีไหม ค. では、明後日は？
ŋán ma-rɯɯn-níi dii máy kh.

A : มะรืนนี้ โอเค ค. 明後日はOKです。
ma-rɯɯn-níi ʔoo-khee kh.

A : วันเสาร์นี้ทำอะไรดี 今度の土曜日、何をしようか？
wan sǎw níi tham ʔa-ray dii

B : ไปกินข้าวที่อยุธยาดีไหม アユタヤへ食事に行くのはどう？
pay kin khâaw thîi ʔa-yút-tha-yaa dii máy

A : อยุธยาไกลนะ アユタヤは遠いよ。
ʔa-yút-tha-yaa klay náʔ

B : งั้น ไปนวดที่วัดโพธิ์ดีไหม じゃ、ワット・ポーにマッサージに行くのは？
ŋán pay nûat thîi wát phoo dii máy

A : ดีๆ อยากนวดอยู่พอดี いいね。ちょうどマッサージをしたかった。
dii-dii yàak nûat yùu phɔɔ-dii

148（解答例） **練習 1** 絵を見て、(1) ～ (16) の場所 / 位置をタイ語で説明してください。

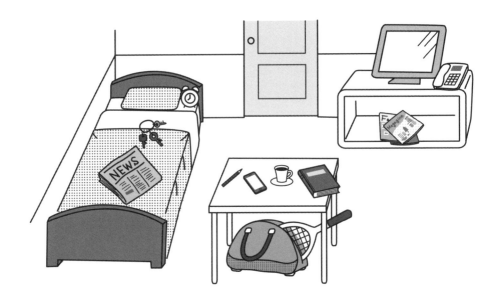

(1) テーブル

(2) ベッド

(3) テレビ台 / タンス

(4) テレビ

(5) 時計

(6) 枕

(7) 電話

(8) 雑誌

(9) 本

(10) コーヒー

(11) 鉛筆

(12) カバン

(13) テニスラケット

(14) 鍵

(15) 新聞

(16) 携帯電話

練習2　絵を見て、(1) ～ (16) の場所 / 位置をタイ語で説明してください。
答例)

(1) 銀行

(2) バス停

(3) カフェ

(4) 病院

(5) 男性

(6) 郵便局

(7) デパート

(8) 女性

(9) 犬

(10) 猫

(11) 郵便ポスト

(12) レストラン

(13) 図書館

(14) 駐車場

(15) 映画館

(16) スーパー

第7課　待ち合わせ　105

150 **練習 3** 文脈を考えながら、言葉の組み合わせを変えて反復練習をしてください。

(1)

ไป	pay				
ไปกับ	pay kàp	เมื่อไร	mûa-rày		
เจอกัน	cəə kan	อะไร	ʔa-ray		
ทำ	tham	ที่ไหน	thîi-nǎy	ดี	dii
เชิญ	chəən	ยังไง	yaŋ-ŋay		
ปรึกษา	prùk-sǎa	ใคร	khray		
ทาน	thaan				

(2)

ไป	pay	เสาร์หน้า	sǎw nâa		
ไปกับ	pay kàp	มวยไทย	muay-thay		
เจอกัน	cəə kan	หัวหน้า	hǔa-nâa		
ดู	duu	แท็กซี่	thɛ́k-sîi	ดีไหม	dii máy
เชิญ	chəən	อาหารทะเล	ʔaa-hǎan tha-lee		
ปรึกษา	prùk-sǎa	(ที่)มาบุญครอง	(thîi) maa-bun-khrɔɔŋ		
กิน	kin	คาราโอเกะ	khaa-raa-ʔoo-kèʔ		
นั่ง	nâŋ	ที่บ้าน	thîi-bâan		

151 (質問) 152 (＋解答例) **練習 4** (1) ～ (10) の質問に対して、タイ語で答えてください（自分自身のことについて答えてください）。

(1) บ้านคุณอยู่ใกล้ๆกับอะไร
bâan khun yùu klây-klây kàp ʔa-ray

(2) บ้านคุณอยู่ไกลจากที่ทำงานไหม
bâan khun yùu klay càak thîi-tham-ŋaan máy

(3) บ้านคุณอยู่ระหว่างสถานีอะไรกับสถานีอะไร
bâan khun yùu rá-wàaŋ sa-thǎa-nii ʔa-ray kàp sa-thǎa-nii ʔa-ray

(4) ข้าง ๆบ้านคุณมีร้านสะดวกซื้อไหม
khâŋ-khâaŋ bâan khun mii ráan sa-dùak-sɯ́ɯ máy

(5) แถวบ้านคุณมีร้านอาหารไทยไหม
thɛ̌w bâan khun mii ráan ʔaa-hǎan thay máy

(6) ห้องนอนคุณอยู่ติดกับห้องอะไร
hɔ̂ŋ-nɔɔn khun yùu tìt kàp hɔ̂ŋ ʔa-ray

(7) แมนชั่นคุณอยู่ชั้นไหน
mɛɛn-chân khun yùu chán nǎy

(8) ที่ทำงานอยู่ใกล้ๆ กับสถานีอะไร
thîi-tham-ŋaan yùu klây-klây kàp sa-thǎa-nii ʔa-ray

(9) โต๊ะทำงานที่บริษัทคุณอยู่ชั้นไหน
tóʔ-tham-ŋaan thîi bɔɔ-ri-sàt khun yùu chán nǎy

(10) แถวบริษัทคุณมีธนาคารไหม
thɛ̌w bɔɔ-ri-sàt khun mii tha-naa-khaan máy

153 (会話)
154 (質問・解答例)

練習 5 会話を聞いて、(1) ～ (5) の質問にタイ語で答えてください。

(1) พวกเขาจะเจอกันเมื่อไร phûak-kháw càʔ cəə kan mɯ̂a-rày
(2) พวกเขาจะไปที่ไหน phûak-kháw càʔ pay thîi-nǎy
(3) พวกเขาจะไปทำอะไรที่นั่น phûak-kháw càʔ pay tham ʔa-ray thîi-nân
(4) พวกเขาจะไปที่นั่นยังไง phûak-kháw càʔ pay thîi-nân yaŋ-ŋay
(5) พวกเขาจะเจอกันที่ไหน phûak-kháw càʔ cəə kan thîi-nǎy

関連語彙

155	ห้องน้ำ	hɔ̂ŋ-náam	トイレ
	ห้องนอน	hɔ̂ŋ-nɔɔn	寝室
	ห้องครัว	hɔ̂ŋ-khrua	台所
	ไปรษณีย์	pray-sa-nii	郵便局
	ตู้ไปรษณีย์	tûu-pray-sa-nii	郵便ポスト
	ป้ายรถเมล์	pâay-rót-mee	バス停
	ห้าง(สรรพสินค้า)	hâaŋ (sàp-pha-sǐn-kháa)	デパート
	ที่จอดรถ	thîi-cɔ̀ɔt-rót	駐車場
	โรงหนัง	rooŋ-nǎŋ	映画館
	แมนชั่น	mɛɛn-chân	マンション
156	เซ็นทรัลเวิลด์	sen-thrân-wəən	セントラルワールド（デパート名）
	มาบุญครอง	maa-bun-khrɔɔŋ	マーブンクローン（デパート名）
	จิมทอมป์สัน	cim-thɔm-sǎn	ジム・トムプソン（タイシルクのお店）
	พระราม ๙	phrá-raam-kâaw	ラーマ９世（通り名／国王の名前）
	วัดพระแก้ว	wát phrá-kɛ̂ɛw	ワット・プラケーオ（エメラルド寺院）
157	ใคร	khray	誰？
	นักร้อง	nák-rɔ́ɔŋ	歌手
	เพื่อนร่วมงาน	phɯ̂an-rûam-ŋaan	同僚
	ที่บ้าน	thîi-bâan	家族
	เครื่องเขียน	khrɯ̂aŋ-khǐan	文房具
	โต๊ะ	tóʔ	テーブル
	โต๊ะทำงาน	tó tham-ŋaan	机
	เตียง	tiaŋ	ベッド

ชั้น	chán	タンス
ไม้เทนนิส	máay-thcn-nít	テニスラケット
ประตู	pra-tuu	ドア
หมอน	mɔ̌ɔn	枕
รถตู้	rót-tûu	バン / ミニバス
แท็กซี่	thɛ́k-sîi	タクシー
ทะเล	tha-lee	海

158	ดัง	daŋ	有名な
	รถติด	rót-tìt	渋滞
	ไปรถไฟ	pay rót-fay	電車で行く
	เชิญ	chəən	招待する
	ชวน	chuan	誘う
	ไหว้พระ	wâay-phráʔ	お参りする
	ปรึกษา	prɯ̀k-sǎa	相談する

第 **8** 課

遅刻の時は
――時間を示すことができる

ケーは、ナッとの待ち合わせに少し遅れました。

159 เค　โทษทีครับ ที่มาสาย
khee　thôot-thii khráp thîi maa sǎay

นัด　ไม่เป็นไรค่ะ ไปกันเถอะค่ะ
nát　mây-pen-ray khâʔ pay kan thəʔ khâʔ

เค　รถออกกี่โมงครับ
khee　rót ʔɔ̀ɔk kìi mooŋ khráp

นัด　10:30 ค่ะ
nát　sìp mooŋ khrʉ̂ŋ khâʔ

เค　จะทันไหมครับ
khee　càʔ than máy khráp

นัด　จากนี่ถึงเอกมัยปกติใช้เวลาราวๆ 30 นาทีค่ะ
nát　càak nîi thʉ̌ŋ ʔèek-ka-may pòk-ka-tìʔ cháy wee-laa raw-raaw sǎam-sìp naa-thii khâʔ

เค　ตอนนี้ 10 โมงกว่าแล้ว ขึ้นแท็กซี่ไปกันเถอะครับ
khee　tɔɔn-níi sìp mooŋ kwàa lɛ́ɛw khʉ̂n thɛ́k-sîi pay kan thəʔ khráp

นัด　ดีค่ะ
nát　dii khâʔ

60 **会話に出てきた単語**

โทษที	thôot-thii	ごめんなさい
สาย	sǎay	（時間的に）遅れる
กัน	kan	一緒に
เถอะ	thə̀ʔ	～しよう
รถ(บัส)	rót(-bát)	バス
ออก	ʔɔ̀ɔk	出発する
กี่	kìi	いくつの～
โมง	mooŋ	時
ครึ่ง	khrɯ̂ŋ	半
ทัน	than	間に合う
จาก	càak	～から（空間）
ถึง	thɯ̌ŋ	～まで / 到着する
เอกมัย	ʔèek-ka-may	エカマイ（東方面に行くバスタミナール名）
ใช้เวลา	cháy wee-laa	（時間が）かかる
ราวๆ	raw-raaw	～ぐらい / だいたい
กว่า	kwàa	～過ぎ
แล้ว	lɛ́ɛw	もう～した
ขึ้น	khɯ̂n	乗る

和訳

ケー　遅くなってごめんなさい。
ナッ　大丈夫ですよ。行きましょう。
ケー　バスは何時に出発しますか？
ナッ　10 時半です。
ケー　間に合いますか？
ナッ　ここからエカマイまでふだんは 30 分ぐらいです。
ケー　もう 10 時過ぎです。タクシーで行きましょう。
ナッ　いいですね。

1 時間の表現

161 (1) 時

เที่ยงคืน
[thîaŋ khɯɯn]

ตี ● [tii …]

0:00 am	เที่ยงคืน thîaŋ khɯɯn	คืน [khɯɯn] =「夜」。
1:00 am	ตี 1 tii nɯ̀ŋ	ตี [tii] =「打つ、叩く」。かつて夜中の時間を表すには鐘または太鼓を打って音で知らせたことからきています。
2:00 am	ตี 2 tii sɔ̌ɔŋ	
3:00 am	ตี 3 tii sǎam	
4:00 am	ตี 4 tii sìi	
5:00 am	ตี 5 tii hâa	

● โมง(เช้า)
[… mooŋ (cháaw)]

6:00 am	6 โมง(เช้า) hòk mooŋ (cháaw)	เช้า [cháaw] =「朝 / 午前」。 เช้า [cháaw] は省略することがあります。
7:00 am	7 โมง(เช้า) cèt mooŋ (cháaw)	
8:00 am	8 โมง(เช้า) pɛ̀ɛt mooŋ (cháaw)	
9:00 am	9 โมง(เช้า) kâaw mooŋ (cháaw)	
10:00 am	10 โมง(เช้า) sìp mooŋ (cháaw)	
11:00 am	11 โมง(เช้า) sìp ʔèt mooŋ (cháaw)	

เที่ยง(วัน) [thîaŋ (wan)]	12:00 pm	เที่ยง(วัน) thîaŋ (wan)	วัน [wan] =「日／昼間」。 วัน [wan] は省略することがあります。
	1:00 pm	บ่ายโมง bàay mooŋ	บ่าย [bàay] =「午後」。 午後1時の場合だけ、1を省略します。
บ่าย ● โมง [bàay … mooŋ]	2:00 pm	บ่าย 2 โมง bàay sɔ̌ɔŋ mooŋ	
	3:00 pm	บ่าย 3 โมง bàay sǎam mooŋ	
	4:00 pm	4 โมง(เย็น) sìi mooŋ (yen)	เย็น [yen] =「夕方」。 เย็น [yen] は省略することがあります。
● โมง(เย็น) [… mooŋ (yen)]	5:00 pm	5 โมง(เย็น) hâa mooŋ (yen)	
	6:00 pm	6 โมง(เย็น) hòk mooŋ (yen)	
	7:00 pm	(1) ทุ่ม (nùŋ) thûm	ทุ่ม [thûm] は太鼓を叩く音。 午後7時台で分単位も含めて言う場合は、 1 = [nùŋ] を省略することがあります。
● ทุ่ม [… thûm]	8:00 pm	2 ทุ่ม sɔ̌ɔŋ thûm	
	9:00 pm	3 ทุ่ม sǎam thûm	
	10:00 pm	4 ทุ่ม sìi thûm	
	11:00 pm	5 ทุ่ม hâa thûm	

何時? กี่โมง / กี่ทุ่ม
kìi mooŋ / kìi thûm

何時間? กี่ชั่วโมง
kìi chûa-mooŋ

A : ตอนนี้กี่โมง　　今、何時ですか?
tɔɔn-níi kìi mooŋ

B : 8 โมง　　朝の８時です。
pɛ̀ɛt mooŋ

A : เครื่องออกกี่โมง　　飛行機は何時に出発しますか?
khrɯ̂aŋ ʔɔ̀ɔk kìi mooŋ

B : 2 ทุ่ม　　午後８時です。
sɔ̌ɔŋ thûm

A : เมื่อคืนนอนกี่ชั่วโมง　　昨夜、何時間寝ましたか?
mɯ̂a-khɯɯn nɔɔn kìi chûa-mooŋ

B : ประมาณ 5 ชั่วโมง　　５時間ぐらいです。
pra-maan hâa chûa-mooŋ

162 **(2) 分秒**

～分　　数字＋ นาที [na-thii]

～秒　　数字＋ วินาที [wí-naa-thii]

何分?　　กี่นาที [kìi naa-thii]

何秒?　　กี่วินาที [kìi wí-naa-thii]

(○時) 30 分 / 半 ครึ่ง [khrɯ̂ŋ]

ผมตื่นตี 4 ครึ่งทุกวัน　　私は毎日４時半に起きます。
phǒm tɯ̀ɯn tii sìi khrɯ̂ŋ thúk-wan

A : เมื่อวานออกกำลังกายกี่นาที　昨日何分運動しましたか？
mûa-waan ʔɔ̀ɔk-kam-laŋ-kaay kìi naa-thii

B : ประมาณ 20 นาที　20 分ぐらいです。
pra-maan yîi-sìp naa-thii

午前 6 ～ 11 時、午後 4 ～ 6 時の時間帯で「○時○分」と言う場合、เช้า［cháaw］と เย็น［yen］を省略することがあります。そのため、午前 6 時と午後 6 時が同一表現となります。

เครื่องจะออก 6 โมงครึ่ง　飛行機が 6 時半に出発します。
khrûaŋ càʔ ʔɔ̀ɔk hòk mooŋ khrûŋ

間違いを避けるために、文の最後に、午前＝ เช้า［cháaw］、午後＝ เย็น［yen］を付けると明確になります。

63 **(3) 公的な場での時間の言い方**

ラジオや電車の時刻などは 24 時間表示の時間を使用します。

～時　数字＋ นาฬิกา［naa-li-kaa］

何時？　กี่นาฬิกา［kìi naa-li-kaa］
　　　　กี่โมง［kìi mooŋ］

A : รถไฟไปอุบลออกจากกรุงเทพฯ กี่โมง ค.
rót-fay pay ʔù-bon ʔɔ̀ɔk càak kruŋ-thêep kìi mooŋ kh.
ウボン（県）行きの電車はバンコクを何時に出発しますか？

B : 6 นาฬิกา 5 นาที ค.　6 時 5 分です。
hòk naa-li-kaa hâa naa-thii kh.

A : ถึงกี่โมง ค.　何時に到着しますか？
thʉ̌ŋ kìi mooŋ kh.

B : 15 นาฬิกา 40 นาที ค.　15 時 40 分です。
sìp-hâa naa-li-kaa sìi-sìp naa-thii kh.

64 **(4) A から B まで**

【時間】A から B まで　ตั้งแต่［tâŋ-tɛ̀ɛ］＋ A ＋ ถึง［thʉ̌ŋ］＋ B
【場所】A から B まで　จาก［càak］＋ A ＋ ถึง［thʉ̌ŋ］＋ B

วันนี้ทำงานตั้งแต่ 8 โมงถึง 2 ทุ่มครึ่ง
wan-níi tham-ŋaan tâŋ-tɛ̀ɛ pɛ̀ɛt mooŋ thʉ̌ŋ sɔ̌ɔŋ thûm khrʉ̂ŋ
今日は午前８時から午後８時半まで仕事をしました。

ธนาคารเปิดตั้งแต่ 8 โมงครึ่งถึงบ่าย 3
tha-naa-khaan pə̀ət tâŋ-tɛ̀ɛ pɛ̀ɛt mooŋ khrʉ̂ŋ thʉ̌ŋ bàay sǎam
銀行は午前８時半から午後３時まで営業しています。

A：เดินจากบ้านถึงสถานีใช้เวลาเท่าไร
dəən càak bâan thʉ̌ŋ sa-thǎa-nii cháy wee-laa thâw-rày
家から駅まで歩いてどれぐらいかかりますか？

B：ราวๆ 5 นาที
raw-raaw hâa naa-thii
５分ぐらいかかります。

นั่งรถไฟจากบ้านถึงบริษัท ใช้เวลา 6 นาที
nâŋ rót-fay càak bâan thʉ̌ŋ bɔɔ-ri-sàt cháy wee-laa hòk naa-thii
家から会社まで電車で６分かかります。

165 **2 移動手段**

(1) 移動手段を表す動詞（下記、参照）＋移動を表す動詞＝ ไป [pay] / มา [maa] / กลับ [klàp]
(2) 移動を表す動詞＝ ไป [pay] / มา [maa] / กลับ [klàp] ＋乗り物
「〜で行く / 来る / 帰る」という表現となります。

【移動の手段を表す動詞】

เดิน	dəən	歩いて
ขี่จักรยาน	khìi càk-kra-yaan	自転車で
ขึ้นรถ	khʉ̂n rót	車で
ขึ้นมอเตอร์ไซค์	khʉ̂n mɔɔ-təə-say	バイクタクシーで
ขึ้นรถเมล์	khʉ̂n rót-mee	市内バスで
ขึ้นรถบัส	khʉ̂n rót-bát	長距離バスで
ขึ้นรถทัวร์	khʉ̂n rót-thua	冷房付長距離バスで
ขึ้นแท็กซี่	khʉ̂n thɛ́k-sîi	タクシーで
ขึ้นรถไฟ	khʉ̂n rót-fay	電車で
ขึ้นรถไฟใต้ดิน	khʉ̂n rót-fay-tâay-din	地下鉄で
ขึ้นรถไฟความเร็วสูง	khʉ̂n rót-fay khwaam-rew-sǔuŋ	新幹線で
ขึ้นเครื่องบิน	khʉ̂n khrʉ̂aŋ-bin	飛行機で
ลงเรือ	loŋ rʉa	船で

ขี่	khìi	またがる	・二輪車や動物を自分で操作 / 運転する場合
ขึ้น	khûn	乗る / 上がる	・นั่ง [nâŋ]「座る」も、ขึ้น [khûn] とほぼ同じ使用方法 ・二輪車や動物に自分では操作 / 運転せずに乗る場合 ・大型船への乗船 ⇒タラップを使って上がって行くイメージのため ・小型船からの下船 ⇒船から陸地に上がって行くイメージのため
ลง	loŋ	降りる	・ほとんどの乗り物から降りる場合に使用可能 ・小型船への乗船 ⇒陸地から低い位置にある船に乗り込むイメージから

A : ขึ้นรถเมล์จากบ้านถึงบริษัทใช้เวลาเท่าไร
khûn rót-mee càak bâan thǔŋ bɔɔ-ri-sàt cháy wee-laa thâw-rày
家から会社まで、バスでどれぐらいかかりますか？

B : 10 นาที　10分です。
sìp naa-thii

【疑問形】移動を表す動詞＋ ยังไง [yaŋ-ŋay]

A : มายังไง　どうやって来ました？
maa yaŋ-ŋay

B-1 : ขึ้นแท็กซี่มา　タクシーで来ました。 ←（1）
khûn thɛ́k-sîi maa

B-2 : มาแท็กซี่　タクシーで来ました。 ←（2）
maa thɛ́k-sîi

66

3 謝り方

(1) โทษนะ　ごめんね。
thôot náʔ

(2) โทษทีนะ　ごめんなさいね。
thôot-thii náʔ

(3) ขอโทษจริงๆ ค.　本当に申し訳ございません。
khɔ̌ɔ-thôot ciŋ-ciŋ kh.

(4) ต้องขอโทษด้วยนะ ค.　謝らなければなりません。
tɔ̂ŋ khɔ̌ɔ-thôot dûay náʔ kh.

(1) から（4）の順番で、より丁寧な表現となります。（1）（2）は、ある程度親しくなった相手にのみ使用する表現です。

ขอโทษที่ [khɔ̌ɔ-thôot thîi] ＋ A　～して、すみません

A には文節が入り、謝りたい内容を説明する表現です。

A：ขอโทษ ค.ที่มาสาย　　遅くなってすみませんでした。
khɔ̌ɔ-thôot kh. thîi maa sǎay

B：ไม่เป็นไร ค.　　大丈夫ですよ。
mây-pen-ray kh.

ขอโทษ ค. ที่วันอาทิตย์ไปไม่ได้
khɔ̌ɔ-thôot kh. thîi wan ʔaa-thít pay mây dâay
日曜日に行けなくて、申し訳ありません。

ขอโทษ ค. ที่ไม่ติดต่อ
khɔ̌ɔ-thôot kh. thîi mây tìt-tɔ̀ɔ
連絡しなくて、すみませんでした。

167 ④ 動詞＋ (กัน)เถอะ [(kan) thə̀ʔ]

「(一緒に) ～しよう」という意味で、強めの提案や誘い、お願いする時の表現です。

提案　ไปแท็กซี่กันเถอะ　　タクシーで行かない？
pay thɛ́k-sîi kan thə̀ʔ

誘い　ไปดูหนังกันเถอะ　　一緒に映画を見に行かない？
pay duu nǎŋ kan thə̀ʔ

依頼　เอขับเถอะ　　エーが運転してくれない？
ʔee khàp thə̀ʔ

注）依頼の意味で使用する場合、กัน [kan]「お互いに / 一緒に」を言いません。

168 ⑤ 名詞 / 形容詞 / 動詞＋ แล้ว [lɛ́ɛw]

動作や状態の変化が完了したことを表す表現です。

疑問文：名詞 / 形容詞 / 動詞＋ (แล้ว)หรือยัง [(lɛ́ɛw) rɯ́-yaŋ] ～しましたか？

答え方

【肯定形】แล้ว［lɛ́ɛw］　もうした / もうなった
【否定形】ยัง［yaŋ］　まだ

เที่ยงคืนแล้ว　夜 12 時になりました。
thîaŋ khɯɯn lɛ́ɛw

รถไฟมาแล้ว　電車が来ました。
rót-fay maa lɛ́ɛw

A：ทานอาหารเย็นหรือยัง ค.　夕飯を食べましたか？
thaan ʔaa-hǎan yen rɯ́-yaŋ kh.

B：ยัง ค.　まだです。
yaŋ kh.

否定の場合（具体的な内容を伝える表現）

(1) ยังไม่　yaŋ mây ＋形容詞 / 動詞　まだ～しない
(2) ยังไม่ได้　yaŋ mây dâay ＋動詞　まだ～していない

（1）　話し手の意思で「今はまだしない」という表現。

A：ไปเมืองไทยหรือยัง　タイに行きましたか？
pay mɯaŋ-thay rɯ́-yaŋ

B：ยังไม่ไป　まだ行きません。
yaŋ mây pay

（2）　話し手の意思とは関係なく、その時の状況や状態を表す表現。

A：ไปเมืองไทยหรือยัง　タイに行きましたか？
pay mɯaŋ-thay rɯ́-yaŋ

B：ยังไม่ได้ไป　まだ行っていないです。
yaŋ mây dâay pay

169
(質問)

練習 1 以下のスケジュール表は、ส้ม [sôm] のある１日です。このスケジュール表を見ながら、(1) ～ (10) の質問を聞いて、タイ語で答えてください。

170
(＋解答例)

6:00 am	ตื่น	tɯ̀ɯn
7:00 am	ทานอาหารเช้า	thaan ʔaa-hǎan-cháaw
8:30 am	ออกจากบ้าน	ʔɔ̀ɔk-càak bâan
9:00-11:30 am	เรียนภาษาจีน	rian phaa-sǎa ciin
12:00 pm	ทานอาหารเที่ยง	thaan ʔaa-hǎan-thîaŋ
1:30 pm	ไปซื้อของ	pay sɯ́ɯ-khɔ̌ɔŋ
3:00-4:30 pm	เล่นเทนนิส	lên then-nít
5:00 pm	กลับบ้าน	klàp bâan
6:30 pm	ทานอาหารเย็น	thaan ʔaa-hǎan-yen
9:00 pm	เล่นอินเทอร์เน็ต	lên ʔin-thəə-nèt
10:00 pm	อ่านหนังสือ	ʔàan náŋ-sɯ̌ɯ
0:00 am	นอน	nɔɔn

171
(解答例)

練習 2 出発地から目的地までの所要時間と移動手段を説明してください。

(1)

家 ⇒ 駅　自転車 15 分

(2)

家 ⇒ 学校　バス 25 分

(3)

家 ⇒ バス停　徒歩 5 分

(4)

家 ⇒ 会社　車 30 分

(5)

バンコク ⇒ アユタヤ　列車 1 時間

(6)

会社 ⇒ デパート　地下鉄 12 分

(7)

東京 ⇒ 名古屋　新幹線 1 時間 30 分

(8)

東京 ⇒ バンコク　飛行機 7 時間

(9)

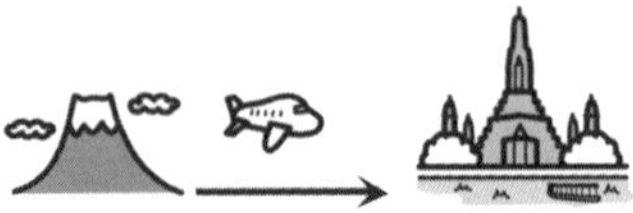

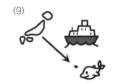

東京 ⇒ 小笠原　船 24 時間

72 **練習 3** 文脈を考えながら、言葉の組み合わせを変えて反復練習をしてください。

(1)

				มาสาย	maa sǎay
				เมื่อวานไม่มา	mûa-waan mây maa
				รบกวน	róp-kuan
โทษทีนะ	thôot-thii náʔ	ที่		ลืมการบ้าน	luum kaan-bâan
ขอโทษ ค.	khɔ̌ɔ-thôot kh.	thîi		ไม่ติดต่อ	mây tìt-tɔ̀ɔ
				โกหก	koo-hòk
				ไม่ได้ไป	mây-dâay pay
				กลับบ้านดึก	klàp bâan dùk

(2)

ดึกแล้ว	dùk lɛ́ɛw	ขึ้นแท็กซี่	khûn thɛ́k-sîi		
ร้อนมาก	rɔ́ɔn mâak	กินกาแฟ	kin kaa-fɛɛ		
ยากมาก	yâak mâak	เปิดแอร์	pə̀ət ʔɛɛ	(กัน) เถอะ	
อากาศดี	ʔaa-kàat dii	กลับบ้าน	klàp bâan	(kan) thə̀ʔ	
ง่วง	ŋûaŋ	ไปนวด	pay nûat		
เหนื่อย	nùay	ถามอาจารย์	thǎam ʔaa-caan		
สายแล้ว	sǎay lɛ́ɛw	ไปเดินเล่น	pay dəən-lên		

(3)

		เหนื่อย	nùay		
		ดึก	dùk		
วันนี้	wan-níi	ออกกำลังกาย	ʔɔ̀ɔk-kam-laŋ-kaay	แล้ว	lɛ́ɛw
อาทิตย์นี้	ʔaa-thít níi	กินอาหารไทย	kin ʔaa-hǎan thay	หรือยัง	rʉ́-yaŋ
		อาบน้ำ	ʔàap-náam		
		ซักผ้า	sák-phâa		

173 **練習 4** (1) ～ (5) の文章をタイ語に訳してください。

(解答例)

(1) もう午前 2 時です。寝ましょう。

(2) ムエタイを見に行きましたか？

(3) まだ疲れていません。

(4) まだ昼ご飯を食べていません。お腹がすきました。

(5) 今、忙しいです。まだ食べません。

関連語彙

174

เครื่อง(บิน)	khrɯ̂aŋ(-bin)	飛行機
อาหารเช้า	ʔaa-hǎan cháaw	朝食
อาหารเที่ยง	ʔaa-hǎan thîaŋ	昼食
อาหารเย็น	ʔaa-hǎan yen	夕食
การบ้าน	kaan-bâan	宿題
แอร์	ʔɛɛ	冷房
อากาศ	ʔaa-kàat	天気 / 空気
เทนนิส	then-nít	テニス

175

ตื่น	tɯ̀ɯn	起きる
นอน	nɔɔn	寝る
ออกจาก	ʔɔ̀ɔk càak	～から出る
เปิด	pə̀ət	開ける / 付ける
ติดต่อ	tìt-tɔ̀ɔ	連絡する
รบกวน	róp-kuan	迷惑をかける
ลืม	lɯɯm	忘れる
โกหก	koo-hòk	嘘をつく

ถาม	thǎam	尋ねる
ซักผ้า	sák-phâa	洗濯する
ง่วง	ŋûaŋ	眠い
เหนื่อย	nùay	疲れる
หิว(ข้าว)	hǐw (khâaw)	お腹がすく
ดึก	dùk	夜遅い
ยุ่ง	yûŋ	忙しい

176

ตั้งแต่	tâŋ-tὲε	～から（時間）
ประมาณ	pra-maan	～ぐらい / だいたい
เมื่อคืน	mûa-khɯɯn	昨夜
ทุกวัน	thúk-wan	毎日

第9課 タクシーにて
――道順を示すことができる

エカマイ（バスターミナル）までナッとケーはタクシーに乗りました。

177 นัด　ไปแถวเอกมัยค่ะ ไปไหมคะ
nát　pay thɛ̌w ʔèek-ka-may khâʔ pay máy kháʔ

คนขับ　ไปครับ ขึ้นเลยครับ ใกล้ถึงแล้วช่วยบอกด้วยนะครับ
khon khàp　pay khráp khɨ̂n ləəy khráp klây thɨ̌ŋ lɛ́ɛw chûay bɔ̀ɔk dûay náʔ khráp

นัด　ตรงไปแล้วเลี้ยวซ้ายที่สี่แยกค่ะ
nát　troŋ pay lɛ́ɛw líaw sáay thîi sìi-yɛ̂ɛk khâʔ

คนขับ　ครับ แถวนี้นะครับ จอดตรงไหนดีครับ
khon khàp　khráp thɛ̌w-níi náʔ khráp cɔ̀ɔt troŋ-nǎy dii khráp

นัด　ไปอีกราว ๆ 300 เมตร ท่ารถจะอยู่ทางขวามือค่ะ
nát　pay ʔìik raw-raaw sǎam-rɔ́ɔy méet thâa-rót càʔ yùu thaaŋ khwǎa-mɯɯ khâʔ

คนขับ　ใช่แถวนี้หรือเปล่าครับ
khon khàp　chây thɛ̌w-níi rɯ́-plàaw khráp

นัด　ใช่ค่ะ ช่วยจอดที่ท่ารถเลยค่ะ
nát　chây khâʔ chûay cɔ̀ɔt thîi thâa-rót ləəy khâʔ

คนขับ ครับ ถึงแล้วครับ
khon khàp khráp thǔŋ lɛ́ɛw khráp

นัต ค่าโดยสารค่ะ ไม่ต้องทอนนะคะ
nát khâa-dooy-sǎan khâʔ mây tɔ̂ŋ thɔɔn náʔ kháʔ

คนขับ ขอบคุณมากครับ
khon khàp khɔ̀ɔp-khun mâak khráp

178 **会話に出てきた単語**

คนขับ	khon khàp	運転手
เลย	ləəy	～してしまう / すぐ～する
แล้ว(ก็)	lɛ́ɛw(-kɔ̂ɔ)	～したら～ / そして / それから
ช่วย	chûay	～してください
บอก	bɔ̀ɔk	（道など）教える / 言う
ด้วย	dûay	～してください / も / 一緒に
ตรงไป	troŋ pay	まっすぐ行く
เลี้ยว	líaw	曲がる
สี่แยก	sìi-yɛ̂ɛk	交差点
จอด	cɔ̀ɔt	停める / 停まる
อีก	ʔìik	もっと / また / さらに
ทาง	thaaŋ	～の方向で / 道
ขวามือ	khwǎa-mɯɯ	右手
ค่าโดยสาร	khâa-dooy-sǎan	料金
ต้อง	tɔ̂ŋ	～しなければならない
ทอน	thɔɔn	おつりを渡す

和訳

ナッ　エカマイの辺りですが、行きますか？
運転手　行きますよ。乗っちゃってください。近づいたら、教えてくださいね。
ナッ　まっすぐ行って交差点を左に曲がってください。

運転手　はい、この辺ですね。どこで停めましょうか？
ナッ　もう 300 メートルぐらい行くと右手にバス乗り場があります。
運転手　この辺でしょうか？
ナッ　そうです。乗り場の所で停めてしまってください。
運転手　はい、着きましたよ。
ナッ　お代です。お釣りはいらないですよ。
運転手　ありがとうございます。

179 **1** 道を教える

(1)

ตรงไป
troŋ-pay
まっすぐ

(2)

เลี้ยวซ้าย
líaw sáay
左へ曲がる

(3)

เลี้ยวขวา
líaw khwǎa
右へ曲がる

(4)

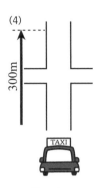

ตรงไปอีกราว ๆ
300 เมตร
troŋ pay ʔìik raw-raaw
sǎam-rɔ́ɔy méet
あと 300m ぐらい直進

(5)

เลี้ยวขวาที่สี่
แยกที่สอง
líaw khwǎa thîi
sìi-yɛ̂ɛk thîi sɔ̌ɔŋ
2 番目の交差点を右折

(6)

เลี้ยวซ้ายที่
ซอยข้างหน้า
líaw sáay thîi
sɔɔy khâaŋ-nâa
あの小路を左折

(7)

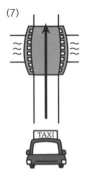

ข้ามสะพาน
khâam sa-phaan
橋を渡る

(8)

ขึ้นทางด่วน
khûn thaaŋ-dùan
高速道路へ上がる

80 **2** **A + แล้วก็ [lɛ́ɛw-kɔ̂ɔ] + B**

A & B =動詞 / 文章：A をしてから B をする
⇒ ก็ [kɔ̂ɔ] を省略することがあります。

A & B =名詞　：A と B

ตรงไปแล้วเลี้ยวขวา
troŋ pay lɛ́ɛw líaw khwǎa
まっすぐ行ってから、右に曲がります。

คนญี่ปุ่นทานข้าวแล้วจะทานน้ำชา
khon yîi-pùn thaan khâaw lɛ́ɛw càʔ thaan nám-chaa
日本人は食事をしてから、お茶を飲みます。

คนต่างประเทศส่วนใหญ่ทานนัตโตแล้วก็ไข่ดิบไม่ได้
khon tàaŋ-pra-thêet sùan-yày thaan nát-tôo lɛ́ɛw-kɔ̂ɔ khày dìp mây dâay
外国人の大半は納豆と生卵を食べられません。

81 **3** **依頼の表現**

以下は全て何かをお願いする時の表現ですが、TPO によって使用する表現が異なります。相手 / 状況に応じて適切な表現を使用しましょう。

（1）กรุณา [ka-ru-naa] ＋動詞

公共の場所における注意喚起や、改まった場面での表現です。

กรุณารักษาความสะอาด
ka-ru-naa rák-sǎa khwaam-sa-ʔàat
きれいにお使いいただきますよう、お願いいたします。

（2）

ช่วย chûay	動詞 文節	(ให้) หน่อย (นะ)	(hây) nɔ̀y (náʔ)
		(ให้) ด้วย (นะ)	(hây) dûay (náʔ)
		ได้ไหม	dâay máy
		(ให้) หน่อยได้ไหม	(hây) nɔ̀y dâay máy

・丁寧にお願いしたい場合に使用する表現です。
・念押し、もしくは強調したい場合は、文末に นะ [náʔ] を付けます。

A : ช่วยเรียกแท็กซี่ให้หน่อย ค.　　タクシーを呼んでください。
chûay rîak thɛ́k-sîi hây nɔ̀y kh.

B : ได้ ค.　รอสักครู่นะ ค.　　はい、少々お待ちください。
dâay kh.　rɔɔ sák-khrûu náʔ kh.

ช่วยไปส่งที่โรงพยาบาลหน่อยนะ ค.
chûay pay sòŋ thîi rooŋ-pha-yaa-baan nɔ̀y náʔ kh.
病院へ送っていただけますか？

ช่วยจอดหน้าโรงแรมด้วย ค.
chûay cɔ̀ɔt nâa rooŋ-rɛɛm dûay kh.
ホテルの前で停めてください。

(3)

	นะ	náʔ
動詞	หน่อย (นะ)	nɔ̀y (náʔ)
文節	(หน่อย) ได้ไหม	(nɔ̀y) dâay máy
	ด้วย (นะ)	dûay (náʔ)

・親しい間柄や年下に対して使用する表現です。
・ด้วย [dûay] は、親しい間柄の他に、役割上その行為をするのが当然な相手に対して使われます。
・念押し、もしくは強調したい場合は、文末に นะ［náʔ］を付けます。

เช็กบิลด้วย ค.	chék bin dûay kh.	お勘定をお願いします。
เปิดแอร์หน่อย	pə̀ət ʔɛɛ nɔ̀y	冷房をつけて。
ลดหน่อยนะ นะ นะ	lót nɔ̀y náʔ náʔ náʔ	もう少し（値段を）下げて、ね！ね！

182 4 動詞＋ เลย [ləəy]

2つのニュアンスを表す表現です。
強調（時間的 / 場所的な近さ）：「すぐに～していいよ」「そこに～してください」
許可　：「～していいよ」

ขึ้นเลย ค.　　乗ってしまってください。/ 乗ってもいいですよ。
khûn ləəy kh.

กินเลย ไม่ต้องรอ　　すぐに食べていいよ。待つ必要はないよ。
kin ləəy mây tɔ̂ŋ rɔɔ

ช่วยจอดหน้าห้างเลย ค.　　デパートの前で停めてください。
chûay cɔ̀ɔt nâa hâaŋ ləəy kh.

A : พรุ่งนี้ไปหาได้ไหม　phrûŋ-níi pay hǎa dâay máy　明日、行ってもいいですか？

B : มาเลย มาเลย　maa ləəy maa ləəy　来て！来て！（もちろん、来ていいですよ。）

83 5 อีก [ʔìik]

「(動詞+) อีก [ʔìik] +数字」で「あと～(で～する)」「～後(に～する)」の意味となります。

อีก 15 นาทีจะถึง　ʔìik sìp-hâa naa-thii càʔ thʉ̌ŋ　あと 15 分で着きます。

ลดอีก 20 บาทนะ　lót ʔìik yîi-sìp bàat náʔ　あと 20 バーツまけてください。

「動詞+ อีก [ʔìik]」だけの場合は、「もっと～する」「また～する」という意味になります。

ตรงไปอีก ค.　troŋ pay ʔìik kh.　もっとまっすぐ行ってください。

มาอีกนะ　maa ʔìik náʔ　また来てね。

ไม่ [mây] +動詞+ อีก [ʔìik] は、「もう～しない」の意味となります。

จะไม่โกหกอีก　càʔ mây koo-hòk ʔìik　もう嘘はつきません。

จะไม่ไปร้านนั้นอีก　càʔ mây pay ráan-nán ʔìik　もうあのお店には行きません。

84 6 ใช่ [chây] +名詞+ หรือเปล่า [rʉ́-plàaw]

「～であるかどうか？」を確認する時の疑問文です。

A : ใช่คุณเคหรือเปล่า ค.　chây khun khee rʉ́-plàaw kh.　ケーさんですよね？

B : เปล่า ค.　plàaw kh.　違います。

A : ใช่แถวนี้หรือเปล่า ค.　chây thɛ̌w-níi rʉ́-plàaw kh.　この辺でしょうか？

B : ใช่ ค.　chây kh.　そうです。

85 7 ต้อง [tɔ̂ŋ] +動詞 / 形容詞

「～（し）なければならない」という義務・習慣を表す表現です。

นักเรียนต้องเรียนหนังสือ

nák-rian tɔ̂ŋ rian náŋ-sʉ̌ʉ

学生は勉強しなければなりません。

อยากพูดภาษาไทยเก่ง ต้องมีเพื่อนคนไทย

yàak phûut phaa-sǎa thay kèŋ tɔ̂ŋ mii phʉ̂an khon thay

タイ語を上手く話せるようになりたかったら、タイ人の友達を作らなければなりません。

【否定形】ไม่ต้อง［mây tɔ̂ŋ］＋動詞 / 形容詞「〜（し）なくてもいい」「〜（する）必要がない」

คนญี่ปุ่นไม่ต้องมีวีซ่า
khon yîi-pùn mây tɔ̂ŋ mii wii-sâa
日本人はビザが必要ありません。

วันจันทร์เป็นวันหยุดราชการ ไม่ต้องไปทำงาน
wan can pen wan-yùt râat-cha-kaan mây tɔ̂ŋ pay tham-ŋaan
月曜日は祝日なので、仕事に行く必要がありません。

186 **練習 1** 文脈を考えながら、言葉の組み合わせを変えて反復練習をしてください。

(1)

ถึงที่ทำงาน	thɯ̌ŋ thîi-tham-ŋaan			เปิดทีวี	pə̀ət thii-wii
อาบน้ำ	ʔàap-náam			ออกจากบ้าน	ʔɔ̀ɔk càak bâan
ตื่น	tɯ̀ɯn	แล้ว	lɛ́ɛw	นอน	nɔɔn
กินข้าวเช้า	kin khâaw-cháaw			กินกาแฟ	kin kaa-fɛɛ
ปิดไฟ	pìt fay			แปรงฟัน	prɛɛŋ-fan
กลับบ้าน	klàp bâan			เปิดคอมพิวเตอร์	pə̀ət khɔm-phiw-tə̂ə

(2)

	เช็กบิล	chék-bin		
	รักษาความสะอาด	rák-sǎa khwaam-sa-ʔàat		
	ไปส่งที่สนามบิน	pay sòŋ thîi sa-nǎam-bin		
(กรุณา ka-ru-naa)	ปิดหน้าต่าง	pìt nâa-tàaŋ	(ให้) (hây)	หน่อย nɔ̀y (นะ) (náʔ) ค. kh.
(ช่วย chûay)	เซ็นชื่อในเอกสาร	sen-chɯ̂ɯ nay ʔèek-ka-sǎan	ด้วย dûay	
	เรียกแท็กซี่	rîak thɛ́k-sîi		
	มารับ	maa ráp		
	พูดช้าๆ	phûut cháa-cháa		

(3)

คนไทย	khon thay			ขอวีซ่า	khɔ̌ɔ wii-sâa	
พ่อแม่	phɔ̂ɔ-mɛ̂ɛ			ดูแลลูก	duu-lɛɛ lûuk	(ทุกเช้า)
ดิฉัน	di-chán	ต้อง	tɔ̂ŋ	ออกกำลังกาย	ʔɔ̀ɔk-kam-laŋ-kaay	(thúk-cháaw)
ผม	phǒm	ไม่ต้อง	mây tɔ̂ŋ	อาบน้ำ	ʔàap-náam	(ทุกวัน)
คนญี่ปุ่น	khon yîi-pùn			ช่วยงานบ้าน	chûay ŋaan-bâan	(thúk-wan)
				กินอาหารเช้า	kin ʔaa-hǎan cháaw	

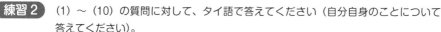

87 (問)

練習 2 (1) ～ (10) の質問に対して、タイ語で答えてください（自分自身のことについて答えてください）。

88 (答例)

(1) ปกติตื่นแล้วทำอะไร　pòk-ka-tìʔ tùuun lɛ́ɛw tham ʔa-ray

(2) เมื่อวานกลับบ้านแล้วทำอะไร　mɯ̂a-waan klàp bâan lɛ́ɛw tham ʔa-ray

(3) ไปเมืองไทยแล้วอยากทำอะไร　pay mɯaŋ-thay lɛ́ɛw yàak tham ʔa-ray

(4) เรียนจบแล้วอยากทำอะไร　rian-còp lɛ́ɛw yàak tham ʔa-ray

(5) เกษียณแล้วจะทำอะไร　ka-sǐan lɛ́ɛw càʔ tham ʔa-ray

(6) ไม่สบาย ต้องทำอะไร　mây sa-baay tɔ̂ŋ tham ʔa-ray

(7) อยากผอม ต้องทำอะไร　yàak phɔ̌ɔm tɔ̂ŋ tham ʔa-ray

(8) อยากพูดภาษาไทยเก่ง ต้องทำอะไร　yàak phûut phaa-sǎa thay kèŋ tɔ̂ŋ tham ʔa-ray

(9) อยากรวย ต้องทำอะไร　yàak ruay tɔ̂ŋ tham ʔa-ray

(10) อยู่ที่เมืองไทยไม่ต้องทำอะไร　yùu thîi mɯaŋ-thay mây tɔ̂ŋ tham ʔa-ray

189
(解答例)

練習 3 例文の下線部①を（1）～（4）と入れ替え、それらへ誘う文を作ってみてください。あわせて、②の内容を考え、その誘いを断る文を ต้อง ［tɔ̂ŋ］ を使って作ってください。

例 A : พรุ่งนี้ไป ① คาราโอเกะกันไหม
phrûŋ-níi pay ① khaa-raa-ʔoo-kèʔ kan máy
明日、一緒にカラオケへ行きませんか？

B : ไม่ได้ค่ะ　พรุ่งนี้ต้อง ② ไปซื้อของกับคุณแม่
mây dâay kh.　phrûŋ-níi tɔ̂ŋ ② pay sɯ́ɯ-khɔ̌ɔŋ kàp khun mɛ̂ɛ
行けないです。明日は母と買い物へ行かないといけないのです。

(1)	ดูคอนเสิร์ต	duu khɔn-sə̀ət	コンサートを見る
(2)	ทานเหล้า	thaan lâw	お酒を飲む
(3)	ทานอาหารไทย	thaan ʔaa-hǎan thay	タイ料理を食べる
(4)	นวดไทย	nûat-thay	タイ式マッサージを受ける

練習 4 タクシーでのお客さんとドライバーの会話を聞いて、目的地までの地図を描いてみてください。地図には現在地や関連施設も記してください。

190
(会話 1)

(1)

91
話 2)

(2)

関連語彙

192 เมตร	méet	メートル
สี่แยก	sìi-yɛ̂ɛk	交差点
ที่ 2	thîi-sɔ̌ɔŋ	第２／２番目の
สะพาน	sa-phaan	橋
ทางด่วน	thaaŋ-dùan	高速道路
ส่วนใหญ่	sùan-yày	ほとんど／大部分
ผัก	phàk	野菜
ไข่	khày	卵
สักครู่	sák-khrûu	しばらく
แอร์	ʔɛɛ	冷房
วีซ่า	wii-sâa	ビザ
วันหยุดราชการ	wan-yùt-râat-cha-kaan	祝日
โรงพัก	rooŋ-phák	警察署
ธนาคารกรุงเทพ	tha-naa-khaan kruŋ-thêep	バンコク銀行（銀行名）
ห้างโรบินสัน	hâaŋ roo-bin-sǎn	ロビンソン（デパート名）
ร้านโคคา	ráan khoo-khaa	コカレストラン（タイスキ店名）
ไฟ	fay	電気／火
ทีวี	thii-wii	TV
หน้าต่าง	nâa-tàaŋ	窓
เอกสาร	ʔèek-ka-sǎan	書類
ความสะอาด	khwaam-sa-ʔàat	清潔さ
งานบ้าน	ŋaan-bâan	家事
ทุกเช้า	thúk-cháaw	毎朝
ธุรกิจส่วนตัว	thú-rá-kìt sùan-tua	自営業
ซ้ายมือ	sáay-mɯɯ	左手

สนามบิน	sa-nǎam-bin	空港
ลูก	lûuk	子供
คอนเสิร์ต	khɔn-sə̀ət	コンサート

93	ดิบ	dìp	生の
	ช้า ๆ	cháa-cháa	ゆっくり
	ข้าม	khâam	渡る
	เรียก	rîak	呼ぶ
	รักษา	rák-sǎa	守る / 治療する
	ส่ง	sòŋ	送る / （声などを）出す
	รับ	ráp	迎える / もらう
	จอด	cɔ̀ɔt	駐車する
	เช็กบิล	chék-bin	勘定する
	ไปหา	pay-hǎa	会いに行く
	ปิด	pìt	消す / 閉める
	แปรงฟัน	prɛɛŋ-fan	歯磨きをする
	เซ็นชื่อ	sen-chɯ̂ɯ	サインする
	ขอ	khɔ̌ɔ	申請する / お願いする
	ดูแล	duu-lɛɛ	面倒を見る
	ช่วย	chûay	手伝う
	รัก	rák	愛する
	ไม่สบาย	mây sa-baay	病気になる
	เกษียณ	ka-sǐan	定年になる
	เรียนจบ	rian-còp	卒業する

第10課 別れ際——方法や手段を確認できる

遅くなったので、ケーがナッの帰りをちょっと心配して、帰り方を尋ねます。

194 เค　คุณนัดจะกลับยังไงครับ
khee　khun nát càʔ klàp yaŋ-ŋay khráp

นัด　คงขึ้น BTS ไปที่อโศกแล้วต่อรถไฟใต้ดินไปลงที่ลาดพร้าวค่ะ
nát　khoŋ khûn bii-thii-ʔéet pay thîi ʔa-sòok lɛ́ɛw tɔ̀ɔ rót-fay-tâay-din pay loŋ thîi lâat-phráaw khâʔ

เค　ผมไปส่งไหมครับ
khee　phǒm pay sòŋ máy khráp

นัด　ไม่เป็นไรค่ะ ยังไม่ดึกเท่าไร
nát　mây-pen-ray khâʔ yaŋ mây dɯ̀k thâw-rày

เค　ก่อนกลับจะได้เจอกันอีกสักครั้งไหมครับ
khee　kɔ̀ɔn klàp càʔ dâay cəə kan ʔìik sák-khráŋ máy khráp

นัด　จะกลับเมื่อไรคะ
nát　càʔ klàp mɯ̂a-rày kháʔ

เค　วันที่ 2 มีนาครับ
khee　wan-thîi sɔ̌ɔŋ mii-naa khráp

นัด	ได้เจอแน่ค่ะ แล้วจะติดต่อไปนะคะ
nát	dâay cəə nɛ̂ɛ khâʔ lɛ́ɛw càʔ tìt-tɔ̀ɔ pay náʔ kháʔ

95 **会話に出てきた単語**

คง(จะ)	khoŋ (càʔ)	多分〜でしょう
BTS	bii-thii-ʔéet	BTS / スカイトレイン（バンコク市内を走る高架鉄道）
อโศก	ʔa-sòok	アソーク（駅名）
ต่อ(รถ)	tɔ̀ɔ (rót)	乗り換える
ลาดพร้าว	lâat-phráaw	ラーップラウ（駅名）
ไม่...เท่าไร	mây … thâw-rày	そんなに〜ない
ก่อน	kɔ̀ɔn	〜の前に
สักครั้ง	sák-khráŋ	1回ぐらい
วันที่	wan-thîi	〜日
มีนา(คม)	mii-naa (khom)	3月
แน่	nɛ̂ɛ	必ず / 絶対
ติดต่อ	tìt-tɔ̀ɔ	連絡する

和訳

ケー　ナッさんはどうやって帰りますか？
ナッ　多分 BTS でアソークまで行って、それから地下鉄に乗り換えて、ラーップラウまで行きます。
ケー　送りましょうか？
ナッ　大丈夫です。まだそんなに遅くないので。
ケー　帰国する前にもう1回ぐらい会えますか？
ナッ　いつ帰国するのですか？
ケー　3月2日です。
ナッ　きっと会えます。あとで連絡しますね。

196 **1 動詞＋ ยังไง** [yaŋ-ŋay]

「どう～する？」と方法や手段を聞く時に使用する表現です。これに対して、第４課で学習した เป็นยังไง [pen yaŋ-ŋay] は意見や印象を聞く表現です。

移動に関する動詞＋ ยังไง [yaŋ-ŋay]

A : จะกลับยังไง　cà? klàp yaŋ-ŋay　どうやって帰りますか？
B : ขับรถกลับ　khàp-rót klàp　車で帰ります。

A : มายังไง　maa yaŋ-ŋay　どうやって来た？
B : นั่งแท็กซี่มา　nâŋ thɛ́k-sîi maa　タクシーで来た。

その他の動詞＋ ยังไง [yaŋ-ŋay]

A : ส้มตำทำยังไง　ソムタムはどうやって作りますか？
sôm-tam tham yaŋ-ŋay

B : ใส่มะละกอและเครื่องปรุงในครก แล้วตำ
sày má-lá-kɔɔ lɛ́? khrɯ̂aŋ-pruŋ nay khrók lɛ́ɛw tam
パパイヤと調味料を臼に入れて、潰します。

A : ปูที่เมืองไทย กินยังไง　puu thîi mɯaŋ-thay kin yaŋ-ŋay　蟹はタイではどうやって食べますか？
B : ใช้มือ　cháy mɯɯ　手で食べます。

A : คำนี้ ออกเสียงยังไง　kham níi ʔɔ̀ɔk-sǐaŋ yaŋ-ŋay　この単語は、どう発音しますか？
B : พุทธศักราช　phút-tha-sàk-ka-ràat　phút-tha-sàk-ka-ràat です。

197 **2 動詞（＋目的語等）＋ ไป** [pay] **/ มา** [maa] **/ กลับ** [klàp]

動詞＋ ไป [pay]　主語が話し手から遠ざかる場合

動詞＋ มา [maa]　主語が話し手に近づく場合

動詞＋ กลับ [klàp]　主語が元の場所に戻る場合

にそれぞれ使用する表現です。物理的な動きだけでなく、「連絡する」「電話する」のように実際には動かない感覚的な動きの場合にも使用されます。目的語等を伴う動詞の場合、目的語等は動詞と ไป [pay] / มา [maa] / กลับ [klàp] の間に置かれます。

物理的な動き

ดิฉันจะพาเพื่อนไปสุโขทัย　私が友達をスコータイに連れて行きます。
di-chán càʔ phaa phɯ̂an pay sù-khǒo-thay

เขาขึ้น BTS มา　彼は BTS に乗って来ました。
kháw khɯ̂n bii-thii-ʔéet maa

เขาจะย้ายมา　彼が引っ越して来ます。
kháw càʔ yáay maa

วันนี้เอาข้าวห่อมา　今日、お弁当を持ってきました。
wan-níi ʔaw khâaw-hɔ̀ɔ maa

เขาซื้ออาหารเย็นกลับบ้านทุกวัน　彼が毎日夕飯を買って帰ります。
kháw sɯ́ɯ ʔaa-hǎan-yen klàp bâan thúk-wan

感覚的な動き

จะติดต่อไป	càʔ tìt-tɔ̀ɔ pay	連絡します。
ติดต่อมานะ	tìt-tɔ̀ɔ maa náʔ	（私に）連絡してね。
เมื่อวานอาจารย์โทร.มา	mɯ̂a-waan ʔaa-caan thoo maa	昨日、先生から電話がきました。
โทร.กลับหรือยัง	thoo klàp rɯ́-yaŋ	折り返し電話をしましたか？
ส่งเมลไปหรือยัง	sòŋ meew pay rɯ́-yaŋ	メールをしましたか？
ตอบเมลมาแล้ว	tɔ̀ɔp meew maa lɛ́ɛw	メールの返事が来たよ。

198 3 คง(จะ) [khoŋ(càʔ)] ＋動詞 / 形容詞

確信がない時に使用する「多分〜だろう」という意味の推量表現です。

อาทิตย์หน้าผมคงจะมาเรียนไม่ได้　来週は多分勉強に来られないだろう。
ʔaa-thít nâa phǒm khoŋ càʔ maa rian mây dâay

ตอนนี้เมืองไทยคงร้อนมาก　今、タイは多分とても暑いでしょう。
tɔɔn-níi mɯaŋ-thay khoŋ rɔ́ɔn mâak

ภรรยาเขาคงเป็นฝรั่ง　彼の奥さんは多分西洋人でしょう。
phan-ra-yaa kháw khoŋ pen fá-ràŋ

【否定形】

คง(จะ) ไม่ [khoŋ(càʔ) mây] ＋動詞 / 形容詞

วันนี้เขาคงไม่มา	wan-níi kháw khoŋ mây maa	今日、彼は多分来ないでしょう。
หนังสือเล่มนั้นคงไม่สนุก	náŋ-sɯ̌ɯ lêm nán khoŋ mây sa-nùk	あの本は多分面白くないでしょう。

คง(จะ) ไม่ใช่ [khoŋ(càʔ) mây chây] ＋名詞

เขาคงไม่ใช่นักศึกษาของที่นี่	kháw khoŋ mây châyˈ nák-sɯ̀k-sǎa khɔ̌ɔŋ thîi-nîi	彼はここの学生ではないでしょう。
นี่คงไม่ใช่อาหารไทย	nîi khoŋ mây châyˈ ʔaa-hǎan thay	これはタイ料理ではないでしょう。

199 ❹ ไม่ [mây] ＋動詞 / 形容詞 / 副詞＋ เท่าไร [thâw-rày]

「そんなに～ではない」という否定のニュアンスを緩和する表現です。

ยังไม่หิวเท่าไร	yaŋ mây hǐw thâw-rày	まだそんなにお腹がすいていない。
เสื้อตัวนี้ไม่แพงเท่าไร	sɯ̂a tua níi mây phɛɛŋ thâw-rày	この服はそんなに高くない。
ปีนี้เมืองไทยไม่ร้อนเท่าไร	pii-níi mɯaŋ-thay mây rɔ́ɔn thâw-rày	今年、タイはそんなに暑くない。
มีคนญี่ปุ่นไม่เยอะเท่าไร	mii khon yîi-pùn mây yə́ʔ thâw-rày	日本人はそれ程多くない。

200 ❺ ก่อน [kɔ̀ɔn] ＋動詞

「～する前に」という意味の表現です。

ดิฉันจะฟังเพลงก่อนนอนทุกวัน
di-chán càʔ faŋ phleeŋ kɔ̀ɔn nɔɔn thúk-wan
私は毎日寝る前に歌を聴いています。

คนไทยจะแปรงฟันก่อนกินอาหารเช้า
khon thay càʔ prɛɛŋ-fan kɔ̀ɔn kin ʔaa-hǎan-cháaw
タイ人は朝食を食べる前に歯磨きをします。

คนญี่ปุ่นจะอาบน้ำก่อนแช่น้ำร้อนในอ่าง
khon yîi-pùn càʔ ʔàap-náam kɔ̀ɔn chɛ̂ɛ nám-rɔ́ɔn nay ʔàaŋ
日本人は湯船に入る前に体を洗います。

ก่อนกลับช่วยปิดแอร์ด้วยนะ ค.
kɔ̀ɔn klàp chûay pìt ʔɛɛ dûay náʔ kh.
帰る前に冷房を消してください。

201 ## 6 จะได้ [càʔ dâay]

2つのニュアンスがあります。

（1）จะได้ [càʔ dâay] ＋動詞 / 形容詞 「〜する機会を得られる」

จะได้ไปเมืองไทยอาทิตย์หน้า	càʔ dâay pay mɯaŋ-thay ʔaa-thít nâa	来週タイに行けます。
จะได้เจอคุณอีกเมื่อไร	càʔ dâay cəə khun ʔìik mɯ̂a-rày	いつあなたにまた会えますか？

【否定形】จะไม่ได้ [càʔ mây dâay] ＋動詞 / 形容詞

คงจะไม่ได้มาอีก	khoŋ càʔ mây dâay maa ʔìik	多分もう来られないでしょう。
คงจะไม่ได้ไปเมืองไทยแล้ว	khoŋ càʔ mây dâay pay mɯaŋ-thay lɛ́ɛw	もうタイに行けないでしょう。

（2）A ＋ จะได้ [càʔ dâay] ＋ B 「A をすると B になる」

A には行動を表す動詞、B にはその行動の目標や目的となるもの（形容詞など）が入ります。

พูดภาษาไทยเยอะ ๆ จะได้เก่ง　たくさんタイ語を話すと上手になります。
phûut phaa-sǎa thay yə́-yə́ʔ càʔ dâay kèŋ

ออกกำลังกายทุกวัน จะได้แข็งแรง　毎日運動すると元気になります。
ʔɔ̀ɔk-kam-laŋ-kaay thúk-wan càʔ dâay khɛ̌ŋ-rɛɛŋ

【否定形】A ＋ จะได้ไม่ [càʔ dâay mây] ＋ B

กินข้าวเยอะ ๆ จะได้ไม่ป่วย　たくさんご飯を食べると、病気にならない。
kin khâaw yə́-yə́ʔ càʔ dâay mây pùay

เรียนเยอะ ๆ จะได้ไม่ตก　たくさん勉強すると試験に落ちません。
rian yə́-yə́ʔ càʔ dâay mây tòk

202 ## 7 年月日の表現

（1）日付：วันที่ [wan-thîi] ＋数字＝○日

【疑問形】

วันที่เท่าไร	wan-thîi thâw-rày	何日？
A：วันนี้วันที่เท่าไร	wan níi wan-thîi thâw-rày	今日は何日ですか？
B：วันที่ 10	wan-thîi sìp	10日です。

จะไปเมืองไทยวันที่ 3　càʔ pay mɯaŋ-thay wan-thîi sǎam　３日にタイへ行きます。

203 (2) 月

(เดือน)มกรา(คม)	(dɯan) mók-ka-raa (khom)	１月
(เดือน)กุมภา(พันธ์)	(dɯan) kum-phaa (phan)	２月
(เดือน)มีนา(คม)	(dɯan) mii-naa (khom)	３月
(เดือน)เมษา(ยน)	(dɯan) mee-sǎa (yon)	４月
(เดือน)พฤษภา(คม)	(dɯan) phrɯ́t-sa-phaa (khom)	５月
(เดือน)มิถุนา(ยน)	(dɯan) mí-thù-naa (yon)	６月
(เดือน)กรกฎา(คม)	(dɯan) ka-rá-ka-daa (khom)	７月
(เดือน)สิงหา(คม)	(dɯan) sǐŋ-hǎa (khom)	８月
(เดือน)กันยา(ยน)	(dɯan) kan-yaa (yon)	９月
(เดือน)ตุลา(คม)	(dɯan) tù-laa (khom)	10月
(เดือน)พฤศจิกา(ยน)	(dɯan) phrɯ́t-sa-cì-kaa (yon)	11月
(เดือน)ธันวา(คม)	(dɯan) than-waa (khom)	12月

・เดือน［dɯan］は「月」という意味で、省略することができます。

・各月の語尾には月の日数によって、以下の語句が付きますが、これらも省略することが可能です。

คม	khom	31日の月（1、3、5、7、8、10、12月）
ยน	yon	30日の月（4、6、9、11月）
พันธ์	phan	２月

【疑問形】

เดือนอะไร	dɯan ʔa-ray	何月？
เดือนที่แล้ว	dɯan thîi-lɛ́ɛw	先月
เดือนนี้	dɯan níi	今月
เดือนหน้า	dɯan nâa	来月
数字＋ เดือนที่แล้ว［dɯan thîi-lɛ́ɛw］		〜カ月前
อีก［ʔiik］＋数字＋ เดือน［dɯan］		〜カ月後

A : เดือนนี้เดือนอะไร　duan níi duan ʔa-ray　今月は何月ですか？
B : เดือนมิถุนา　duan mí-thù-naa　６月です。

A : คุณเกิดเดือนอะไร　khun kəət duan ʔaray　あなたは何月生まれですか？
B : เดือนพฤศจิกา　duan phrʉ́t-sa-cì-kaa　11月です。

อีก 2 เดือนจะได้ไปทำงานที่เมืองไทย
ʔìik sɔ̌ɔŋ duan càʔ dâay pay tham-ŋaan thîi mʉaŋ-thay
２カ月後に、タイへ仕事をしに行けます。

:04 (3) 年

ปีค.ศ. [pii khɔɔ-sɔ̌ɔ] ＋数字　西暦○年
ปีพ.ศ. [pii phɔɔ-sɔ̌ɔ] ＋数字　仏暦○年
ปี [pii] ＝年
ค.ศ. [khɔɔ-sɔ̌ɔ] ＝ คริสต์ศักราช [khrít-sàk-ka-ràat] の略
พ.ศ. [phɔɔ-sɔ̌ɔ] ＝ พุทธศักราช [phút-tha-sàk-ka-ràat] の略

注）タイでは一般的には仏暦（西暦＋543年）が使用されています。自分の生まれた年などを仏暦でも言えるようにしておきましょう。

【疑問形】

ปีอะไร　pii ʔa-ray　何年？

ปีที่แล้ว　pii thîi-lɛ́ɛw　去年
ปีนี้　pii níi　今年
ปีหน้า　pii nâa　来年
数字＋ ปีที่แล้ว [pii thîi-lɛ́ɛw]　〜年前
อีก [ʔìik] ＋数字＋ ปี [pii]　〜年後

A : คุณเกิดปีอะไร ค.　khun kəət pii ʔa-ray kh.　あなたは何年生まれですか？
B : ปีพ.ศ.2525　pii phɔɔ-sɔ̌ɔ sɔ̌ɔŋ-hâa-sɔ̌ɔŋ-hâa　仏暦2525年です。

A：คุณมาอยู่ญี่ปุ่นตั้งแต่ปีอะไร　　　　あなたは何年から日本に来ましたか？
　　khun maa yùu yîi-pùn tâŋ-tɛ̀ɛ pii ʔa-ray

B：ตั้งแต่ปีค.ศ.1995　　　　西暦 1995 年からです。
　　tâŋ-tɛ̀ɛ pii khɔɔ-sɔ̌ɔ nùŋ-phan-kâaw-rɔ́ɔy-kâaw-sìp-hâa

ผมเรียนภาษาไทย 2 ปีแล้ว　　　　私は 2 年タイ語を勉強しました。
phǒm rian phaa-sǎa thay sɔ̌ɔŋ pii lɛ́ɛw

A：ปีนี้ปีพ.ศ.อะไร　　　pii níi pii phɔɔ-sɔ̌ɔ ʔa-ray　　今年は仏暦何年ですか？

B：ปีพ.ศ.2568 ค.　　　pii phɔɔ-sɔ̌ɔ sɔ̌ɔŋ-hâa-hòk-pɛ̀ɛt kh.　　仏暦 2568 年です。

10 ปีที่แล้วหนูอาศัยอยู่ที่เมืองไทย　　　　私は 10 年前タイに住んでいました。
sìp pii thîi-lɛ́ɛw nǔu ʔaa-sǎy yùu thîi mɯaŋ-thay

(4) 期間

数字 +	วัน	wan	○日間
	เดือน	dɯan	○カ月間
	ปี	pii	○年間

【疑問形】

	กี่ kìi +	วัน	wan	何日間？
		เดือน	dɯan	何カ月間？
		ปี	pii	何年間？

ผมกินอาหารไทยอาทิตย์ละ 5 วัน　　　　私は週に 5 日タイ料理を食べています。
phǒm kin ʔaa-hǎan thay ʔaa-thít láʔ hâa wan

A：จะไปเมืองไทยกี่วัน　　càʔ pay mɯaŋ-thay kìi wan　　何日間、タイへ行きますか？

B：1 อาทิตย์　　nùŋ ʔaa-thít　　1 週間です。

A：คุณเรียนภาษาไทยกี่เดือนแล้ว ค.　　あなたは何カ月、タイ語の勉強をしましたか？
　　khun rian phaa-sǎa-thay kìi dɯan lɛ́ɛw kh.

B：6 เดือนแล้ว ค.　　　6 カ月です。
　　hòk dɯan lɛ́ɛw kh.

A：คุณทานากะอยู่เมืองไทยกี่ปีแล้ว　　田中さんはタイに何年間住んでいますか？
　　khun thaa-naa-kàʔ yùu mɯaŋ-thay kìi pii lɛ́ɛw

B：10 ปีแล้ว ค.　　　10 年になります。
　　sìp pii lɛ́ɛw kh.

06 答例)

練習 1 あなたはエカマイ駅にいます。(1)～(4) の駅へ行く方法を、バンコク中心部の路線図を見て説明してください。

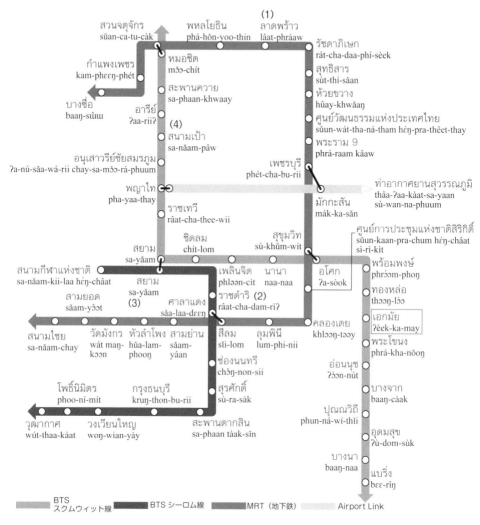

例 สะพานตากสิน [sa-phaan tàak-sĭn] サパーンタークシン（駅）

ขึ้นรถไฟฟ้าบีทีเอสไปที่สยามแล้วต่อรถไฟฟ้าสายสีลมไปลงที่สะพานตากสิน

khŭn rót-fay-fáa bii-thii-ʔéet pay thîi sa-yăam lɛ́ɛw tɔ̀ɔ rót-fay-fáa săay sĭi-lom pay loŋ thîi sa-phaan tàak-sĭn

BTS でサイアム駅まで行き、シーロム線に乗り換えてサパーンタークシン駅まで行く。

(1) ลาดพร้าว	lâat-phráaw	(3) สามย่าน	sǎam-yâan
(2) ราชดำริ	râat-cha-dam-rìʔ	(4) สนามเป้า	sa-nǎam-pâw

207 (質問) **練習 2** 質問に答えてください。

208 (＋解答例)

(1) ปกติไปบริษัทยังไง pòk-ka-tìʔ pay bɔɔ-ri-sàt yaŋ-ŋay

(2) ปกติมามหาลัยยังไง pòk-ka-tìʔ maa ma-hǎa-lay yaŋ-ŋay

(3) ร้านนี้ จ่ายเงินยังไง ráan-níi càay ŋən yaŋ-ŋay

(4) ซูชิ กินยังไง suu-shíʔ kin yaŋ-ŋay

(5) ภาษาไทย เรียนยังไง phaa-sǎa thay rian yaŋ-ŋay

209 **練習 3** 文脈を考えながら、言葉の組み合わせを変えて反復練習をしてください。

(1)

				ชอบอาหารจืด	chɔ̂ɔp ʔaa-hǎan cɯ̀ɯt
				มาเรียนแล้ว	maa rian lɛ́ɛw
คนไทย	khon thay	คง	khoŋ	อยากอยู่ฮาวาย	yàak yùu haa-waay
คนญี่ปุ่น	khon yîi-pùn	คงไม่	khoŋ mây	ไปเมืองไทย	pay mɯaŋ-thay
เขา	kháw			กินไข่ดิบ	kin khày dìp
				อยากมาเที่ยวญี่ปุ่น	yàak maa thîaw yîi-pùn
				กินอาหารเผ็ด	kin ʔaa-hǎan phèt

(2)

ผม	phǒm		มีความสุข	mii khwaam-sùk
เดือนหน้า	dɯan nâa		ประหยัด	pra-yàt
พูดเยอะๆ	phûut yə́-yə́ʔ		สูง	sǔuŋ
กินนมทุกวัน	kin nom thúk-wan	จะได้	ไม่อ้วน	mây ʔûan
เดินเยอะๆ	dəən yə́-yə́ʔ	càʔ dâay	ไปเมืองไทย	pay mɯaŋ-thay
ทำข้าวห่อไป	tham khâaw-hɔ̀ɔ pay		เป็นผู้จัดการ	pen phûu-càt-kaan
ทำบุญบ่อยๆ	tham-bun bɔ̀y-bɔ̀y		เก่ง	kèŋ

10 答例)

練習 4 あなたはどちらの行動を先にするか、ก่อน [kɔ̀ɔn] を使って説明してください。

(1)

(2)

(3)

(4)

(5)

11 問)
12 答例)

練習 5 (1) ～ (10) の質問を聞いて、今日のこと / あなた自身のことなどについて、タイ語で答えてください。

関連語彙

213	ส้มตำ	sôm-tam	ソムタム（パパイヤのサラダ）
	มะละกอ	má-lá-kɔɔ	パパイヤ
	เครื่องปรุง	khrɯ̂aŋ-pruŋ	調味料
	ครก	khrók	臼
	มือ	mɯɯ	手
	คำ(ศัพท์)	kham (sàp)	単語
	ข้าวห่อ	khâaw-hɔ̀ɔ	弁当
	เมล	meew	メール
	อ่าง	ʔàaŋ	浴槽 / お風呂
214	มังคุด	maŋ-khút	マンゴスチン
	รูป	rûup	写真 / 絵
	ละคร	la-khɔɔn	テレビドラマ
	นักท่องเที่ยว	nák-thɔ̂ŋ-thîaw	観光客
	นม	nom	牛乳
	ผู้จัดการ	phûu-càt-kaan	課長 / マネージャー
215	สายสีลม	sǎay sǐi-lom	シーロム線
	สายสุขุมวิท	sǎay sù-khǔm-wít	スクンビット線
	สะพานตากสิน	sa-phaan tàak-sǐn	サパーンタークシン（駅名）
	ลาดพร้าว	lâat-phráaw	ラープラーウ（駅名）
	ราชดำริ	râat-cha-dam-riʔ	ラーチャダムリ（駅名）
	สามย่าน	sǎam-yâan	サームヤーン（駅名）
	สนามเป้า	sa-nǎam-pâw	サナームパウ（駅名）

46

ใส่	sày	入れる / 着る
ตำ	tam	打つ / 潰す
ใช้	cháy	使う
ออกเสียง	ʔɔ̀ɔk-sǐaŋ	発音する
ย้าย	yáay	引っ越す
ตอบ	tɔ̀ɔp	答える / 返信する
แช่น้ำ	chɛ̂ɛ-náam	入浴する
แข็งแรง	khɛ̌ŋ-rɛɛŋ	元気な / 丈夫な
ป่วย	pùay	病気になる
(สอบ)ตก	(sɔ̀ɔp) tòk	（試験などに）落ちる
จ่ายเงิน	càay ŋən	支払う
ขาย	khǎay	売る
ฝึก	fɯ̀k	練習する
ประหยัด	pra-yàt	節約する
มีความสุข	mii khwaam-sùk	幸せになる
สูง	sǔuŋ	背が高い
สระผม	sà-phǒm	髪を洗う
ถูตัว	thǔu tua	体を洗う

第11課 レストランにて
——料理を注文することができる

ケーは日本へ帰国する前にイサーン地方を周ることにしました。その前にナッがケーをイサーン料理店に連れてきました。

217 นัด　ขอดูเมนูหน่อยค่ะ
nát　khɔ̌ɔ duu mee-nuu nɔ̀y khâʔ

พนักงาน　นี่ค่ะ　รับอะไรดีคะ
pha-nák-ŋaan　nîi khâʔ ráp ʔa-ray dii kháʔ

นัด　คุณเค มีอะไรที่ทานไม่ได้ไหมคะ
nát　khun khee mii ʔa-ray thîi thaan mây dâay máy kháʔ

เค　ทานได้ทุกอย่างครับ
khee　thaan dâay thúk-yàaŋ khráp

นัด　ชอบทานอะไรคะ
nát　chɔ̂ɔp thaan ʔa-ray kháʔ

เค　ชอบอาหารอีสานครับ
khee　chɔ̂ɔp ʔaa-hǎan ʔii-sǎan khráp

นัด　งั้น ขอส้มตำ ลาบหมู ข้าวเหนียว
แล้วก็แตงโมปั่น 2 แก้วค่ะ

nát	ŋán khɔ̌ɔ sôm-tham lâap-mǔu khâaw-nǐaw lɛ́ɛw-kɔ̂ɔ tɛɛŋ-moo-pàn sɔ̌ɔŋ kɛ̂ɛw khâʔ
พนักงาน	รับของหวานหรือผลไม้ไหมคะ
pha-nák-ŋaan	ráp khɔ̌ɔŋ-wǎan rʉ̌ʉ phǒn-la-máay máy kháʔ
เค	แค่นี้ก่อนครับ
khee	khɛ̂ɛ-níi-kɔ̀ɔn khráp
พนักงาน	ค่ะ งั้นรอสักครู่นะคะ
pha-nák-ŋaan	khâʔ ŋán rɔɔ sák-khrûu náʔ kháʔ

18 **会話に出てきた単語**

ขอ	khɔ̌ɔ	～をください / ～させてください
เมนู	mee-nuu	メニュー
รับ	ráp	いただく / 受け取る
ที่	thîi	（関係代名詞）
ทุกอย่าง	thúk-yàaŋ	全ての種類 / 全部
อีสาน	ʔii-sǎan	イサーン（タイ東北地方の別名）
ลาบหมู	lâap-mǔu	ラープ（豚ひき肉のハーブ和え）
ข้าวเหนียว	khâaw-nǐaw	もち米
แตงโมปั่น	tɛɛŋ-moo-pàn	スイカジュース
แก้ว	kɛ̂ɛw	コップ / ～杯（類別詞）
ของหวาน	khɔ̌ɔŋ-wǎan	甘いもの
หรือ	rʉ̌ʉ	または / あるいは
แค่นี้ก่อน	khɛ̂ɛ-níi-kɔ̀ɔn	とりあえず
สักครู่	sák-khrûu	しばらく

和訳

ナッ　メニューを見せてください。
店員　こちらです。何になさいますか？

ナッ　ケーさんは食べられないものがありますか？

ケー　何でも食べられます。

ナッ　何が好きですか？

ケー　イサーン料理が好きです。

ナッ　それでは、ソムタム、豚肉のラープ、モチ米、そしてスイカジュースを２杯ください。

店員　甘いものか果物はいかがですか？

ケー　とりあえずこれで。

店員　はい、では少々お待ちください。

219 1 ขอ [khɔ̌ɔ] ＋名詞 / 動詞

ขอ [khɔ̌ɔ] ＋名詞で「～をください」という意味になる表現です。

・具体的な数量を言う場合は、もの（名詞）の後に「数字＋類別詞」が必要となります。数量が１つの場合だけは、「１」を類別詞の後に入れることも可能です。ただし、その場合「１」の発音は、通常の [nʉ̀ŋ] ではなく、[nʉŋ] となります

・数を言わない場合は、文末に หน่อย [nɔ̀y] を付けます。

・さまざまな種類のものを頼んだ場合は、文末に ด้วย [dûay] を付けます。

ขอน้ำเปล่า2แก้ว ค.	khɔ̌ɔ nám-plàaw sɔ̌ɔŋ kɛ̂ɛw kh.	お水を２杯ください。
ขอข้าวผัดจานหนึ่ง ค.	khɔ̌ɔ khâaw-phàt caan nʉŋ kh.	カオパット（チャーハン）を１皿ください。
ขอผ้าเย็นหน่อย ค.	khɔ̌ɔ phâa-yen nɔ̀y kh.	おしぼりをください。
ขอใบเสร็จด้วย ค.	khɔ̌ɔ bay-sèt dûay kh.	領収書もください。

ขอ [khɔ̌ɔ] ＋動詞では「～させてください」という意味の表現です。

・ニュアンスを和らげるため、文末に หน่อย [nɔ̀y] を付けます。

・相手に許可を求めるニュアンスで、文末に ได้ไหม [dâay máy] や นะ [náʔ] を付けることもあります。

・相手に許可を求めるニュアンスで、親しい間柄、身内または年下に対して言う場合は、ขอ [khɔ̌ɔ] を省略し、文末に ได้ไหม [dâay máy] や นะ [náʔ] を付けることもあります。

ขอใช้ห้องน้ำหน่อย ค.	khɔ̌ɔ cháy hɔ̂ŋ-náam nɔ̀y kh.	お手洗いを使わせてください。
ขอยืมปากกาหน่อย ค.	khɔ̌ɔ yʉʉm pàak-kaa nɔ̀y kh.	ペンを貸してください。

A：วันนี้ ขอกลับก่อนได้ไหม ค.	wan níi khɔ̌ɔ klàp kɔ̀ɔn dâay máy kh.	今日は、お先に帰らせてもらってもいいですか？
B：ตามสบาย ค.	taam-sa-baay kh.	ご自由に。

A：วันนี้ขอเลี้ยงนะ ค.	wan níi khɔ̌ɔ líaŋ náʔ kh.	今日は、ご馳走させてくださいね。
B：ไม่เป็นไร ค.	mây-pen-ray kh.	大丈夫です（お気づかいなく）。

ใช้ห้องน้ำได้ไหม　　お手洗いを使ってもいい？
cháy hɔ̂ŋ-náam dâay máy

พรุ่งนี้ไม่ไปเรียนได้ไหม　　明日、勉強に行かなくてもいい？
phrûŋ-níi mây pay rian dâay máy

เปิดพัดลมนะ　　扇風機をつけてもいい？
pə̀ət phát-lom náʔ

220 **2** 関係代名詞　名詞＋ ที่ [thîi] ＋動詞／形容詞／文節

ที่ [thîi] は名詞を修飾／特定する関係代名詞の働きもあります。

ดิฉันชอบคนที่ใจเย็น　　私は気の長い人が好きです。
di-chán chɔ̂ɔp khon thîi cay-yen

เพื่อนที่ดีคือเพื่อนที่ไม่โกหก　　よい友達は嘘をつかない友達です。
phɨ̂an thîi dii khɯɯ phɨ̂an thîi mây koo-hòk

ร้านที่ไปเมื่อวานไม่แพงและอร่อย　　昨日行ったお店は、高くなく、おいしかったです。
ráan thîi pay mɨ̂a-waan mây phɛɛŋ lɛ́ʔ ʔa-rɔ̀y

ผมอยากอยู่บ้านที่อยู่ติดทะเล　　私は、海沿いの家に住みたいです。
phǒm yàak yùu bâan thîi yùu tìt tha-lee

เขาชอบร้านที่คุณแนะนำเมื่อวาน　　彼はあなたが昨日紹介したお店が好きです。
kháw chɔ̂ɔp ráan thîi khun nɛ́-nam mɨ̂a-waan

ขนมที่แม่ซื้อมาเมื่อวานอยู่ไหน　　母が昨日買ってきたお菓子はどこ？
kha-nǒm thîi mɛ̂ɛ sɨ́ɨ maa mɨ̂a-waan yùu nǎy

221 **3** อะไร [ʔa-ray]／(ที่)ไหน [(thîi-)nǎy]／ใคร [khray]＋ไหม [máy]／หรือเปล่า [rɨ́ɨ-plàaw]

ไหม [máy]／หรือเปล่า [rɨ́ɨ-plàaw] が文末に付くと、「何？／どこ？／誰？」といった単なる疑問文としてではなく、不定の意味も含む「何か／どこか／誰か」といった意味を持つ表現となります。

A：กินอะไรไหม　　kin ʔa-ray máy　　何か食べる？

B：ไม่เป็นไร ค. อิ่มแล้ว　　mây-pen-ray kh. ʔìm lɛ́ɛw　　大丈夫です。お腹がいっぱいです。

A：ปีใหม่ไปเที่ยวไหนกันไหม　　お正月、どこか行かない？
pii-mày pay thîaw nǎy kan máy

B : ไปไม่ได้ ต้องพาแม่ไปทำบุญ　行けないです。母をタムブンに連れていかなければなりません。
pay mây dâay tôŋ phaa mɛ̂ɛ pay tham-bun

A : ชอบใครอยู่หรือเปล่า　chɔ̂ɔp khray yùu rʉ́ʉ-plàaw　誰か好きな人がいない？

B : เปล่า ไม่มีจริง ๆ　plàaw mây mii ciŋ-ciŋ　いいえ、本当にいないです。

この表現は、มี［mii］と一緒によく使われます。

A : มีธุระอะไรหรือเปล่า　何か用事でも？
mii thú-ráʔ ʔa-ray rʉ́ʉ-plàaw

B : ค. มีอะไรจะปรึกษานิดหน่อย　はい、ちょっと相談したいことがあります。
kh. mii ʔa-ray càʔ prʉ̀k-sǎa nít-nɔ̀y

A : มีใครโทร.มาหรือเปล่า　mii khray thoo maa rʉ́ʉ-plàaw　誰かから電話がありましたか？

B : ไม่มี ค.　mây mii kh.　ないです。

A : มีอะไรที่กินไม่ได้ไหม　何か食べられないものがありますか？
mii ʔa-ray thîi kin mây dâay máy

B : ไม่มี ค. กินได้ทุกอย่าง　ありません。全部食べられます。
mây mii kh. kin dâay thúk-yàaŋ

A : มีที่ไหนที่อยากไปไหม　どこか行きたいところがありますか？
mii thîi-nǎy thîi yàak pay máy

B : มี ค. ตอนนี้อยากไปเกาะหลีเป๊ะมาก　あります。今リペ島にとても行きたいです。
mii kh. tɔɔn-níi yàak pay kɔ̀ʔ lǐi-péʔ mâak

222 **4 ชอบ** ［chɔ̂ɔp］**＋名詞 / 動詞**

ชอบ［chɔ̂ɔp］＋名詞　「～が好き」
ชอบ［chɔ̂ɔp］＋動詞　「～することが好き / ～をよくする（好きかどうかではなく、頻繁に行うことを表す表現）」

A : คุณชอบคนแบบไหน　khun chɔ̂ɔp khon bɛ̀ɛp-nǎy　あなたは、どんな人が好きですか？

B : ชอบคนใจเย็น　chɔ̂ɔp khon cay-yen　気の長い人が好きです。

A : คุณชอบทานอะไร　khun chɔ̂ɔp thaan ʔa-ray　あなたは何を食べるのが好きですか？

B : ชอบทานของหวาน　chɔ̂ɔp thaan khɔ̌ɔŋ-wǎan　甘いものを食べるのが好きです。

A : วันหยุดชอบทำอะไร wan-yùt chɔ̂ɔp tham ʔa-ray 休日は何をするのが好きですか？

B : ชอบไปดำน้ำ chɔ̂ɔp pay dam-náam ダイビングに行くのが好きです。

พ่อชอบกลับบ้านดึก phɔ̂ɔ chɔ̂ɔp klàp bâan dɯ̀k 父はよく家に遅く帰ります。

เด็กชอบโกหก dèk chɔ̂ɔp koo-hòk 子どもはよく嘘をつきます。

เขาชอบแก้ตัว kháw chɔ̂ɔp kɛ̂ɛ-tua 彼はよく言い訳をします。

223 **5 A + หรือ [rɯ̌ɯ] + B**

「A または B」の意味で、A と B には、名詞、動詞、もしくは文節が入ります。

A : อยากไปเมืองไทยหรือเวียดนาม タイまたはベトナムに行きたいですか？
yàak pay mɯaŋ-thay rɯ̌ɯ wîat-naam

B : อยากไปเมืองไทย タイに行きたいです。
yàak pay mɯaŋ-thay

A : จะไปช้อปปิ้งหรือไปกินข้าว ショッピングに行きますか？それとも食事に行きますか？
càʔ pay chɔ́p-pîŋ rɯ̌ɯ pay kin khâaw

B : ไปกินข้าว 食事に行きます。
pay kin khâaw

A : คุณเป็นคนญี่ปุ่นหรือคนไทย ค. あなたは日本人ですか、それともタイ人ですか？
khun pen khon yîi-pùn rɯ̌ɯ khon thay kh.

B : เป็นคนไทย ค. タイ人です。
pen khon thay kh.

文末に ไหม［máy］を付けると、「A または B をしますか？」という提案 / 勧誘の表現になります。

A : ทานกาแฟหรือน้ำชาไหม コーヒーかお茶を飲みますか？
thaan kaa-fɛɛ rɯ̌ɯ nám-chaa máy

B : ไม่เป็นไร ค. ทานแล้ว 大丈夫です。飲みました。
mây-pen-ray kh. thaan lɛ́ɛw

A : ทานผลไม้หรือของหวานไหม ค. 果物か甘いものを食べますか？
thaan phǒn-la-máay rɯ̌ɯ khɔ̌ɔŋ-wǎan máy kh.

B : ค. ขอบคุณ ค. はい、ありがとうございます。
kh. khɔ̀ɔp-khun kh.

224 (メニュー) **練習1** 以下のメニューを見て、2～3人分の食事を注文してください。

ข้าว / เส้น	khâaw / sên	ご飯 / 麺類	値段
ข้าวผัด	khâaw-phàt	カオ・パット（チャーハン）	60
กะเพราราดข้าว	ka-phraw râat-khâaw	ガパオライス	60
ผัดไทย	phàt-thay	パッタイ（タイ焼きそば）	60
ก๋วยเตี๋ยวน้ำ(เส้นใหญ่ / เส้นเล็ก / เส้นหมี่)	kǔay-tǐaw náam (sên-yày / sên-lék / sên-mìi)	クイティオ・ナーム（タイラーメン）（太麺 / 細麺 / 極細麺）	60
ก๋วยเตี๋ยวต้มยำ(เส้นใหญ่ / เส้นเล็ก / เส้นหมี่)	kǔay-tǐaw tôm-yam (sên-yày / sên-lék / sên-mìi)	クイティオ・トムヤム（トムヤムラーメン）（太麺 / 細麺 / 極細麺）	60
ข้าวเปล่า	khâaw-plàaw	ご飯	20
ข้าวเหนียว	khâaw-nǐaw	もち米	30

ของทานเล่น	kɔ̌ɔŋ-thaan-lên	前菜	値段
ส้มตำ	sôm-tam	ソムタム（パパイヤサラダ）	50
ทอดมัน	thɔ̂ɔt-man	トートマン（タイさつま揚げ）	50
ไก่ย่าง	kày-yâaŋ	ガイヤーン（タイ焼き鳥）	50
ยำวุ้นเส้น	yam wún-sên	ヤムウンセン（春雨サラダ）	50
ยำทะเล	yam tha-lee	ヤムタレー（シーフードサラダ）	80

กับข้าว	kàp-khâaw	おかず	値段
ผัดผักบุ้ง	phàt phàk-bûŋ	パッパックブン（空芯菜炒め）	70
แกงเขียวหวาน	kɛɛŋ khǐaw-wǎan	ゲーンキャオワーン（グリーンカレー）	70
แกงเผ็ด	kɛɛŋ phèt	ゲーンペッ（レッドカレー）	70
ปูผัดผงกะหรี่	puu-phàt-phǒŋ-ka-rìi	プーパッポンカリー（カニのカレー卵炒め）	100
กุ้งอบวุ้นเส้น	kûŋ-ʔòp-wún-sên	クンオップウンセン（海老と春雨の蒸し物）	100
ต้มยำกุ้ง	tôm-yam-kûŋ	トムヤムクン	100

เครื่องดื่ม	khrɯ̂aŋ-dɯ̀ɯm	飲み物	値段
น้ำเปล่า	nám-plàaw	水	10
เบียร์(สิงห์ / ช้าง)	bia (sǐŋ / cháaŋ)	ビール（シンハー / チャーン）	80
น้ำส้ม	nám-sôm	オレンジジュース	50

น้ำแตงโมปั่น	nám-tɛɛŋ-moo-pàn	スイカジュース	50
น้ำแข็งเปล่า	nám-khěŋ-plàaw	氷	10
ของหวาน	khɔ̌ɔŋ-wǎan	デザート	値段
ผลไม้รวม	phǒn-la-máay-ruam	果物盛り合わせ	80
ไอศกรีมกะทิ	ʔay-sa-kriim ka-thíʔ	ココナッツアイスクリーム	60

225 答例)

例 ขอข้าวผัด 2 จาน ต้มยำกุ้งถ้วยนึง น้ำเปล่า 2 ขวด แล้วก็น้ำแข็งเปล่า 2 แก้ว ค.

khɔ̌ɔ khâaw-phàt sɔ̌ɔŋ caan tôm-yam-kûŋ thûay-nɯŋ nám-plàaw sɔ̌ɔŋ khùat lɛ́ɛw-kɔ̂ɔ nám-khěŋ-plàaw sɔ̌ɔŋ kɛ́ɛw kh.

チャーハン２つとトムヤムクン１つ、水を２本、それと氷を２杯ください。

カオ・パット

クイティオ・ナーム

ソムタム

パッタイ

トムヤムクン

226 **練習 2** 文脈を考えながら、言葉の組み合わせを変えて反復練習をしてください。

(1)

(ขอ) (khɔ̌ɔ)	ไปเข้าห้องน้ำ	pay khâw hɔ̂ŋ-náam	ได้ไหม ค.	dâay máy kh.
	กลับก่อน	klàp kɔ̀ɔn		
	ปิดแอร์	pìt ʔɛɛ	นะ ค.	náʔ kh.
	ลางาน	laa ŋaan		
	ไปเรียนที่เมืองไทย	pay rian thîi mɯaŋ-thay		
	กิน	kin		

(2)

ดิฉัน	di-chán	ชอบ	chɔ̂ɔp	ไอศกรีมกะทิ	ʔay-sa-kriim ka-thíʔ
ผม	phǒm			อยู่บ้าน	yùu bâan
พี่	phîi	ไม่ชอบ	mâi chɔ̂ɔp	ออกจากบ้าน	ʔɔ̀ɔk càak bâan
พ่อ	phɔ̂ɔ			ไปเที่ยวกับเพื่อน	pay thîaw kàp phɯ̂an
				ไปต่างประเทศ	pay tàaŋ-pra-thêet
				รถติด	rót-tìt
				ขึ้นตุ๊กๆ	khɯ̂n túk-túk

227 **練習 3** アルバムの中の写真 (1) ～ (7) を、ที่ [thîi] を使って説明してください。
(解答例)

例 こちらはフランス語が話せる友達です。

นี่คือเพื่อนที่พูดภาษาฝรั่งเศสได้
nîi khɯɯ phɯ̂an thîi phûut phaa-sǎa fá-ràŋ-sèet dâay

(1) 今、私が住んでいる家
(2) 私がよく使うカバン
(3) 先週、遊びに行ったお寺
(4) プーケットで買ったTシャツ
(5) 去年、中国へ行った友達
(6) 私が好きなカフェ
(7) 韓国で買った時計

28 質問)
29 答例)

練習 4 ที่ [thîi] を使って、(1) ～ (5) の質問に答えてください（自分自身のことについて答えてください）。

(1) อยากอยู่บ้านแบบไหน　yàak yùu bâan bɛ̀ɛp-nǎy

(2) อยากมีเพื่อนแบบไหน　yàak mii phɯ̂an bɛ̀ɛp-nǎy

(3) อยากอยู่เมืองแบบไหน　yàak yùu mɯaŋ bɛ̀ɛp-nǎy

(4) อยากทำงานที่บริษัทแบบไหน　yàak tham-ŋaan thîi bɔɔ-ri-sàt bɛ̀ɛp-nǎy

(5) อยากไปร้านแบบไหน　yàak pay ráan bɛ̀ɛp-nǎy

30 質問)
31 答例)

練習 5 (1) ～ (10) の質問に対して、タイ語で答えてください。（自分自身のことについて答えてください）。

(1) วันเสาร์อาทิตย์ชอบทำอะไร　wan sǎw-ʔaa-thít chɔ̂ɔp tham ʔa-ray

(2) ปกติไม่ชอบทำอะไร　pòk-ka-tìʔ mây chɔ̂ɔp tham ʔa-ray

(3) ชอบทานอะไร　chɔ̂ɔp thaan ʔa-ray

(4) มีอะไรที่ทานไม่ได้ไหม　mii ʔa-ray thîi thaan mây dâay máy

(5) มีที่ไหนที่อยากไปไหม　mii thîi-nǎy thîi yàak pay máy

(6) มีใครอยากกินอาหารไทยไหม　mii khray yàak kin ʔaa-hǎan thay máy

(7) กินน้ำชาหรือกาแฟไหม　kin nám-chaa rɯ̌ɯ kaa-fɛɛ máy

(8) วันเสาร์นี้ไปดูหนังหรือชอปปิงไหม
wan sǎw níi pay duu nǎŋ rɯ̌ɯ chɔ́p-pîŋ máy

(9) ชอบกินเบียร์สิงห์หรือเบียร์ช้าง
chɔ̂ɔp kin bia-sǐŋ rɯ̌ɯ bia-cháaŋ

(10) อยากไปเรียนต่อที่ต่างประเทศหรืออยากทำงาน
yàak pay rian-tɔ̀ɔ thîi tàaŋ-pra-thêet rɯ̌ɯ yàak tham-ŋaan

32 答例)

練習 6 (1) ～ (5) をタイ語に訳してください。

(1) 私が住んでいた町は、自然がある町です。

(2) このシャツは母が去年プーケット島で買ったシャツです。

(3) 誰か行きたい人はいませんか？

(4) 何か買いたいものがありますか？

(5) 果物か甘いものを食べませんか？

関連語彙

233	ผ้าเย็น	phâa-yen	おしぼり
	น้ำเปล่า	nám-plàaw	水
	ใบเสร็จ	bay-sèt	領収書
	ตามสบาย	taam-sa-baay	ご自由に
	เกาะ	kɔ̀ʔ	島
	เด็ก	dèk	子ども
	วันหยุด	wan-yùt	休日
	เสื้อยืด	sɯ̂a-yɯ̂ɯt	Tシャツ
	สระว่ายน้ำ	sàʔ wâay-náam	プール
	ธรรมชาติ	tham-ma-châat	自然
	เมือง	mɯaŋ	町
	อาหารใต้	ʔaa-hǎan-tâay	南部料理
	ปีใหม่	pii-mày	新年

234	ยืม	yɯɯm	貸す / 借りる
	เลี้ยง	líaŋ	ご馳走する
	ชอปปิง	chɔ́p-pîŋ	ショッピングする
	เข้า	khâw	入る
	ลางาน	laa ŋaan	仕事を休む
	เรียนต่อ	rian-tɔ̀ɔ	進学する、留学する
	ร้องเพลง	rɔ́ɔŋ-phleeŋ	歌を歌う
	ใจเย็น	cay-yen	気が長い
	แก้ตัว	kɛ̂ɛ-tua	言い訳をする

35 | | | |
|---|---|---|
| อาหารแนะนำ | ʔaa-hǎan nɛ́-nam | お薦め料理 |
| กินที่นี่ | kin thîi-nîi | 店内で食べる |
| เอากลับบ้าน | ʔaw-klàp bâan | テイクアウト |
| ไม่ใส่...นะ | mây sày … náʔ | ～を入れないで |
| ผักชี | phàk-chii | パクチー |
| กะทิ | ka-thíʔ | ココナツミルク |
| พริก | phrík | 唐辛子 |
| เครื่องปรุง | khrʉ̂aŋ-pruŋ | 調味料セット |
| ขอไม่เผ็ดนะ | khɔ̌ɔ mây phèt náʔ | 辛くしないでください。 |
| ขอจองโต๊ะ | khɔ̌ɔ cɔɔŋ tóʔ | 席の予約をお願いします。 |

36 **【料理関係の類別詞】**

ที่	thîi	～人分
จาน	caan	～皿（皿に盛られた料理）
ชาม	chaam	～杯（汁麺など）
หม้อ	mɔ̂ɔ	～杯（鍋に入った料理）
คู่	khûu	～組（対になった箸など）
คัน	khan	～本（スプーンなど）
ถ้วย	thûay	～杯（カップに入った飲み物）
แก้ว	kɛ̂ɛw	～杯（コップに入った飲み物）
ขวด	khùat	～本（瓶に入った飲み物）
กระป๋อง	kra-pɔ̌ŋ	～缶（缶に入った飲み物）
ถัง	thǎŋ	～杯（バケツに入った氷など）
ถุง	thǔŋ	～袋（袋で持ち帰るラーメンなど）

第12課 お別れの前に
――気持ちを示すことができる

> ケーがイサーン地方へ出かける前にナッにお礼をします。

237

เค khee	นี่ให้คุณนัดครับ nîi hây khun nát khráp
นัด nát	อะไรหรือคะ ʔa-ray rǝ̌ǝ khá?
เค khee	ของขวัญครับ ขอบคุณมากนะครับที่พาไปเที่ยว khɔ̌ɔŋ-khwǎn khráp khɔ̀ɔp-khun mâak ná? khráp thîi phaa pay thîaw
นัด nát	จริงๆไม่ต้องก็ได้นะคะ เกรงใจค่ะ ciŋ-ciŋ mây tɔ̂ŋ kɔ̂ɔ-dâay ná? khá? kreeŋ-cay khâ?
เค khee	อย่าคิดมากสิครับ ของเล็กๆน้อยๆ yàa khít mâak sì? khráp khɔ̌ɔŋ lék-lék-nɔ́ɔy-nɔ́ɔy
นัด nát	ค่ะ ขอบคุณค่ะ khâ? khɔ̀ɔp-khun khâ?
เค khee	กลับจากอีสานแล้วจะติดต่อไปนะครับ klàp càak ʔii-sǎan lɛ́ɛw cà? tìt-tɔ̀ɔ pay ná? khráp

นัด　ค่ะ ถ้ามีปัญหาอะไร ก็โทร.มานะคะ
nát　khâʔ thâa mii pan-hǎa ʔa-ray kɔ̂ɔ thoo maa náʔ kháʔ

เค　ครับ ขอบคุณมากครับ
khee　khráp khɔ̀ɔp-khun mâak khráp

38 **会話に出てきた単語**

ให้	hây	あげる / くれる
ของขวัญ	khɔ̌ɔŋ-khwǎn	プレセント
จริงๆ	ciŋ-ciŋ	本当は
เกรงใจ	kreeŋ-cay	遠慮する
อย่า	yàa	～するな
คิดมาก	khít-mâak	気にする
สิ	sìʔ	～だよ
ของ	khɔ̌ɔŋ	もの
เล็กๆน้อยๆ	lék-lék-nɔ́ɔy-nɔ́ɔy	些細な
ถ้า...ก็...	thâa … kɔ̂ɔ …	もし～ならば
ปัญหา	pan-hǎa	問題

和訳

ケー　これ、ナッさんにあげます。
ナッ　何ですか？
ケー　プレゼントです。遊びに連れて行ってくれて、ありがとうございます。
ナッ　いいのに！　申し訳ないです。
ケー　考え過ぎないでください。たいしたものではないですよ。
ナッ　はい、ありがとうございます。
ケー　イサーンから戻ってきたら連絡しますね。
ナッ　はい、もし何か問題があったら、連絡くださいね。
ケー　はい、ありがとうございます。

239 1 ให้ [hây] ＋名詞（もの）

誰かにものを「あげる / 渡す / 与える」ことを意味する動詞で、「誰に」を特定する場合はものの後に「กับ［kàp］＋人」を入れますが、話し言葉では กับ［kàp］が省略される場合があります。

เพื่อนให้ของฝากจากเมืองไทยกับดิฉัน
phûan hây khɔ̆ɔŋ-fàak càak mɯaŋ-thay kàp di-chán
友達が私にタイのお土産をくれました。

A：ปีที่แล้วให้ของขวัญวันเกิดอะไรกับคุณแม่
pii thîi-lɛ́ɛw hây khɔ̆ɔŋ-khwăn wan-kə̀ət ʔa-ray kàp khun mɛ̂ɛ
去年の誕生日には、母親へ何をあげましたか？

B：ให้กระเป๋าค่ะ
hây kra-păw kh.
カバンをあげました。

ได้(รับ) [dâay(-ráp)] ＋名詞（もの）

逆に「もらう / 受け取る / 得る」は、ได้(รับ)［dâay(-ráp)］という動詞を使います。誰にもらったかを特定する場合は、ものの後に「จาก［càak］＋人」を入れます。

วันวาเลนไทน์ฉันได้รับดอกกุหลาบจากแฟน
wan waa-leen-thaay chán dâay-ráp dɔ̀ɔk-ku-làap càak fɛɛn
バレンタインデーに私は恋人からバラをもらいました。

พนักงานที่เข้าใหม่จะได้เงินเดือนประมาณ 20,000 บาท
pha-nák-ŋaan thîi khâw mày càʔ dâay ŋən-dɯan pra-maan sɔ̆ɔŋ-mùɯn bàat
新入社員の給料はだいたい２万バーツです。

เมื่อวานได้อีเมลจากเพื่อนที่ไม่ได้เจอกัน 10 ปี
mûa-waan dâay ʔii-meew càak phûan thîi mây dâay cəə kan sìp pii
昨日、10年も会っていない友達からメールをもらいました。

อยากได้ [yàak-dâay] ＋名詞

「〜を受け取りたい⇒欲しい」という意味の表現です。

A：วันเกิดปีนี้แม่อยากได้อะไร　今年の誕生日に、お母さんは何が欲しい？
wan-kə̀ət pii níi mɛ̂ɛ yàak-dâay ʔa-ray

B : อยากได้รองเท้าผ้าใบ　スニーカーが欲しい。
yàak-dâay rɔɔŋ-tháaw phâa-bay

40 **2 ขอบคุณ** [khɔ̀ɔp-khun] **＋ ที่** [thîi] **＋文節**

「〜してくれてありがとうございます」の意味で、「〜」の部分では、文節で感謝したい事柄を入れます。自分より年下や親しい友達に対しては ขอบใจที่ [khɔ̀ɔp-cay thîi] を使います。また、ขอบคุณ [khɔ̀ɔp-khun] や ขอบใจ [khɔ̀ɔp-cay] の後に นะ [náʔ] を入れると気持ちを強調するニュアンスとなります。

ขอบคุณนะ ค.ที่พาไปทานอาหารไทย
khɔ̀ɔp-khun náʔ kh. thîi phaa pay thaan ʔaa-hǎan thay
タイ料理を食べに連れて行ってくれて、ありがとうございました。

ขอบคุณมาก ค.ที่ช่วยดูแลผมที่เมืองไทย
khɔ̀ɔp-khun mâak kh. thîi chûay duu-lɛɛ phǒm thîi mɯaŋ-thay
タイで面倒を見てくださって、ありがとうございました。

ขอบใจนะที่ชวน
khɔ̀ɔp-cay náʔ thîi chuan
誘ってくれてありがとう。

ขอบใจนะที่ช่วย
khɔ̀ɔp-cay náʔ thîi chûay
助けてくれてありがとう。

ขอบคุณที่ [khɔ̀ɔp-khun thîi] の他にも、感情を表す動詞では、同じ構文が同様に使用されます。

ขอโทษที่ [khɔ̌ɔ-thôot thîi] ＋文節：　〜してすみません

ขอโทษ ค. ที่เมื่อวานไม่ได้มาเรียน
khɔ̌ɔ-thôot kh. thîi mɯ̂a-waan mây dâay maa rian
昨日、勉強に来なくてすみませんでした。

โทษทีนะที่วันเสาร์ไม่ได้ไปช่วย
thôot-thii náʔ thîi wan sǎw mây dâay pay chûay
土曜日、手伝いに行かなくてごめんね。

ดีใจที่ [dii-cay thîi] ＋文節：　〜してうれしいです。

ดีใจมากที่ได้มาเที่ยวเมืองไทย
dii-cay mâak thîi dâay maa thîaw mɯaŋ-thay
タイに遊びに来ることができて、とてもうれしいです。

ดีใจที่ได้เจอคุณอีก
dii-cay thîi dâay cəə khun ʔìik
あなたにまた会えてうれしいです。

เสียดายที่ [sǐa-daay thîi] ＋文節： 〜して残念

เสียดายที่ไม่ได้ไปร่วมงาน　　パーティーに参加できなくて残念です。
sǐa-daay thîi mây dâay pay rûam-ŋaan

เสียดายที่ไม่ได้ไปนวด　　マッサージへ行けなくて残念です。
sǐa-daay thîi mây dâay pay nûat

เสียใจที่ [sǐa-cay thîi] ＋文節： 〜して悲しい

เสียใจที่ต้องกลับญี่ปุ่นแล้ว　　もう日本へ帰らなければならず、悲しいです。
sǐa-cay thîi tɔ̂ŋ klàp yîi-pùn lɛ́ɛw

เสียใจที่คุณไม่ชอบเมืองไทย　　あなたはタイが好きではなく、悲しいです。
sǐa-cay thîi khun mây chɔ̂ɔp mɯaŋ-thay

โกรธที่ [kròot thîi] ＋文節： 〜して怒る

พ่อโกรธที่หวานกลับบ้านดึก　　ワーンが遅い時間に帰宅し、父が怒っています。
phɔ̂ɔ kròot thîi wǎan klàp bâan dɯ̀k

ภรรยาโกรธที่ผมโกหกเขา　　妻は私が彼女に嘘をついて怒っています。
phan-ra-yaa kròot thîi phǒm koo-hòk kháw

ดีที่ [dii thîi] ＋文節： 〜してよかった

ดีที่ไม่ได้พกเงินสด　　dii thîi mây dâay phók ŋən-sòt　　現金を持ち歩かなくてよかった。
ดีที่อาจารย์ไม่โกรธ　　dii thîi ʔaa-caan mây kròot　　先生が怒らなくてよかった。

241　**3** อย่า [yàa] ＋動詞

「〜するな／〜しないで」という意味で、否定の命令を表す表現です。文末に สิ [sìʔ] を入れると強調する意味合いとなり、逆に นะ [náʔ] を入れるとニュアンスを和らげます。

อย่าพูดเสียงดังสิ อาจารย์สอนอยู่
yàa phûut sǐaŋ-daŋ sìʔ ʔaa-caan sɔ̌ɔn yùu
大きい声で言わないで。先生が教えているから。

อย่าโกรธสิ พูดเล่น
yàa kròot sìʔ phûut-lên
怒らないで。冗談だよ。

อย่ามาสายนะ พรุ่งนี้มีประชุมตอนเช้า
yàa maa sǎay náʔ phrûŋ-níi mii pra-chum tɔɔn-cháaw
遅刻しないでね。明日朝に会議がありますよ。

อย่าลืมนะ วันเสาร์ 8 โมงเช้า
yàa lɯɯm náʔ wan sǎw pɛ̀ɛt mooŋ cháaw
忘れないでね。土曜日の朝 8 時ですよ。

42 **4 動詞＋ สิ** [sìʔ]

親しい友達や自分より年下の人に対して使用する命令のニュアンスを含む表現ですが、言い方によって、厳しく聞こえたり、柔らかく聞こえたりしますので、使い方に気をつける必要があります。

กินผักสิ	kin phàk sìʔ	野菜を食べなさい。
เดินเร็ว ๆ สิ	dəən rew-rew sìʔ	早く歩きなさい。
มาสิ	maa sìʔ	来なさい。
พูดภาษาไทยสิ	phûut phaa-sǎa thay sìʔ	タイ語を話しなさい。

43 **5 ถ้า** [thâa] **＋ A ＋ ก็** [kɔ̂ɔ] **＋ B**

「もし A なら、B である」という意味の仮定や条件を表す表現です。A には仮定や条件を表す内容、B には起こりうる結果や希望などの内容となります。

ถ้ามีเวลาก็มาเที่ยวนะ
thâa mii wee-laa kɔ̂ɔ maa thîaw náʔ
時間があったら、遊びに来てくださいね。

ถ้ามีปัญหาก็ปรึกษาได้นะ
thâa mii pan-hǎa kɔ̂ɔ prùk-sǎa dâay náʔ
問題があったら相談してくださいね。

ถ้ามีโอกาสก็อยากจะไปทำงานที่เมืองไทย
thâa mii ʔoo-kàat kɔ̂ɔ yàak càʔ pay tham-ŋaan thîi mɯaŋ-thay
機会があったら、タイへ仕事をしに行きたいです。

ถ้ามีเงินมากๆ ก็จะไม่ทำงาน
thâa mii ŋən mâak-mâak kɔ̂ɔ càʔ mây tham-ŋaan
お金がたくさんあったら、仕事をしません。

注）結果の文節に主語がある場合、主語は ก็ [kɔ̂ɔ] の前に置きます。

ถ้าคุณไม่ไปผมก็ไม่อยากไป
thâa khun mây pay phǒm kɔ̂ɔ mây yàak pay
あなたが行かないなら私も行きたくないです。

ถ้าราคาแพงมากลูกค้าก็คงไม่ซื้อ
thâa raa-khaa phɛɛŋ mâak lûuk-kháa kɔ̂ɔ khoŋ mây sɯ́ɯ
値段がとても高いなら、お客さんが買わないでしょう。

注）疑問文の場合、ก็ [kɔ̂ɔ] は省略されます。

ถ้าถูกลอตเตอรี่ อยากจะทำอะไร
thâa thùuk lɔ́t-təə-rîi yàak càʔ tham ʔa-ray
宝くじが当たったら何をしたいですか？

ถ้าเพื่อนคนไทยมาเที่ยวญี่ปุ่นอยากจะพาไปที่ไหน
thâa phɯ̂an khon thay maa thîaw yîi-pùn yàak càʔ phaa pay thîi-nǎy
タイの友達が日本に遊びに来たらどこに連れて行きたいですか？

ถ้าเลือกได้อยากเป็นคนอะไร
thâa lɯ̂ak dâay yàak pen khon ʔa-ray
選ぶことができるなら、何人（国籍）になりたいですか？

168

244 (答例) **練習 1** 以下の絵の中でのもののやり取りを、ให้ [hây] と ได้รับ [dâay-ráp] を使って、10 通り、タイ語で説明してください。

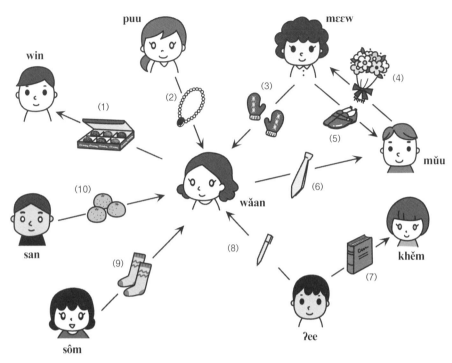

245 **練習 2** 文脈を考えながら、言葉の組み合わせを変えて反復練習をしてください。

(1)

		ช่วยงาน	chûay ŋaan
		มาส่ง	maa sòŋ
ขอบใจนะ		เลี้ยงข้าว	líaŋ khâaw
khɔ̀ɔp-cay náʔ	ที่	ช่วยทำอาหาร	chûay tham ʔaa-hǎan
ขอบคุณมากนะ ค.	thîi	เชิญ	chəən
khɔ̀ɔp-khun mâak náʔ kh.		พาไปเที่ยววัด	phaa pay thîaw wát
		ช่วยแนะนำร้าน	chûay nɛ́-nam ráan
		ชวนมาบ้าน	chuan maa bâan

(2)

			ลืมการบ้าน	lɯɯm kaan-bâan
			ไม่ได้เจอเพื่อน	mây dâay cəə phɯ̂an
ขอโทษ ค.	khɔ̌ɔ-thôot kh.		ไม่ได้ไปช่วย	mây dâay pay chûay
โทษทีนะ	thôot-thii náʔ		เพื่อนโกหก	phɯ̂an koo-hòk
เสียดาย	sǐa-daay	ที่	อ่านมาก่อน	ʔàan maa kɔ̀ɔn
เสียใจ	sǐa-cay	thîi	ไม่ได้ติดต่อ	mây dâay tìt-tɔ̀ɔ
โกรธ	kròot		แมวที่เลี้ยงตาย	mɛɛw thîi líaŋ taay
ดี	dii		ไม่ได้ขับรถมา	mây dâay khàp-rót maa
			เพื่อนไม่เข้าใจ	phɯ̂an mây khâw-cay
			แม่ทิ้งถุงมือที่ฉันชอบ	mɛ̂ɛ thíŋ thǔŋ-mɯɯ thîi chán chɔ̂ɔp

(3)

			นอนเยอะ ๆ	nɔɔn yə́-yə́ʔ
ถ้าอยากได้	thâa yàak dâay		ลาออกจากงาน	laa-ʔɔ̀ɔk càak ŋaan
ถ้ามีเงินมาก	thâa mii ŋən mâak	ก็จะ	ไปเที่ยวรอบโลก	pay thîaw rɔ̂ɔp-lôok
ถ้าเหนื่อยมาก	thâa nɯ̀ay mâak	kɔ̂ɔ càʔ	ซื้อทันที	sɯ́ɯ than-thii
ถ้าไม่สบายใจ	thâa mây sa-baay-cay		ไปเดินเล่น	pay dəən-lên
			กินข้าวต้ม	kin khâaw-tôm

246 (解答例) **練習 3** (1) ～ (10) のケースに対して、อย่า [yàa] を使って、タイ語で注意してください。

例 タイ語の授業で日本語を話している学生に対して

อย่าพูดภาษาญี่ปุ่น　yàa phûut phaa-sǎa yîi-pùn　日本語を話さないで。

(1) よく遅れる後輩に対して

(2) 電車の中で携帯を使っている友達に対して

(3) 教室の中で、大声でおしゃべりをする学生に対して

(4) 食事中に、タバコを吸っている友達に対して

(5) 怒り出しそうな友達に対して

(6) 教室で居眠りしている友達に対して

(7) とても太っているお兄さんに対して

(8) タイ語で早口で言っている友達に対して

(9) 宿題をよく忘れる友達に対して

(10) 人気のない夜道に行こうとする友達に対して

247 答例)

練習 4 (1) ～ (5) のケースで、親しい友達や自分より年下の人に対して、สิ [siʔ] を使った文章で注意してください。

例 友達の部屋がとても汚い。

ทำความสะอาดสิ　tham khwaam-sa-ʔàat siʔ　掃除しなさい。

(1) タイの友達がタイ語で話してくれない。

(2) 遅れているのに、友達がゆっくり歩いている。

(3) 約束があるのに、友達が起きない。

(4) タイの友達が早く話すので、意味がわからない。

(5) 友達が病気なのに、薬を飲まない。

248 相談)

249 解答例)

練習 5 あなたは (1) ～ (7) のことをタイの友達から相談されました。それぞれの相談内容に対して、สิ [siʔ] を使って、提案で答えてみてください。

(1) อยากพูดภาษาญี่ปุ่นเก่ง　yàak phûut phaa-sǎa yîi-pùn kèŋ

(2) อยากหุ่นดี　yàak hùn-dii

(3) อยากทำงานที่ญี่ปุ่น　yàak tham-ŋaan thîi yîi-pùn

(4) อยากอายุยืน　yàak ʔaa-yú-yɯɯn

(5) อยากกินซูชิอร่อย ๆ　yàak kin suu-shíʔ ʔa-rɔ̀y-ʔa-rɔ̀y

(6) อยากดูซากุระสวย ๆ　yàak duu saa-ku-ráʔ sǔay-sǔay

(7) อยากเห็นหิมะเยอะ ๆ　yàak hěn hì-máʔ yə́-yə́ʔ

250 (質問)
251 (＋解答例)

練習 6 (1) ～ (5) の内容について、あなたの意見を ถ้า [thâa] を使って述べてください。

(1) ถ้าพูดภาษาไทยเก่งอยากจะทำอะไร
thâa phûut phaa-săa thay kèŋ yàak càʔ tham ʔa-ray

(2) ถ้าถูกลอตเตอรี่อยากจะทำอะไร
thâa thùuk lɔ́t-təə-rîi yàak càʔ tham ʔa-ray

(3) ถ้าเพื่อนคนไทยมาเที่ยวญี่ปุ่นอยากพาไปเที่ยวที่ไหน
thâa phɯ̂an khon-thay maa thîaw yîi-pùn yàak phaa pay thîaw thîi-năy

(4) ถ้าจะแต่งงานอยากแต่งกับคนแบบไหน
thâa càʔ tɛ̀ŋ-ŋaan yàak tɛ̀ŋ kàp khon bɛ̀ɛp-năy

(5) ถ้าเลือกได้อยากทำงานอะไร
thâa lɯ̂ak dâay yàak tham-ŋaan ʔa-ray

カオマンガイ（タイ風蒸し鶏飯）

カオマンガイのお店

オースワン（タイ風牡蠣と卵の鉄板焼き）

ラープ（豚ひき肉のハーブ和え）

関連語彙

252	วันวาเลนไทน์	wan waa-leen-thaay	バレンタインデー
	ช็อกโกแลต	chɔ́k-koo-lɛ́t	チョコレート
	ของฝาก	khɔ̌ɔŋ-fàak	お土産
	ดอกกุหลาบ	dɔ̀ɔk ku-làap	バラ
	เงินเดือน	ŋən-dɯan	給料
	รองเท้าผ้าใบ	rɔɔŋ-tháaw phâa-bay	スニーカー
	เงินสด	ŋən-sòt	現金
	เวลา	wee-laa	時間
	โอกาส	ʔoo-kàat	機会
	ลูกค้า	lûuk-kháa	お客さん
	ลอตเตอรี่	lɔ́t-təə-rîi	宝くじ
	ถุงมือ	thǔŋ-mɯɯ	手袋
	งาน	ŋaan	仕事
	การบ้าน	kaan-bâan	宿題
	รอบโลก	rɔ̂ɔp-lôok	世界中
	ข้าวต้ม	khâaw-tôm	お粥
	หุ่น	hùn	スタイル
	หิมะ	hì-máʔ	雪
	ภูเขา	phuu-khǎw	山
	ส้ม	sôm	みかん
	สวน	sǔan	公園 / 庭
	นายกฯ	naa-yók	首相（略語）
253	พก	phók	持ち歩く
	ร่วมงาน	rûam-ŋaan	参加する

ประชุม	pra-chum	会議がある / 会議
เลือก	lɯ̂ak	選ぶ
ถูก	thùuk	当たる / 触る / 正しい
เสียงดัง	sǐaŋ-daŋ	声 / 音が大きい
แนะนำ	nɛ́-nam	薦める
ทิ้ง	thíŋ	捨てる
เข้าใจ	khâw-cay	理解する
เข้าเรียน	khâw-rian	入学する
ลาออก	laa-ʔɔ̀ɔk	仕事をやめる
อายุยืน	ʔaa-yú-yɯɯn	長生きする
เห็น	hěn	見る / 見える
สร้าง	sâaŋ	建てる
ปีน	piin	登る
ตาย	taay	死ぬ

254

ทันที	than-thii	すぐに

著　者
スニサー・ウィッタヤーパンヤーノン
(สุนิสา วิทยาปัญญานนท์ Sunisa Wittayapanyanon)
東京外国語大学特任教授

著　書
『表現を広げる中級へのタイ語』(三修社)
『タイ語駅伝 らくらく文字マスター』(三修社〈共著〉)
『タイ語マラソン らくらく初級マスター』(三修社〈共著〉)
『パッと使えるタイ語の日常単語帳4500』(KADOKAWA)

表現を身につける初級タイ語 [改訂版]

2025年4月30日　第1刷発行

著　者　　スニサー・ウィッタヤーパンヤーノン
発行者　　前田俊秀
発行所　　株式会社　三修社
　　　　　〒150-0001　東京都渋谷区神宮前2-2-22
　　　　　TEL　03-3405-4511
　　　　　FAX　03-3405-4522
　　　　　振替 00190-9-72758
　　　　　https://www.sanshusha.co.jp
　　　　　編集担当　菊池　暁

印刷・製本　広研印刷株式会社

DTP　　　　　　株式会社欧友社
カバーデザイン　イシバシマサミ
本文イラスト　　梶原由加利
音声製作　　　　高速録音株式会社

© Sunisa Wittayapanyanon 2025 Printed in Japan
ISBN978-4-384-06125-3 C1087

JCOPY 〈出版者著作権管理機構 委託出版物〉

本書の無断複製は著作権法上での例外を除き禁じられています。複製される場合は、そのつど事前に、出版者著作権管理機構（電話 03-5244-5088 FAX 03-5244-5089 e-mail: info@jcopy.or.jp）の許諾を得てください。

表現を身につける
初級タイ語

別冊

改訂版

● タイ文字
● 練習問題の解答
● 単語 INDEX

SANSHUSHA

別 冊 も く じ

タイ文字 *2*
   1 子音字 *3*
   2 母音符号 *9*
   3 声調記号 *14*
   4 子音字＋子音字 *17*
   5 その他のルール *20*
   6 よく使われる記号など *24*

練習問題の解答 *26*

単語 INDEX *67*

タイ文字

丸みを帯びたタイ文字は、文字というよりも記号やデザインされた図形のように見えて、難しいと思われるかもしれませんが、基本ルールさえ覚えれば、きちんと読み書き出来るものなので、ご安心ください。

文字の書き方

英語などのアルファベットと同じ表音文字で、横書きで左から読み書きする形になります。日本語と同じように単語と単語の間にスペースを設けません。また、原則、ピリオドやコンマの類は用いず、スペースで文の区切りを示すことになります。

文字の構成要素とポイント

タイ文字を構成する要素は、「子音字」「母音符号」「声調記号」が主なものとなります。
日本語では、大部分のひらがなやカタカナでは、「さ⇒s（子音）＋a（母音）」といったように、一文字だけで「子音＋母音」を表しますが、タイ文字では母音符号と子音字は、分かれた文字となっています。母音符号の位置は、子音字の上下左右に来ます。

タイ語を読むために最も重要なポイントは、音節で捉えるということです。
　タイ語の音節：子音＋母音＋声調（＋末子音）

ขอบคุณค่ะ [khɔ̀ɔp-khun khâʔ]「ありがとうございます。（女性言葉）」で、タイ文字の仕組みを簡単に見ていきましょう。

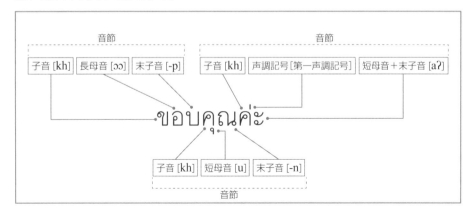

	意味 / 役割
ข	子音 [kh] の音
อ	長母音 [ɔɔ] の音
บ	末子音 [-p] の音
ค	子音 [kh] の音
◌ุ	短母音 [u] の音
ณ	末子音 [-n] の音
ค	子音 [kh] の音
◌ะ	短母音 [a] の音
◌่	声調記号（声調を変える役割）

注）○は子音字の位置

タイ文字を読むには、「子音字＋母音符号（＋声調記号）（＋末子音字）」が、それぞれの音節でどうなっているかということを常に意識し、かつ習慣化することが、特に学習の初期段階では極めて重要となります。

1 子音字

子音は พยัญชนะ [pha-yan-cha-náʔ] と言います。現在用いられている子音字は 42 あり、(頭)子音と末子音は共通の子音字を使用します。(頭)子音と末子音で異なる発音となるものもあるので、それぞれの字の（頭)子音と末子音の発音をセットで覚える必要があります。

255 子音字一覧

中子音		k / -k ก kɔɔ ไก่ kày 鶏 	c / -t จ cɔɔ จาน caan 皿 	d / -t ด dɔɔ เด็ก dèk 子ども 	d / -t ฎ dɔɔ ชฎา cha-daa 冠 	t / -t ต tɔɔ เต่า tàw 亀 	t / -t ฏ tɔɔ ปฏัก pa-tàk 棒 	b / -p บ bɔɔ ใบไม้ bay-máay 葉
高子音	対応字	kh / -k ข khɔ̌ɔ ไข่ khày 卵 		ch / - ฉ chɔ̌ɔ ฉิ่ง chìŋ 小シンバル 		th / -t ถ thɔ̌ɔ ถุง thǔŋ 袋 	th / -t ฐ thɔ̌ɔ ฐาน thǎan 台座 	
低子音	対応字	kh / -k ค khɔɔ ควาย khwaay 水牛 	kh / -k ฆ khɔɔ ระฆัง rá-khaŋ 鐘 	ch / -t ช chɔɔ ช้าง cháaŋ 象 	ch / - ฌ chɔɔ เฌอ chəə 樹 	th / -t ท thɔɔ ทหาร tha-hǎan 兵士 	th / -t ธ thɔɔ ธง thoŋ 旗 	th / -t ฑ thɔɔ มณโฑ mon-thoo モントー夫人
低子音	単独字	ŋ / -ŋ ง ŋɔɔ งู ŋuu 蛇 	n / -n น nɔɔ หนู nǔu 鼠 	n / -n ณ nɔɔ เณร neen 少年僧 	m / -m ม mɔɔ ม้า máa 馬 	y / -y ย yɔɔ ยักษ์ yák 鬼 	y / -n ญ yɔɔ หญิง yǐŋ 女性 	r / -n ร rɔɔ เรือ rɯa 船

p / -p ป pɔɔ ปลา plaa 魚 	ʔ / - อ ɔɔ อ่าง ʔàaŋ 洗面器 						
	ph / - ผ phɔ̌ɔ ผึ้ง phɯ̂ŋ 蜂 		f / - ฝ fɔ̌ɔ ฝา fǎa フタ 	s / -t ส sɔ̌ɔ เสือ sɯ̌a 虎 	s / -t ศ sɔ̌ɔ ศาลา sǎa-laa あずまや 	s / -t ษ sɔ̌ɔ ฤๅษี rɯɯ-sǐi 仙人 	h / - ห hɔ̌ɔ หีบ hìip 蓋付の箱
th / -t ฒ thɔɔ ผู้เฒ่า phûu-thâw 年長者 	ph / -p พ phɔɔ พาน phaan 食台 	ph / -p ภ phɔɔ สำเภา sǎm-phaw ジャンク船 	f / -p ฟ fɔɔ ฟัน fan 歯 	s / -t ซ sɔɔ โซ่ sôo 鎖 			h / - ฮ hɔɔ นกฮูก nók-hûuk フクロウ
l / -n ล lɔɔ ลิง liŋ 猿 	l / -n ฬ lɔɔ จุฬา cù-laa 凧 	w / -w ว wɔɔ แหวน wɛ̌ɛn 指輪 					

頭子音での発音 — k / -k — 末子音での発音
タイ文字 — ก
子音字の読み方 — kɔɔ
注）高子音の場合のみ上声（ɔ̌ɔ）。
その文字を含む代表単語 — ไก่ kày 鶏

対応字（枠線）
使用頻度が低い文字（網掛け）

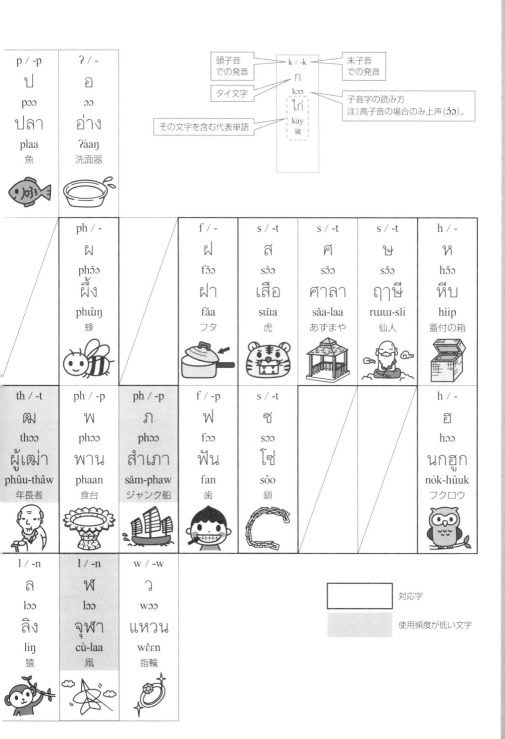

子音字の書き方

中子音

ก	จ	ด	ฎ	ต
ฏ	บ	ป	อ	

高子音

ข	ฉ	ถ	ฐ	ผ
ฝ	ส	ศ	ษ	ห

低子音

ค	ฆ	ช	ฌ	ท
ธ	ฑ	ฒ	พ	ภ
ฟ	ซ	ฮ	ง	น
ณ	ม	ย	ญ	ร
ล	ฬ	ว		

3つのグループ

子音字は全て、中子音、高子音、低子音という3つのグループのいずれかに属しています。(頭) 子音字がどのグループに属するかによって、声調規則が異なっています。詳しくは次の「声調記号」の所で学習します。

子音字の呼び方

母音 [ɔɔ] を加えて発音するとともに、その子音字が使われている決められた単語も一緒に言います。

例) ก [k] ⇒ kɔɔ-kày「鶏」の意味

同音異字 (頭子音)

(頭) 子音の発音は21であるのに対し、子音字は42あります。そのため、別冊P4～5の「子音字」表で見られるように、同じグループ (中子音、高子音、低子音) に属する文字でも、別のグループに属する文字でも1つの発音に対して複数の文字がある場合があります。

kh	ข ค ฆ	ch	ฉ ช ฌ	s	ส ศ ษ ซ	d	ด ฎ
t	ต ฏ	th	ถ ฐ ท ธ ฑ ฒ	ph	ผ พ ภ	f	ฝ ฟ
y	ย ญ	n	น ณ	l	ล ฬ	h	ห ฮ

同音異字 (末子音)

末子音の発音は9ですので、末子音にも同音異字があります。また、同じ文字でも (頭) 子音と末子音で発音が異なるものや末子音として使われない文字もあります。

同音異字有		同音異字無	
-k	ก ข ค ฆ	-ŋ	ง
-t	จ ด ต ถ ท ธ ฎ ฏ ฐ ฑ ฒ ช ซ ศ ษ ส	-m	ม
-p	บ ป พ ภ ฟ	-y	ย
-n	น ณ ญ ร ล ฬ	-w	ว

注) ・末子音として使用されない子音字：อ ฉ ฌ ผ ฝ ห ฮ

・末子音 [-ʔ] は文字としては表記されませんが、短母音で音節が終わる場合には、[-ʔ] の発音は必要となります。ただし、単語の最終音節以外の [-ʔ] は弱まる傾向があります (本体「タイ語の発音」P17～18参照)。

対応字と単独字

高子音と低子音には、同じ音を表すものの、属するグループが異なっているため、声調規則が異なっている文字があります。これらの文字は、「対応字」と呼ばれています。一方で、同じ音が高子音にない文字（低子音）は「単独字」と呼ばれています（別冊 P4 ～ 5 参照）。

対応字	kh	ch	th	ph	f	s	h
高子音	ข	ฉ	ถ ฐ	ผ	ฝ	ส ศ ษ	ห
低子音	ค ฆ	ช ฌ	ท ธ ฑ ฒ	พ ภ	ฟ	ซ	ฮ

練習 1 例（ก）のように、以下の子音字に頭子音の発音記号を入れ、グループ分けしてください。（ ）内の数字は該当する子音字の数です。

ก ข ค ฆ ง จ ฉ ช ซ ฌ ญ ฎ ฏ ฐ ฑ ฒ ณ ด ต ถ ท ธ น บ ป ผ ฝ พ ฟ ภ ม ย ร ล ว ศ ษ ส ห ฬ อ ฮ

中子音（9）	ก [k]
高子音（10）	
低子音・対応字（13）	
低子音・単独字（10）	

練習 2 以下の末子音の発音となる子音字を選び、グループ分けしてください。（ ）内の数字は該当する子音字の数です。

ก ข ค ฆ ง จ ช ซ ญ ฎ ฏ ฐ ฑ ฒ ณ ด ต ถ ท ธ น บ ป พ ฟ ภ ม ย ร ล ว ศ ษ ส ฬ

-k（4）	
-t（16）	
-p（5）	
-m（1）	
-n（6）	
-ŋ（1）	
-y（1）	
-w（1）	

2 母音符号

母音は สระ [sa-ràʔ] と言いますが、母音の音を表す母音符号は、子音字の上下左右に位置します。母音符号単独で使用されることはなく、必ず子音字とともに使用されます。

◌＝子音字　□＝末子音字

短母音				長母音			
発音記号	末子音字		補足	発音記号	末子音字		補足
	無	有			無	有	
a	◌ะ	◌ั□		aa	◌า	◌า□	
i	◌ิ	◌ิ□		ii	◌ี	◌ี□	
ɯ	◌ึ	◌ึ□		ɯɯ	◌ือ	◌ื□	
u	◌ุ	◌ุ□		uu	◌ู	◌ู□	
e	เ◌ะ	เ◌็□ เ◌□	(※1)	ee	เ◌	เ◌□	(※1)
ɛ	แ◌ะ	แ◌็□ แ◌□	(※1)	ɛɛ	แ◌	แ◌□	(※1)
ɔ	เ◌าะ	◌็อ□ ◌อ□	(※1)	ɔɔ	◌อ	◌อ□	(※1)
o	โ◌ะ	◌□	(※2)	oo	โ◌	โ◌□	
ə	เ◌อะ	เ◌ิ□	(※3)	əə	เ◌อ	เ◌ิ□ เ◌ย	(※3) (※4)

(※1)「短母音・末子音字有」の中で声調記号がある場合は、◌็ はなくなります。「長母音・末子音字有」と全く同じ表記となるため、個々の単語で発音を覚える必要があります。

(※2) 末子音字がある場合は、母音符号が表記されません。ただし、他にも母音符号が表記されないケースは複数あります（別冊 P17 ～ 22 参照）。

(※3)「短母音・末子音字有」と「長母音・末子音字有」は全く同じ表記となるため、単語毎に個別に発音を確認する必要があります。

(※4) 末子音字が ย の場合は เ○ย となり、◌ิ がなくなります。

同じ符号（例：ะ ／ า ／ เ など）が複数の発音で使用されますので、セットで覚える必要があります。

この表にある母音符号以外にも「二重母音」や「母音＋子音」「子音＋母音」を表すものもあります。

256 母音符号使用例

短母音			長母音		
発音記号	末子音字		発音記号	末子音字	
	無	有		無	有
a	กะ kàʔ 予定する	ดัง daŋ 有名な	aa	นา naa 田	งาน ŋaan 仕事
i	ติ tìʔ 非難する	กิน kin 食べる	ii	ปี pii 年	ปีน piin 登る
ɯ	ตึ tɯ̀ʔ 臭う	จึง cɯŋ だから	ɯɯ	มือ mɯɯ 手	ยืน yɯɯn 立つ
u	ดุ dùʔ 厳しい／叱る	ยุง yuŋ 蚊	uu	งู ŋuu ヘビ	รูป rûup 写真
e	เตะ tèʔ 蹴る	เย็น yen 冷たい เล่น lên 遊ぶ	ee	เท thee 捨てる	เอง ʔeeŋ 自分で
ɛ	แกะ kɛ̀ʔ 羊	แข็ง khɛ̌ŋ 固い แล่น lɛ̂n 進む	ɛɛ	แก kɛɛ あなた	แตง tɛɛŋ 瓜
ɔ	เกาะ kɔ̀ʔ 島	ช็อก chɔ́k ショック บ่อน bɔ̀n 賭場	ɔɔ	งอ ŋɔɔ 曲がっている	คอย khɔɔy 待つ
o	โปะ pòʔ （パウダーなどを）つける	จน con 貧しい	oo	โบ boo リボン	โคน khoon 木の根元
ə	เยอะ yə́ʔ たくさん	เงิน ŋən お金	əə	เธอ thəə あなた	เคย khəəy ～したことがある

二重母音

◌=子音字　□=末子音字

					末子音字		(※1)
					無	有	
ia	เ◌ีย	ɯa	เ◌ือ	ua	◌ัว	◌ว□	
iaʔ	เ◌ียะ	ɯaʔ	เ◌ือะ	uaʔ	◌ัวะ		(※2)

（※ 1）ua のみ、末子音字の有無で形が異なります。
（※ 2）タイ語の二重母音は原則［ia/ua/ɯa］の３つですが、２番目の母音を明確に短く発音する場合に使用される母音符号もあります。ただし、外来語や擬音語など、使用する単語は限られています。

7

発音記号	末子音字 無	末子音字 有	発音記号	
ia	เสีย sǐa 壊れる	เดียว diaw １つだけ	iaʔ	เจี๊ยะ cíaʔ 食べる
ɯa	เรือ rɯa 船	เรือน rɯan （タイ式の）家	ɯaʔ	ほとんど使用例がありません
ua	ตัว tua 体	ดวง duaŋ 運命	uaʔ	ผัวะ phùaʔ ビシッ（頬を平手打ちする時の擬音語）

8

母音＋子音

「母音＋子音」をセットで表すものもあります。

◌=子音字

am	◌ำ	同音異字 ◌ัม があります。例）กำ [kam] 握る กัมพูชา [kam-phuu-chaa] カンボジア
aw	เ◌า	
ay	ไ◌	この文字は［sa-rà-ʔay máy-ma-laay］と呼ばれます。
ay	ใ◌	この文字は［sa-rà-ʔay máy-múan］と呼ばれます。 ・使用されるのは 20 単語のみです（次ページ参照）。

59

母音符号使用例

am	ทำ	tham	する	จำ	cam	覚える
aw	เรา	raw	私たち	เกา	kaw	掻く

ay	ไป	pay	行く	ไฟ	fay	火

260 (※) ใ◌ が使用される単語（20 単語のみ）

ใกล้	klâay	近い	ใคร	khray	誰？	ใคร่	khrây	欲する
ใจ	cay	心	ใช่	chây	そう	ใช้	cháy	使う
ใด	day	いかなる	ใต้	tây	下／南	ใน	nay	中
ใบ	bay	葉	ใบ้	bây	言葉の不自由な	ใฝ่	fày	願う
ใย	yay	繊維	ใส	sǎy	澄んだ	ให้	hây	あげる
สะใภ้	sà-pháy	嫁	ใส่	sày	着る／入れる	ใหญ่	yày	大きい
ใหม่	mày	新しい	หลงใหล	lǒŋ-lǎy	夢中になる			

261 子音＋母音

使用する単語はごく一部に限られますが、子音＋母音をセットで表す独自の符号もあります。

ฤ [rɯ / ri / rəə]

ฤดู	rɯ́-duu	季節	ฤกษ์	rə̂ək	吉日／時
อังกฤษ	ʔaŋ-krìt	イギリス	ทฤษฎี	thrít-sa-dii	理論

ฦๅ [rɯɯ]

ฤๅษี	rɯɯ-sǐi	仙人

母音符号に関する注意点

262 子音字にも母音符号にもなる文字

ย/ว/อ は子音字であるとともに、母音符号の一部としても使われています。

子音字として			母音符号として		
ยา	yaa	薬	เสีย	sǐa	壊れる
วัน	wan	日	ตัว	tua	体
อา	ʔaa	おじ／おば	รอ	rɔɔ	待つ

3 末子音字／声調記号の有無で変化する母音符号

末子音字の有無、さらには末子音字がある場合における声調記号の有無によって、母音符号の形が異なる場合があります。

	末子音字無			末子音字有＋声調記号無			末子音字有＋声調記号有		
a	กะ	kàʔ	予定する	กัน	kan	一緒に	――――		
ɯɯ	มือ	mɯɯ	手	มืด	mɯ̂ɯt	暗い	――――		
e	เตะ	tèʔ	蹴る	เก็บ	kèp	片づける	เก่ง	kèŋ	上手な
ɛ	และ	lɛ́ʔ	～と～	แข็ง	khɛ̌ŋ	固い	แข่ง	khɛ̀ŋ	試合をする
o	โต๊ะ	tóʔ	机	คน	khon	人	――――		
ɔ	เงาะ	ŋɔ́ʔ	ランブータン	ม็อบ	mɔ́p	集まり	ค่อย	khɔ̂y	あとで
ə	เถอะ	thə̀ʔ	～しよう	เงิน	ŋən	金	――――		
əə	เจอ	cəə	会う	เดิน	dəən	歩く	――――		
				เคย	khəəy	～したことがある（末子音字が ย の場合のみ）			
ua	หัว	hǔa	頭	หวย	hǔay	不法なクジ	――――		

4 ◌็ : ไม้ไต่คู้ [máy tày-khúu]

เ / แ / อ のみに付く、短母音を表す符号です。末子音字がある場合のみ表記します。ただし、声調記号がある場合は、表記されません。

例 ◌็ が付く場合と付かない場合

	声調記号無			声調記号有		
e	เก็ง	keŋ	緊張する	เก่ง	kèŋ	上手い
ɛ	แข็ง	khɛ̌ŋ	固い	แข่ง	khɛ̀ŋ	試合をする
ɔ	ล็อก	lɔ́k	ロックする	ค่อย	khɔ̂y	あとで

5 短母音と長母音の同一表記

◌็ は声調記号がある場合は表記されなくなるため、短母音と長母音が同じ表記となります。

	短母音（末子音字＋声調記号有）			長母音		
e と ee	เล่น	lên	遊ぶ	เลว	leew	悪い
ɛ と ɛɛ	แล่น	lɛ̂n	船が進む	แล้ว	lɛ́ɛw	それから
ɔ と ɔɔ	บ่อน	bɔ̀n	賭場	บอก	bɔ̀ɔk	言う

266 əについては末子音字があれば、短母音と長母音が同じ表記となります。

	短母音（末子音字有）			長母音		
ə と əə	เงิน	ŋən	お金	เดิน	dəən	歩く

3 声調記号

タイ語の声調は５つですが、声調の変化を表す声調記号は４つあります。これらの記号がどういった影響を及ぼすかは、子音字のグループ（中子音、高子音、低子音）によって異なりますので、「声調規則表」でご確認ください。

267

◌่	ไม้เอก	máy-ʔèek	第１声調記号
◌้	ไม้โท	máy-thoo	第２声調記号
◌๊	ไม้ตรี	máy-trii	第３声調記号
◌๋	ไม้จัตวา	máy-càt-ta-waa	第４声調記号

声調規則

<table>
<tr><td colspan="2">声調記号</td><td colspan="3">なし</td><td>第１（่）</td><td>第２（้）</td><td>第３（๊）</td><td>第４（๋）</td></tr>
<tr><td colspan="2" rowspan="2">音節末</td><td>平音節</td><td colspan="2">促音節</td><td colspan="4" rowspan="2">共通</td></tr>
<tr><td>-m/-n/-ŋ/-y/-w/
長母音 / 二重母音</td><td colspan="2">-k/-t/-p
-ʔ（＝短母音）</td></tr>
<tr><td rowspan="4">子音グループ</td><td>中子音</td><td>平声</td><td colspan="2">ˋ
低声</td><td>ˋ
低声</td><td>ˆ
下声</td><td>ˊ
高声</td><td>ˇ
上声</td></tr>
<tr><td>高子音</td><td>ˇ
上声</td><td colspan="2">ˋ
低声</td><td>ˋ
低声</td><td>ˆ
下声</td><td></td><td></td></tr>
<tr><td rowspan="2">低子音</td><td rowspan="2">平声</td><td>短母音</td><td>長母音</td><td rowspan="2">ˆ
下声</td><td rowspan="2">ˊ
高声</td><td rowspan="2"></td><td rowspan="2"></td></tr>
<tr><td>ˊ
高声</td><td>ˆ
下声</td></tr>
</table>

声調確認手順

（1）子音字のグループを確認（中子音 or 高子音 or 低子音）

（2）声調記号の有無を確認
　　声調記号がある場合は「声調規則」表の「共通」ルールに従う。

（3）声調記号がない場合は、末子音などで音節の種類（平音節 or 促音節）を確認
　　平音節：-m/-n/-ŋ/-y/-w/ 長母音 / 二重母音で終わる音節
　　促音節：-k/-t/-p/-ʔ（＝短母音）で終わる音節
　　＋低子音＋促音節の場合は、短母音 or 長母音かを確認

声調例

声調記号		なし		第１（ ่ ）	第２（ ้ ）	第３（ ๊ ）	第４（ ๋ ）
音節末		平音節 -m/-n/-ŋ/-y/-w/ 長母音／二重母音	促音節 -k/-t/-p -ʔ（＝短母音）	共通			
子音グループ	中子音	a ปู puu カニ จาน caan 皿 平声	d จะ càʔ ～しようとする ปาก pàak 口 低声	h แต่ tὲɛ しかし เก่ง kèŋ 上手 低声	k ป้า pâa おばさん กุ้ง kûŋ エビ 下声	n ตื๊อ túɯɯ 粘る เกี๊ยว kíaw ワンタン 高声	o เก๋ kěe オシャレ ตั๋ว tǔa 切符 上声
	高子音	b ขาว khǎaw 白 สวย sǔay きれい 上声	e เถอะ thə̀ʔ ～しよう？ สิบ sìp 10 低声	i ข่าว khàaw ニューズ สั่ง sàŋ 注文する 低声	l ข้าว khâaw ご飯 เส้น sên 麺 下声		
	低子音	c มา maa 来る นาน naan 長い 平声	短母音：f รัก rák 愛する คิด khít 考える 高声 長母音：g เรียก rîak 呼ぶ มาก mâak たくさん 下声	j วิ่ง wîŋ 走る ยุ่ง yûŋ 忙しい 下声	m ม้า máa 馬 ช้าง cháaŋ 象 高声		

注）上記 a ～ o は、練習３を行う際に参照してください。

一部例外もあります。

		実際の発音	文字通りの発音
สำเร็จ	成功する	sǎm-rèt	sǎm-rét
สำรวจ	調べる	sǎm-rùat	sǎm-rûat
ตำรวจ	警察	tam-rùat	tam-rûat

第 1 音節目が短母音で終わる場合、第 1 音節目が文字通りの声調ではなく、平声で発音されることが多くあり、その場合、本書では平声で表記しています。

		実際の発音	文字通りの発音記号
สะพาน	橋	sa-phaan	sà-phaan
ตะเกียบ	箸	ta-kìap	tà-kìap
ประหยัด	節約する	pra-yàt	prà-yàt
ทะเล	海	tha-lee	thá-lee

270 **練習 3** (1) ～ (40) のタイ語の発音を発音記号で書いてください。

(1) ดี
(2) ขอ
(3) มา
(4) ฝน
(5) กิน
(6) รวย
(7) เก่า
(8) อุ่น
(9) ถั่ว
(10) ฝุ่น
(11) ย่า
(12) แว่น
(13) ได้
(14) ต้ม
(15) เสื้อ
(16) ขึ้น
(17) ซื้อ
(18) ยิ้ม
(19) โต๊ะ
(20) ก๋วยเตี๋ยว
(21) ดุ
(22) เปิด
(23) เหาะ
(24) ฝาก
(25) และ
(26) คิด
(27) ชอบ
(28) ยาก
(29) เด็ก
(30) ข้าว
(31) ช่วย
(32) โจ๊ก
(33) เฉยเมย
(34) ทุกวัน
(35) ปากกา
(36) ที่สุด
(37) แข่งขัน
(38) คนจน
(39) ภาษา
(40) ไก่ย่าง

4 子音字＋子音字

母音符号がなく、子音字が連続して表記されることがタイ語では数多く見られます。子音字の連続はいくつかのパターンに分類されますが、それらを読み解くためには、音節単位でタイ語を捉えるということが非常に重要になります。
なお、ここでは連続する 1 番目の子音字を「第 1 子音字」、2 番目の子音を「第 2 子音字」と呼びます。

(1) 二重子音

・子音字 2 文字を連続して表記します。
・声調規則は第 1 子音字によって決定します。

中子音	กร kr	กล kl	ตร tr	ปร pr	ปล pl	กว kw
高子音	ขร khr	ขล khl			ผล phl	ขว khw
低子音	คร khr	คล khl		พร phr	พล phl	คว khw

กร	kr	โกรธ	kròot	怒る	กรุง	kruŋ	都
กล	kl	กลับ	klàp	帰る	กลอน	klɔɔn	詞
กว	kw	กวาด	kwàat	掃く	กว้าง	kwâaŋ	広い
ตร	tr	ตรา	traa	印	ตรง	troŋ	まっすぐ
ปร	pr	แปรง	prɛɛŋ	ブラシ	ปรับ	pràp	調整する
ปล	pl	ปลา	plaa	魚	ปลูก	plùuk	植える
ขร	khr	ขรุขระ	khrù-khràʔ	凸凹	ขรึม	khrɯ̌m	クールな
ขล	khl	ขลาด	khlàat	臆病	ขลุ่ย	khlùy	笛
ขว	khw	ขวาน	khwǎan	斧	ขวา	khwǎa	右
ผล	phl	ผลิ	phliʔ	咲く	แผล	phlɛ̌ɛ	傷
คร	khr	ครั้ง	khráŋ	回	ครู	khruu	先生
คล	khl	คลาน	khlaan	這う	คลอง	khlɔɔŋ	運河
คว	khw	ควาย	khwaay	水牛	ควัน	khwan	煙
พร	phr	พระ	phráʔ	お坊さん	พรม	phrom	カーペット
พล	phl	เพลง	phleeŋ	歌	พลอย	phlɔɔy	ルビー

注）MP3 には「二重子音＋ ɔɔ」で収録しています。

綴りとしては、これらの二重子音の組み合わせとなりますが、例外的な読み方をする場合もあります。→「(4) 固有の a」参照

272

		a を入れて発音	文字通りの発音
กรุณา	～してください	ka-rú-naa	kru-naa
กวี	詩人	ka-wii	kwii
ผลิต	生産する	pha-lìt	phlìt
อันตราย	危ない	ʔan-ta-raay	ʔan-traay

(2) ห＋低子音・単独字（ง / น / ม / ย / ญ / ร / ล / ว）⇒高子音化

・第 1 子音字＝ ห、第 2 子音字＝低子音・単独字の場合、高子音と同じ声調規則が適用されます。

・ห は発音しません。

273

หง	หงาย	ŋǎay	仰向け	เหงา	ŋǎw	寂しい
หญ	หญิง	yǐŋ	女	ใหญ่	yày	大きい
หน	หนู	nǔu	ネズミ	หนา	nǎa	厚い
หม	หมา	mǎa	犬	ใหม่	mày	新しい
หย	หยุด	yùt	止まる	เหยียบ	yìap	踏む
หร	หรือ	rɯ̌ɯ	または	หรี่	rìi	下げる
หล	หลาย	lǎay	色々	แหลม	lɛ̌ɛm	とがっている
หว	ไหว	wǎy	動く	หวาน	wǎan	甘い

(3) อ ＋ ย ⇒ 中子音化

・第 1 子音字＝ อ、第 2 子音字＝ ย の場合、中子音と同じ声調規則が適用されます。

・ただし、このケースは以下の 4 単語のみです。

・อ は発音しません。

274

อยาก	yàak	～したい	อย่า	yàa	～するな
อยู่	yùu	いる / ある	อย่าง	yàaŋ	～のような

(4) 固有の a

子音字が連続するケースの中で、（1）～（4）のルールを当てはめて読もうとしてみても、第 1 子音字が 1 文字余ってしまっている綴りの単語もよく見られます。

このケースでは、基本は第 1 子音字と第 2 子音字の間に a を入れて、「第 1 子音字＋a（平声）」で第 1 音節として読み、第 2 音節は第 2 子音字の声調規則に従います。

สบาย	sa-baay	快適な	ทหาร	tha-hǎan	軍人
อธิบาย	ʔa-thí-baay	説明する	ขบวน	kha-buan	パレード
ธนาคาร	tha-naa-khaan	銀行	ชบา	cha-baa	ハイビスカス

ただし、**以下の組み合わせの場合は、第２音節の声調規則が変化**します。

第１音節			第２音節	
第１子音字		声調	第２子音字	声調
中子音	a	平声	低子音・単独字 ง / น / ม / ย / ญ / ร / ล / ว	中子音化
高子音	a	平声	低子音・単独字 ง / น / ม / ย / ญ / ร / ล / ว	高子音化

			第１子音字	第２子音字（低子音・単独字）
ตลาด	ta-làat	市場	中子音	ล の中子音化
จมูก	ca-mùuk	鼻	中子音	ม の中子音化
ขนม	kha-nǒm	お菓子	高子音	น の高子音化
สนุก	sa-nùk	楽しい	高子音	น の高子音化
ขยัน	kha-yǎn	勤勉な	高子音	ย の高子音化

一部例外もあります。

		実際の発音	文字通りの発音
สมาคม	協会	sa-maa-khom	sa-mǎa-khom
ขมา	許す	kha-maa	kha-mǎa

(5) 短母音［o］・末子音字・有

母音符号で見た通り、「短母音［o］・末子音字有」となっている音節では、母音符号が表記されないため、子音字が連続して表記されていることになります（別冊 P9 参照）。

คน	khon	人	ผม	phǒm	私（男性）
สด	sòt	新鮮な			

279 **練習 4** (1) ～ (20) は、「子音字＋子音字」となっている単語です。これらの単語の発音を、ヒントを参考にしながら、発音記号で書いてください。

		ヒント			ヒント
(1)	หนัง	(2) 高子音化	(11)	กลืน	(1) 二重子音
(2)	เหงื่อ	(2) 高子音化	(12)	เปรี้ยว	(1) 二重子音
(3)	หม้อ	(2) 高子音化	(13)	ตรวจ	(1) 二重子音
(4)	เหล็ก	(2) 高子音化	(14)	พริก	(1) 二重子音
(5)	หยก	(2) 高子音化	(15)	เผลอ	(1) 二重子音
(6)	ตลก	(4) 固有の a	(16)	สบู่	(4) 固有の a
(7)	สวัสดี	(4) 固有の a	(17)	ฉบับ	(4) 固有の a
(8)	ผลิต	(4) 固有の a	(18)	คณะ	(4) 固有の a
(9)	อร่อย	(4) 固有の a	(19)	รหัส	(4) 固有の a
(10)	ปรอท	(4) 固有の a	(20)	ขบวน	(4) 固有の a

5 その他のルール

ここまで見てきた基本ルールに加え、いくつかの例外的ルールもあります。

280 **(1) 再読文字**

子音字 1 文字が①末子音、②(頭)子音として、2 回読まれることがあります。その場合、②(頭)子音の音節では「a（平声）」を加えて読みます。

ผลไม้	phǒn-la-máy	果物	คุณภาพ	khun-na-phâap	品質
ชนบท	chon-na-bòt	田舎	รัฐบาล	rát-tha-baan	政府
สกปรก	sòk-ka-pròk	汚い			

注）再読をしなくも音節として文字上は成立しており、本来の読み方と違った読み方で読むこともできてしまうので、注意が必要です。どの単語で再読文字が適用されているかは個別に覚える必要があります。

(2) ร

รにはさまざまな特別ルールがあります。いずれも例外的なルールですので、(a) ～ (g) のルールが適用されている単語は個別に覚える必要があります。

(a) 子音字＋รร ⇒ รร = an（รร は ร หัน [rɔɔ-hǎn] と呼ばれています）
an と発音することがあります。

| กรรไกร | kan-kray | はさみ | บรรยากาศ | ban-yaa-kàat | 雰囲気 |
| ภรรยา (※) | phan-ra-yaa | 妻 | | | |

（※）「(1) 再読文字」のルールも適用されています。

(b) 子音字＋รร＋末子音字 ⇒ รร = a
a と発音することがあります。

| ธรรมดา | tham-ma-daa | 普通 | กรรม | kam | 行い／目的語 |
| พรรค | phák | 党 | | | |

(c) จ／บ／ท／ธ／ม＋ร = ɔɔ
จ／บ／ท／ธ／ม（第1子音字）の後に、ร（第2子音字）が連続して続く場合、第1子音字と第2子音字（ร）の間に [ɔɔ] を入れて、「第1子音字＋ [ɔɔ]（平声）」で第1音節として読むことがあります。

| บริษัท | bɔɔ-ri-sàt | 会社 | ทรมาน | thɔɔ-ra-maan | 苦しい |
| มรดก | mɔɔ-ra-dòk | 遺産 | | | |

(d) ɔɔn
子音字に母音符号がなく、末子音字が ร となっている場合は、「ɔɔn（平声）」と読むことがあります。

| ละคร | lá-khɔɔn | ドラマ | อวยพร | ʔuay-phɔɔn | 祝う |
| พิธีกร | phí-thii-kɔɔn | 司会者 | | | |

(e) ทร = s
この組み合わせで、s と読むことがあります。

| ทราบ | sâap | 承知する | ทราย | saay | 砂 |
| ทรุด | sút | 崩れる | | | |

以下のケースでは ร を発音しないことがあります。

286 (f) 発音しない第２子音字 ร
声調記号等は、ร の上に表記されます。

สร	เสร็จ	sèt	できあがる
	สระ	sàʔ	池（※）
ศร	เศร้า	sâw	悲しい
ซร	ไซร้	sáy	そのような
จร	จริง	ciŋ	本物

（※）母音を意味する sa-ràʔ と全く同じ綴りで、文脈によって、読み方が異なります。

287 (g) 発音しない末子音字 ร

โทร.	thoo	電話する	สามารถ	sǎa-mâat	能力がある
สมัคร	sa-màk	応募する			

288 **(3) 末子音字の ◌ิ / ◌ุ**

末子音字に付いた母音符号 ◌ิ / ◌ุ は発音せずに、末子音字だけを発音することがあります。

เหตุ	hèet	理由／原因	ญาติ	yâat	親戚

(4) ก็

◌็ は原則、母音の上に付く記号ですが、ก็「〜も」だけに限り子音字の上に付き、kɔ̂ɔ と読みます。

(5) 同音異字

発音は同じですが、文字や声調記号が異なることで意味も異なる「同音異字語」があります。単語によって、使用する文字は決まっているので、個別に覚える必要があります。

289 子音字の違いで同じ発音

khâa	ค่า	価値	khâa	ฆ่า	殺す

290 声調記号の違いで同じ発音

thâa	ถ้า	もし	高子音字に ◌้ máy-thoo
thâa	ท่า	港	低子音字に ◌่ máy-ʔèek

声調記号と ห による高子音化により同じ発音

yâa	ย่า	お婆さん	低子音・単独字＋◌่ máy-ʔèek
yâa	หญ้า	草	ห ＋低子音・単独字＋◌้ máy-thoo
nâa	น่า	〜そうだ	低子音・単独字＋◌่ máy-ʔèek
nâa	หน้า	顔、季節	ห ＋低子音・単独字＋◌้ máy-thoo
nîi	นี่	これ	低子音・単独字◌่ máy-ʔèek
nîi	หนี้	借金	ห ＋低子音・単独字＋◌้ máy-thoo

練習 5 （1）〜（20）には、「その他のルール」（別冊 P20 〜 22）の一部が適用されている単語です。これらの単語の発音を、ヒントを参考にしながら、発音記号で書いてください。

		ヒント（別冊 P20 〜 22 での該当箇所）
(1)	ศีรษะ	(2) — (f) 発音しない ร
(2)	กิจการ	(1) 再読文字
(3)	ทรวดทรง	(2) — (e) ทร
(4)	จริง	(2) — (f) 発音しない ร
(5)	บริษัท	(2) — (c) จ / บ / ท / ธ / ม + ร
(6)	วิทยุ	(1) 再読文字
(7)	มรดก	(2) — (c) จ / บ / ท / ธ / ม + ร と (1) 再読文字
(8)	ละคร	(2) — (d) 末子音字の ร
(9)	พิธีกร	(2) — (d) 末子音字の ร
(10)	อวยพร	(2) — (d) 末子音字の ร
(11)	บรรทุก	(2) — (a) 子音字＋ รร
(12)	อัยการ	(1) 再読文字
(13)	ธรรมดา	(2) — (b) 子音字＋ รร ＋末子音字と (1) 再読文字
(14)	บรรยาย	(2) — (a) 子音字＋ รร

(15)	สร้อย	(2) — (f)	発音しない ร
(16)	สุขภาพ	(1)	再読文字
(17)	สรง	(2) — (f)	発音しない ร
(18)	สร้าง	(2) — (f)	発音しない ร
(19)	เสริม	(2) — (f)	発音しない ร
(20)	เศรษฐี	(2) — (f)	発音しない ร

6 よく使われる記号など

(293) 以下の記号は、タイ語の文章の中でよく使われます。

◌์	ไม้ทัณฑฆาต	máy-than-tha-khâat	この記号が付いた文字は発音しません。
ๆ	ไม้ยมก	máy-ya-mók	語句の反復を意味する記号で、この記号の前後にはスペースを入れます。
ฯ	ไปยาลน้อย	pay-yaan nɔ́ɔy	長い言葉を略した時に用いる記号です。
ฯลฯ	ไปยาลใหญ่	pay-yaan yày	「〜など」を表すもので、[lɛ́ʔ ʔɯ̀ɯn-ʔɯ̀ɯn] と読みます。

(294)
เบียร์	bia	ビール	เร็วๆ	rew-rew	早く
แอร์	ʔɛɛ	エアコン	กรุงเทพฯ	kruŋ-thêep	バンコク
จริงๆ	ciŋ-ciŋ	本当	นายกฯ	naa-yók	首相

ในตู้เย็นมีไข่ นม เต้าหู้ ฯลฯ
nay tûu-yen mii khày nom tâw-hûu lɛ́ʔ ʔɯ̀ɯn-ʔɯ̀ɯn
冷蔵庫の中に卵や牛乳や豆腐などがあります。

5 **練習 6** 記号に注意して、(1) ～ (10) のタイ語の発音を発音記号で書いてください。

(1) รถเมล์
(2) โทรศัพท์
(3) วันอาทิตย์
(4) สัมพันธ์
(5) การ์ตูน
(6) สตางค์
(7) เด็ก ๆ
(8) ไป ๆ มา ๆ
(9) ใกล้ ๆ
(10) ข้าง ๆ

慣用発音

実際のタイ語では、タイ文字の規則による本来の発音から、母音の長短や声調などが変化した発音が一般的になっているもの（慣用発音）もあります。本編（第 1 課～第 12 課）での発音記号の表記では、一部慣用発音を採用しており、以下は慣用発音の一部事例となります。なお、タイ文字（別冊）では規則通りの発音記号としています。

6

	文字通りの発音		慣用発音	
ห้องน้ำ	hɔ̂ŋ-nám	⇒	hɔ̂ŋ-náam（※）	トイレ
ดิฉัน	dì-chǎn	⇒	di-chán	私（女性）
ไหม	mǎy	⇒	máy	～ますか？
หนังสือ	nǎŋ-sɯ̌ɯ	⇒	náŋ-sɯ̌ɯ	本
หรือเปล่า	rɯ̌ɯ-plàw	⇒	rɯ́-plàaw	～ですか？
เขา	khǎw	⇒	kháw	彼 / 彼女

（※）น้ำ は単語によっては、文字通りの［nám］と発音されます。น้ำปลา［nám-plaa］のように単語の最初に来る場合によく見られます。

練習問題の解答

発音について

練習2 (003) (12ページ)

(1) ɯ　(2) ɛ　(3) ɔ　(4) ə　(5) aa　(6) u　(7) e　(8) oo

練習7 (012) (17ページ)

(1) kay　(2) phii　(3) thoo　(4) cəə　(5) lɯa　(6) ŋii　(7) yii　(8) wua

練習9 (020) (20ページ)

(1)	maa máy	来ますか？
(2)	mây maa	来ません。
(3)	mày máy	新しいですか？
(4)	mây mày	新しくないです。
(5)	bâan mày máy	家が新しいですか？
(6)	bâan mây mày	家が新しくないです。
(7)	sɯ̂a yâa sǔay máy	祖母の服はきれいですか？
(8)	sɯ̂a yâa mây sǔay	祖母の服はきれいではないです。

練習11 (022) (20ページ)

(1) bâan　(2) nát　(3) rɔ́ɔŋ　(4) yâat　(5) yaaŋ

練習13 (024) (21ページ)

(1)	ʔaa duu puu nay naa	叔父が田んぼの中のカニを見ている。
(2)	thəə tham-ŋaan yùu	彼女は仕事中だ。
(3)	pay thîaw kɔ̀ʔ kan thə̀ʔ	島に遊びに行こう。
(4)	wua tua too nâa-klua	大きい牛が怖そう。
(5)	chaa ciin ní-yom	中国茶が人気だ。
(6)	khon yîi-pùn chɔ̂ɔp mɯaŋ-thay	日本人はタイが好きだ。
(7)	kɛɛŋ phèt pèt yâaŋ ʔa-rɔ̀y	焼きアヒルのカレーがおいしい。
(8)	dèk kee-ree mák cha-làat	いたずらっ子は、賢い子が多い。
(9)	phîi ʔaa-yúʔ sìp-ʔèt pii	姉 / 兄は 11 歳だ。
(10)	tha-lee sǐi-fáa sǔay	海が青くてきれいだ。

第1課

練習1 (29ページ)

(1)

すみませんが、	あなたの 彼 / 彼女の (あなたの) 先生の (あなたの) 友達の	名前 名字 あだ名	は何ですか?

(2)

私(女性) 私(男性) 彼 / 彼女 先生 友達	の名前は	ナッダー 啓太郎 ウィナイ ワンマー 直美	です。

練習2 質問 (035) + 解答例 (036) (質は質問の訳) (29ページ)

(1) 質 あなたの名前は何ですか?

ดิฉันชื่อนัดดา ค.　　私の名前はナッダーです。

di-chán chûuɯ nát-daa kh.

(2) 質 名字は何ですか?

นามสกุลวิภากาญ ค.　　名字はウィパーカーンです。

naam-sa-kun wí-phaa-kaan kh.

(3) 質 あだ名は何ですか?

ชื่อเล่นชื่อนัด ค.　　あだ名はナッです。

chûuɯ-lên chûuɯ nát kh.

(4) 質 あなたの先生の名前は何ですか?

อาจารย์ชื่อวินัย ค.　　先生の名前はウィナイです。

ʔaa-caan chûuɯ wí-nay kh.

(5) 質 あなたの先生の名字は何ですか?

อาจารย์นามสกุลสุขสำราญ ค.　　先生の名字はスッサムラーンです。

ʔaa-caan naam-sa-kun sùk-sǎm-raan kh.

(6) 質 友達の名前は何ですか?

เพื่อนชื่อวันมาฆ์ ค.　　友達の名前はワンマーです。

phûan chûuɯ wan-maa kh.

(7) 質 友達のあだ名は何ですか?

เพื่อนชื่อเล่นชื่อวัน ค.　　友達のあだ名はワンです。

phûan chûuɯ-lên chûuɯ wan kh.

練習 3 スクリプトⒶ 037 ＋ 解答例Ⓑ 038 (29 ページ)

(1)	Ⓐ สวัสดี ค.	sa-wàt-dii kh.	おはようございます。
	Ⓑ สวัสดี ค.	sa-wàt-dii kh.	おはようございます。
(2)	Ⓐ หวัดดี ค.	wàt-dii kh.	おはようございます。
	Ⓑ หวัดดี ค.	wàt-dii kh.	おはようございます。
(3)	Ⓐ ไปไหนมา ค.	pay nǎy maa kh.	どこに行ってきましたか？
	Ⓑ ไปแถวนี้มา ค.	pay thɛ̌w-níi maa kh.	この辺に行ってきました。
(4)	Ⓐ กินข้าวหรือยัง ค.	kin khâaw rʉ́-yaŋ kh.	ご飯を食べましたか？
	Ⓑ กินแล้ว ค.	kin lɛ́ɛw kh.	食べました。
(5)	Ⓐ สบายดีหรือเปล่า ค.	sa-baay dii rʉ́-plàaw kh.	お元気ですか？
	Ⓑ สบายดี ค.	sa-baay dii kh.	元気です。
(6)	Ⓐ วันนี้เป็นไง ค.	wan-níi pen ŋay kh.	今日はどうでしたか？
	Ⓑ เรื่อยๆ ค.	rʉ̂ay-rʉ̂ay kh.	まあまあです。
(7)	Ⓐ ยินดีที่ได้รู้จัก ค.	yin-dii thîi dâay rúu-càk kh.	初めまして。
	Ⓑ เช่นกัน ค.	chên-kan kh.	こちらこそ。
(8)	Ⓐ ขอบคุณ ค.	khɔ̀ɔp-khun kh.	ありがとうございます。
	Ⓑ ยินดี ค.	yin-dii kh.	喜んで。
(9)	Ⓐ ขอบใจ ค.	khɔ̀ɔp-cay kh.	ありがとう。
	Ⓑ ไม่เป็นไร ค.	mây-pen-ray kh.	気にしないでください。
(10)	Ⓐ โทษนะ ค.	thôot náʔ kh.	すみません。
	Ⓑ ไม่เป็นไร ค.	mây-pen-ray kh.	気にしないでください。
(11)	Ⓐ ขอโทษ ค.	khɔ̌ɔ-thôot kh.	ごめんなさい。
	Ⓑ ไม่เป็นไร ค.	mây-pen-ray kh.	気にしないでください。
(12)	Ⓐ กลับก่อนนะ ค.	klàp kɔ̀ɔn náʔ kh.	お先に。
	Ⓑ เชิญ ค.	chəən kh.	どうぞ。
(13)	Ⓐ แล้วเจอกันใหม่ ค.	lɛ́ɛw cəə kan mày kh.	また会いましょう。
	Ⓑ แล้วเจอกันใหม่ ค.	lɛ́ɛw cəə kan mày kh.	また会いましょう。

(14)	Ⓐ โชคดี ค.	chôok dii kh.	お元気でね。
	Ⓑ ขอบคุณ ค.	khɔ̀ɔp-khun kh.	ありがとうございます。
(15)	Ⓐ กลับบ้านดีๆนะ ค.	klàp bâan dii-dii náʔ kh.	気をつけて帰ってくださいね。
	Ⓑ ขอบคุณ ค.	khɔ̀ɔp-khun kh.	ありがとうございます。

第2課

練習1 (36ページ)

(1)

私（女性）は 私（男性）は 彼／彼女は	日本人 タイ人 中国人 東京人 先生 大学生 会社員	です。

(2)

私（女性）は 私（男性）は 彼／彼女は	ホテル 日本の会社 銀行 バンコク チェンライ 大阪 大学 タイ語学校	で	働く。 生まれる。 勉強する。

練習2 質問 (049) ＋ 解答例 (050) (37ページ)

(1) 質 あなたは、何人ですか？

เป็นคนญี่ปุ่น　日本人です。

pen khon yîi-pùn

(2) 質 あなたは、どこで生まれましたか？

เกิดที่โตเกียว　東京生まれです。

kə̀ət thîi too-kiaw

(3) 質 あなたの仕事は、何ですか？

เป็นพนักงานบริษัท　会社員です。

pen pha-nák-ŋaan bɔɔ-ri-sàt

(4) 質 あなたは、どこで働いていますか？

ทำงานที่โตเกียว　東京で働いています。

tham-ŋaan thîi too-kiaw

(5) 質 あなたは、どこでタイ語を勉強していますか？

เรียนภาษาไทยที่โรงเรียนภาษาไทย　タイ語学校でタイ語を勉強しています。

rian phaa-sǎa thay thîi rooŋ-rian phaa-sǎa thay

練習 3　質問Ⓐ 051 ＋ 解答例Ⓑ 052　(37 ページ)

(1)	Ⓐ คุณนัดดาเป็นคนที่ไหน	khun nát-daa pen khon thîi-nǎy	ナッダーさんはどちらの出身ですか？
	Ⓑ คุณนัดดาเป็นคนเชียงราย	khun nát-daa pen khon chiaŋ-raay	ナッダーさんは、チェンライ人です。
(2)	Ⓐ คุณเคตาโรทำงานที่ไหน	khun khee-taa-rôo tham-ŋaan thîi-nǎy	啓太郎さんは、どこで働いていますか？
	Ⓑ คุณเคตาโรทำงานที่โรงเรียนภาษาญี่ปุ่น	khun khee-taa-rôo tham-ŋaan thîi rooŋ-rian phaa-sǎa yîi-pùn	啓太郎さんは、日本語学校で働いています。
(3)	Ⓐ คุณลีทำงานอะไร	khun lii tham-ŋaan ʔa-ray	リーさんの仕事は何ですか？
	Ⓑ คุณลีเป็นพนักงานบริษัท	khun lii pen pha-nák-ŋaan bɔɔ-ri-sàt	リーさんは、会社員です。
(4)	Ⓐ คุณลีเกิดที่ไหน	khun lii kə̀ət thîi-nǎy	リーさんは、どこで生まれましたか？
	Ⓑ คุณลีเกิดที่ปักกิ่ง	khun lii kə̀ət thîi pàk-kìŋ	リーさんは、北京生まれです。
(5)	Ⓐ คุณคิมเรียนที่ไหน	khun khim rian thîi-nǎy	キムさんは、どこで勉強していますか？
	Ⓑ คุณคิมเรียนที่มหาวิทยาลัยเชียงใหม่	khun khim rian thîi ma-hǎa-wít-tha-yaa-lay chiaŋ-mày	キムさんは、チェンマイ大学で勉強しています。
(6)	Ⓐ คุณโรเบิร์ตเป็นคนที่ไหน	khun roo-bə̀ət pen khon thîi-nǎy	ロバートさんは、どこで生まれましたか？
	Ⓑ คุณโรเบิร์ตเป็นคนนิวยอร์ก	khun roo-bə̀ət pen khon niw-yɔ̀ɔk	ロバートさんは、ニューヨーク生まれです。
(7)	Ⓐ คุณโรเบิร์ตเป็นหมอที่ไหน	khun roo-bə̀ət pen mɔ̌ɔ thîi-nǎy	ロバートさんは、どこで医者をやっていますか？
	Ⓑ คุณโรเบิร์ตเป็นหมอที่โอซากะ	khun roo-bə̀ət pen mɔ̌ɔ thîi ʔoo-saa-kâa	ロバートさんは、大阪で医者をやっています。

第3課

練習1 067 (48ページ)

0	sǔun	11	sìp-ʔèt	100	(nʉ̀ŋ) rɔ́ɔy
1	nʉ̀ŋ	18	sìp-pɛ̀ɛt	101	(nʉ̀ŋ) rɔ́ɔy-ʔèt
2	sɔ̌ɔŋ	20	yîi-sìp	209	sɔ̌ɔŋ-rɔ́ɔy-kâaw
3	sǎam	21	yîi-sìp-ʔèt	311	sǎam-rɔ́ɔy-sìp-ʔèt
4	sìi	32	sǎam-sìp-sɔ̌ɔŋ	421	sìi-rɔ́ɔy-yîi-sìp-ʔèt
5	hâa	41	sìi-sìp-ʔèt	517	hâa-rɔ́ɔy-sìp-cèt
6	hòk	53	hâa-sìp-sǎam	601	hòk-rɔ́ɔy-ʔèt
7	cèt	64	hòk-sìp-sìi	651	hòk-rɔ́ɔy-hâa-sìp-ʔèt
8	pɛ̀ɛt	75	cèt-sìp-hâa	777	cèt-rɔ́ɔy-cèt-sìp-cèt
9	kâaw	86	pɛ̀ɛt-sìp-hòk	856	pɛ̀ɛt-rɔ́ɔy-hâa-sìp-hòk
10	sìp	97	kâaw-sìp-cèt	999	kâaw-rɔ́ɔy-kâaw-sìp-kâaw

練習2 (48ページ)

(1)	連絡番号 あだ名 facebook * LINE * 日本人 空いている席	がありますか？ （いますか？）

＊タイ語では、facebook や LINE を使っているかを聞く場合は、มี [mii] を使う。

(2)	ナッは 友達は 母は 父は 先生は 私（男性）は 私（女性）は	家 大学 ホテル デパート レストラン スクンビット 図書館 東京 会社 喫茶店	で	働いています。 泊まっています。 勉強しています。 料理を作っています。 買い物をしています。 食事しています。 教えています。 音楽を聴いています。 宿題をしています。 本を読んでいます。

練習3 解答例 069 (49ページ)

(1) มีพี่สาว　mii phîi-sǎaw

(2) พี่สาวอยู่ที่โตเกียว　phîi-sǎaw yùu thîi too-kiaw

(3) คุณแม่อยู่ไหม　khun mɛ̂ɛ yùu máy

(4) มีคนญี่ปุ่นไหม　mii khon yîi-pùn máy

(5) พี่ชายคุณอยู่ที่ไหน　phîi-chaay khun yùu thîi-nǎy

練習 4 質問 070 ＋ 解答例 071 (49 ページ)

(1) 質 携帯の番号は何番ですか？

เบอร์ 08-2020-1999　番号は 08-2020-1999 です。

bɔɔ sǔun pɛ̀ɛt - sɔ̌ɔŋ sǔun sɔ̌ɔŋ sǔun - nʉ̀ŋ kâaw kâaw kâaw

(2) 質 何歳ですか？

32 ปี　32 歳です。

sǎam-sìp-sɔ̌ɔŋ pii

(3) 質 身長はいくつですか？

184 เซนติเมตร　184 センチです。

rɔ́ɔy-pɛ̀ɛt-sìp-sìi sen-ti-méet

(4) 質 家はどこですか？

บ้านอยู่ที่สุขุมวิท　家はスクムウィットにあります。

bâan yùu thîi sù-khǔm-wít

(5) 質 今、何をしていますか？

สอนภาษาไทยอยู่　タイ語を教えています。

sɔ̌ɔn phaa-sǎa-thay yùu

(6) 質 どこで勉強 / 仕事をしていますか？

ทำงานอยู่ที่มหาวิทยาลัยเกษตรศาสตร์　カセサート大学で仕事をしています。

tham-ŋaan yùu thîi ma-hǎa-wít-tha-yaa-lay ka-sèet-sàat

(7) 質 きょうだいはいますか？

มี มีน้องชาย 1 คน　います。弟が 1 人います。

mii mii nɔ́ɔŋ-chaay nʉ̀ŋ khon

(8) 質 彼らは今、どこに住んでいますか？

เขาอาศัยอยู่ที่เชียงใหม่　彼は今チェンマイに住んでいます。

kháw ʔaa-sǎy yùu thîi chiaŋ-mày

(9) 質 彼らは今、何をしていますか？

เขาเป็นนักศึกษาอยู่ที่มหาวิทยาลัยเชียงใหม่　彼はチェンマイ大学の学生です。

kháw pen nák-sʉ̀k-sǎa yùu thîi ma-hǎa-wít-tha-yaa-lay chiaŋ-mày

(10) （質）ご両親は、どこに住んでいますか？

คุณพ่อคุณแม่อาศัยอยู่ที่สุขุมวิท

khun phɔ̂ɔ khun mɛ̂ɛ ʔaa-sǎy yùu thîi sù-khǔm-wít

両親はスクムウィットに住んでいます。

第4課

練習1 (61ページ)

(1)

| 彼/彼女は
日本人は
タイ人は | 暑い気候
タイ人
優しい人
辛いもの
日本料理
日本人 | が好き？
ですか？ |

注）เป็น [pen] を使う時は、ไหม [máy] は使用不可。

(2)

| 母は
恋人は
日本製品は
母の料理は | とても
少し | 長持ち。
高い。
厳しい。
味が薄い。
おいしい。
優しい。
ハンサム。 |

練習2 質問 088 ＋ 解答例 089 (61ページ)

(1) （質）あなたはタイが好きですか？

ชอบมาก

chɔ̂ɔp mâak

とても好きです。

(2) （質）タイ語は難しいですか？

ยากนิดหน่อย

yâak nít-nɔ̀y

ちょっと難しいです。

(3) （質）日本にはタイ人はたくさんいますか？

มีมาก

mii mâak

たくさんいます。

(4) （質）あなたは東京人（出身）ですか？

ค. เป็นคนโตเกียว ค.

kh. pen khon too-kiaw kh.

はい、東京出身です。

33

(5) 質 ご家族は東京に住んでいますか？

ค. อาศัยอยู่ที่โตเกียว ค. はい、東京に住んでいます。

kh. ʔaa-sǎy yùu thîi too-kiaw kh.

(6) 質 タイ語を勉強していますか？

ค. เรียนอยู่ ค. はい、勉強しています。

kh. rian yùu kh.

(7) 質 日本人はタイ人が好きですか？

ค. ชอบมาก ค. はい、とても好きです。

kh. chɔ̂ɔp mâak kh.

(8) 質 日本人はどんな人ですか？

เป็นคนใจดีและขยัน 親切で勤勉です。

pen khon cay-dii lɛ́ʔ kha-yǎn

(9) 質 タイはどうですか？

ร้อนแต่อาหารอร่อย 暑いですが、料理がおいしいです。

rɔ́ɔn tɛ̀ɛ ʔaa-hǎan ʔa-rɔ̀y

(10) 質 タイのものはどうですか？

ถูกมาก とても安いです。

thùuk mâak

練習 3 置き替え例 091 (62 ページ)

① ไส้กรอกอีสาน	sây-krɔ̀ɔk ʔii-sǎan	東北ソーセージ
② อาหารอีสาน	ʔaa-hǎan ʔii-sǎan	東北料理
③ เผ็ดนิดหน่อยแต่อร่อย	phèt nít-nɔ̀y tɛ̀ɛ ʔa-rɔ̀y	少し辛いけど、おいしい
④ ไม่เผ็ดนะ ค. อร่อยมาก	mây phèt náʔ kh. ʔa-rɔ̀y mâak	辛くないです。おいしいです。

練習 4 スクリプト 092 (63 ページ)

วินัย แฟนคุณหวานเป็นคนยังไง ค.

wí-nay fɛɛn khun wǎan pen khon yaŋ-ŋay kh.

ウィナイ ワーンさんの恋人はどんな人ですか？

หวาน ใจดีและขยันมาก ค.

wǎan cay-dii lɛ́ʔ kha-yǎn mâak kh.

ワーン 親切でとても勤勉です。

วินัย　หล่อไหม ค.
wí-nay　lɔ̀ɔ máy kh.
ウィナイ　ハンサムですか？

หวาน　หล่อ ค.
wǎan　lɔ̀ɔ kh.
ワーン　ハンサムです。

วินัย　เป็นคนไทยหรือเปล่า ค.
wí-nay　pen khon thay rɯ́-plàaw kh.
ウィナイ　タイ人ですか？

หวาน　ไม่ใช่ ค. เป็นคนอเมริกา
wǎan　mây chây kh. pen khon ʔa-mee-ri-kaa
ワーン　いいえ、アメリカ人です。

質問＋解答例 093

(1) 質 彼は優しいですか？
ใจดี　優しいです。
cay-dii

(2) 質 彼はハンサムですか？
หล่อ　ハンサムです。
lɔ̀ɔ

(3) 質 彼は勤勉ですか？
ขยัน　勤勉です。
kha-yǎn

(4) 質 彼はタイ人ですか？
ไม่ใช่ เขาไม่ใช่คนไทย　いいえ、彼はタイ人ではありません。
mây chây kháw mây chây khon thay

(5) 質 彼はアメリカ人ですか？
ใช่ เขาเป็นคนอเมริกา　はい、彼はアメリカ人です。
chây kháw pen khon ʔa-mee-ri-kaa

第 5 課

練習 1 111 (75 ページ)

1,500	nùŋ-phan-hâa-rɔ́ɔy	150,000	nùŋ-sɛ̌ɛn-hâa-mùɯn
2,300	sɔ̌ɔŋ-phan-sǎam-rɔ́ɔy	290,000	sɔ̌ɔŋ-sɛ̌ɛn-kâaw-mùɯn
3,400	sǎam-phan-sìi-rɔ́ɔy	746,000	cèt-sɛ̌ɛn-sìi-mùɯn-hòk-phan
4,670	sìi-phan-hòk-rɔ́ɔy-cèt-sìp	4,100,000	sìi-láan-nùŋ-sɛ̌ɛn
5,810	hâa-phan-pɛ̀ɛt-rɔ́ɔy-sìp	6,230,000	hòk-láan-sɔ̌ɔŋ-sɛ̌ɛn-sǎam-mùɯn
14,000	nùŋ-mùɯn-sìi-phan	21,000,000	yîi-sìp-ʔèt-láan
68,000	hòk-mùɯn-pɛ̀ɛt-phan	840,000,000	pɛ̀ɛt-rɔ́ɔy-sìi-sìp-láan
91,000	kâaw-mùɯn-nùŋ-phan	5,000,000,000	hâa-phan-láan

練習 2 112 (75 ページ)

มีทุเรียน 1 ลูก	mii thú-rian nùŋ lûuk	ドリアンが 1 個あります。
มีหมวก 1 ใบ	mii mùak nùŋ bay	帽子が 1 つあります。
มีเนกไท 5 เส้น	mii nék-thay hâa sên	ネクタイが 5 本あります。
มีเสื้อ 3 ตัว	mii sɯ̂a sǎam tua	シャツが 3 枚あります。
มีนาฬิกา 10 เรือน	mii naa-li-kaa sìp rɯan	時計が 10 個あります。
มีกระเป๋าสตางค์ 2 ใบ	mii kra-pǎw sa-taaŋ sɔ̌ɔŋ bay	財布が 2 個あります。
มีหนังสือพิมพ์ 1 ฉบับ	mii náŋ-sɯ̌ɯ-phim nùŋ cha-bàp	新聞が 1 部あります。
มีหนังสือ 1 เล่ม	mii náŋ-sɯ̌ɯ nùŋ lêm	本が 1 冊あります。
มีโทรศัพท์มือถือ 1 เครื่อง	mii thoo-ra-sàp-mɯɯ-thɯ̌ɯ nùŋ khrɯ̂aŋ	携帯電話が 1 つあります。

練習 3 113 (76 ページ)

(1) เสื้อตัวละ 200 บาท

sɯ̂a tua láʔ sɔ̌ɔŋ-rɔ́ɔy bàat

シャツは 1 枚 200 バーツ

(2) นาฬิกาเรือนละ 24,000 บาท

na-li-kaa rɯan láʔ sɔ̌ɔŋ-mùɯn-sìi-phan bàat

腕時計は 1 個 24,000 バーツ

(3) เข็มขัดเส้นละ 2,600 บาท

khěm-khàt sên láʔ sɔ̌ɔŋ-phan-hòk-rɔ́ɔy bàat

ベルトは 1 本 2,600 バーツ

(4) รองเท้าผู้ชายคู่ละ 4,500 บาท

rɔɔŋ-tháaw phûu-chaay khûu láʔ sìi-phan-hâa-rɔ́ɔy bàat

男性用の靴は 4,500 バーツ

(5) รองเท้าผู้หญิงคู่ละ 5,800 บาท

rɔɔŋ-tháaw phûu-yǐŋ khûu láʔ hâa-phan-pɛ̀ɛt-rɔ́ɔy bàat

女性用の靴は 5,800 バーツ

(6) ผ้าเช็ดหน้าผืนละ 50 บาท

phâa-chét-nâa phɯ̌ɯn láʔ hâa-sìp bàat

ハンカチは 1 枚 50 バーツ

(7) แว่นตาอันละ 21,400 บาท

wɛ̂n-taa ʔan láʔ sɔ̌ɔŋ-mɯ̀ɯn-nɯ̀ŋ-phan-sìi-rɔ́ɔy bàat

メガネは 1 個 21,400 バーツ

(8) กระเป๋าใบใหญ่ใบละ 14,300 บาท

kra-pǎw bay yày bay láʔ nɯ̀ŋ-mɯ̀ɯn-sìi-phan-sǎam-rɔ́ɔy bàat

大きいカバンは 1 つ 14,300 バーツ

(9) กระเป๋าใบเล็กใบละ 12,000 บาท

kra-pǎw bay lék bay láʔ nɯ̀ŋ-mɯ̀ɯn-sɔ̌ɔŋ-phan bàat

小さいカバンは 1 つ 12,000 バーツ

(10) กระเป๋าสตางค์ใบละ 8,000 บาท

kra-pǎw sa-taaŋ bay láʔ pɛ̀ɛt-phan bàat

財布は 1 個 8,000 バーツ

(11) กระโปรงตัวละ 3,200 บาท

kra-prooŋ tua láʔ sǎam-phan-sɔ̌ɔŋ-rɔ́ɔy bàat

スカートは 1 枚 3,200 バーツ

(12) เนกไทเส้นละ 850 บาท

nék-thay sên láʔ pɛ̀ɛt-rɔ́ɔy-hâa-sìp bàat

ネクタイは 1 本 850 バーツ

(13) ร่มคัน ละ 150 บาท

rôm khan láʔ nɯ̀ŋ-rɔ́ɔy-hâa-sìp bàat

傘は 1 本 150 バーツ

(14) หมวกใบละ 990 บาท

mùak bay láʔ kâaw-rɔ́ɔy-kâaw-sìp bàat

帽子は 1 つ 990 バーツ

練習 4 (77 ページ)

(1)

私（男性）は		タイ語が話せ	
私（女性）は		パソコンを使え	
妹 / 弟は	少し	タイ料理を作れ	ます。
姉 / 兄は	上手く	自動車を運転でき	ません。
父は		泳げ	
母は		ピアノを弾け	

(2)

		電話でき	
	電車の中で	食事でき	
日本の	お寺で	タバコを吸え	ます。
タイの	病院で	写真を撮れ	ません。
	博物館で	短パンを履け	

練習 5 解答例 (115) (77 ページ)

(1) แม่พูดภาษาอังกฤษได้นิดหน่อย mɛ̂ɛ phûut phaa-sǎa ʔaŋ-krìt dâay nít-nɔ̀y

(2) พ่อทานอาหารเผ็ดไม่ได้ phɔ̂ɔ thaan ʔaa-hǎan phèt mây dâay

(3) คุณทำอาหารไทยได้ไหม khun tham ʔaa-hǎan thay dâay máy

(4) ใช้โทรศัพท์ได้ไหม cháy thoo-ra-sàp dâay máy

(5) นอนได้นะ nɔɔn dâay náʔ

第6課

練習 1 (89 ページ)

(1)

	アメリカ		散歩		
	バンコク		水を買い		
	チェンライ		運転		ます。
私（女性）は	スーパー	で	遊び	(に行き)	ません。
私（男性）は	家		酒を飲み	(に来)	(よ) うと思います。
	コンビニ		散髪し		
	ワット・ポー		仕事をし		
	ルンピニー公園		マッサージをし		

(2)

	外国で仕事をし		
	運動する		
	徳を積み		
父は	ディズニーランドへ遊び		
私（女性）は	有名になり	(に行き)	たい。
私（男性）は	猫を飼い	(に来)	たくない。
恋人は	宇宙に行き		
	タイに住み		
	トゥクトゥクに乗り		
	痩せ		
	お金持ちになり		

(3)

	外国へ行った	
	タイのお寺でタムブンした	
父は	屋台で食事をした	
私（女性）は	ダイビングをした	ことがある。
私（男性）は	タイで散髪をした	ことがない。
恋人は	タイでお腹を壊した	
	中国語を勉強した	
	タイ映画を見た	

練習 2 質問 131 ＋ 解答例 132 (90 ページ)

(1) 質 今日は何曜日ですか？

วันนี้วันจันทร์ 今日は月曜日です。

wan-níi wan can

(2) 質 あなたは何曜日生まれですか？

เกิดวันพุธ 水曜日生まれです。

kə̀ət wan phút

(3) 質 ふだん、何曜日にタイ語の勉強をしていますか？

ปกติเรียนภาษาไทยวันอังคาร ふだんは火曜日にタイ語を勉強しています。

pòk-ka-tìʔ rian phaa-sǎa thay wan ʔaŋ-khaan

(4) 質 今度の土曜日に何をしますか？

วันเสาร์นี้จะไปซื้อของที่ชินจูกุ 今度の土曜日は新宿へ買い物に行きます。

wan sǎw níi càʔ pay sɯ́ɯ-khɔ̌ɔŋ thîi chin-cu-kùʔ

(5) 質 タイへ遊びに行きたいですか？

อยากไป 行きたいです。

yàak pay

(6) 質 タイのどこへ遊びに行きたいですか？

อยากไปเที่ยวเชียงใหม่ チェンマイに遊びに行きたいです。

yàak pay thîaw chiaŋ-mày

(7) 質 タイへは何をしに行きたいですか？

อยากไปเรียนภาษาไทย タイ語を勉強しに行きたいです。

yàak pay rian phaa-sǎa thay

(8) 質 今、何をしたくないですか？

ตอนนี้ไม่อยากเรียน 今、勉強したくないです。

tɔɔn-níi mây yàak rian

(9) 質 子どもの時、何になりたかったですか？

อยากเป็นหมอ　　医者になりたかったです。

yàak pen mɔ̌ɔ

(10) 質 将来、何をしたいですか？

อนาคตอยากเป็นอาจารย์　　将来は先生になりたいです。

ʔa-naa-khót yàak pen ʔaa-caan

練習 3 解答例 133 (91 ページ)

月曜 วันจันทร์ตอนเช้าไปเรียนภาษาจีนที่เยาวราช ตอนบ่ายไปทานติ่มซำ

wan can tɔɔn-cháaw pay rian phaa-sǎa ciin thîi yaw-wa-râat tɔɔn-bàay pay thaan tìm-sam

火曜 วันอังคารบ่ายไปดูหนังที่สยาม

wan ʔaŋ-khaan bàay pay duu nǎŋ thîi sa-yǎam

水曜 วันพุธตอนเช้าไปตัดผม ตอนเย็นไปซูเปอร์

wan phút tɔɔn-cháaw pay tàt-phǒm tɔɔn-yen pay súp-pə̂ə

木曜 วันพฤหัสตอนบ่ายไปหาหมอฟัน

wan phá-rɯ́-hàt tɔɔn-bàay pay hǎa mɔ̌ɔ-fan

金曜 วันศุกร์กลางคืนไปทานสุกี้กับแฟน

wan sùk klaaŋ-khɯɯn pay thaan su-kîi kàp fɛɛn

土曜 วันเสาร์ไปทำบุญกับแม่ที่อยุธยา

wan sǎw pay tham-bun kàp mɛ̂ɛ thîi ʔa-yút-tha-yaa

日曜 วันอาทิตย์ทำความสะอาดบ้าน

wan ʔaa-thít tham-khwaam-sa-ʔàat bâan

練習 4 解答例 134 (91 ページ)

(1) อาทิตย์หน้าว่าจะไม่มาเรียน　ʔaa-thít nâa wâa càʔ mây maa rian

(2) จะไม่ขับรถที่กรุงเทพฯ　càʔ mây khàp-rót thîi kruŋ-thêep

(3) อยากไปเที่ยวเมืองไทยด้วย อเมริกาด้วย　yàak pay thîaw mɯaŋ-thay dûay ʔa-mee-ri-kaa dûay

(4) ร้านนี้อาหารก็อร่อย ราคาก็ถูก　ráan-níi ʔaa-hǎan kɔ̂ɔ ʔa-rɔ̀y raa-khaa kɔ̂ɔ thùuk

(5) ผมเป็นคนอยู่ง่าย phǒm pen khon yùu ŋâay

第7課

練習1 解答例 148 (104ページ)

(1) โต๊ะอยู่ตรงกลางห้อง
tóʔ yùu troŋ-klaaŋ hɔ̂ŋ
テーブルは部屋の真ん中にあります。

(2) เตียงอยู่ข้างซ้าย
tiaŋ yùu khâaŋ-sáay
ベッドは左側にあります。

(3) ชั้นอยู่ข้างขวาของประตู
chán yùu khâaŋ-khwǎa khɔ̌ɔŋ pra-tuu
テレビ台はドアの右側にあります。

(4) โทรทัศน์อยู่บนชั้น
thoo-ra-thát yùu bon chán
テレビはテレビ台の上にあります。

(5) นาฬิกาอยู่บนเตียง ข้างหมอน
naa-li-kaa yùu bon tiaŋ khâaŋ mɔ̌ɔn
時計はベッドの上にあって、枕の横です。

(6) หมอนอยู่บนเตียง
mɔ̌ɔn yùu bon tiaŋ
枕はベッドに上にあります。

(7) โทรศัพท์อยู่บนชั้น ข้าง ๆ โทรทัศน์
thoo-ra-sàp yùu bon chán khâŋ-khâaŋ thoo-ra-thát
電話はテレビ台の上にあって、
テレビの横です。

(8) นิตยสารอยู่ในชั้น
nít-ta-ya-sǎan yùu nay chán
雑誌がテレビ台の中にあります。

(9) หนังสืออยู่บนโต๊ะ
náŋ-sɯ̌ɯ yùu bon tóʔ
本はテーブルの上にあります。

(10) กาแฟอยู่บนโต๊ะ ระหว่างหนังสือกับมือถือ
kaa-fɛɛ yùu bon tóʔ rá-wàaŋ náŋ-sɯ̌ɯ kàp mɯɯ-thɯ̌ɯ
コーヒーはテーブルの上にあって、
本と携帯電話の間です。

(11) ดินสออยู่บนโต๊ะ ข้าง ๆ มือถือ
din-sɔ̌ɔ yùu bon tóʔ khâŋ-khâaŋ mɯɯ-thɯ̌ɯ
鉛筆はテーブルの上にあって、
携帯電話の横にあります。

(12) กระเป๋าอยู่ใต้โต๊ะ
kra-pǎw yùu tâay tóʔ
カバンはテーブルの下にあります。

(13) ไม้เทนนิสอยู่ในกระเป๋า
máay-then-nít yùu nay kra-pǎw

テニスラケットがカバンの中にあります。

(14) กุญแจอยู่บนเตียง
kun-cɛɛ yùu bon tiaŋ

鍵がベッドの上にあります。

(15) หนังสือพิมพ์อยู่บนเตียง
náŋ-sɯ̌ɯ-phim yùu bon tiaŋ

新聞がベッドの上にあります。

(16) มือถืออยู่บนโต๊ะ ระหว่างกาแฟกับดินสอ
mɯɯ-thɯ̌ɯ yùu bon tóʔ rá-wàaŋ kaa-fɛɛ kàp din-sɔ̌ɔ

携帯電話はテーブルの上で、コーヒーと鉛筆の間にあります。

練習 2 解答例 149 (105 ページ)

(1) ธนาคารอยู่ข้าง ๆ ที่จอดรถ
tha-naa-khaan yùu khâŋ-khâaŋ thîi-cɔ̀ɔt-rót

銀行が駐車場の隣にあります。

(2) ป้ายรถเมล์อยู่ข้างขวาของธนาคาร
pâay-rót-mee yùu khâaŋ-khwǎa khɔ̌ɔŋ tha-naa-khaan

バス停が銀行の右側にあります。

(3) ร้านกาแฟอยู่ตรงข้ามโรงหนัง
ráan kaa-fɛɛ yùu troŋ-khâam rooŋ-nǎŋ

カフェが映画館の向かい側にあります。

(4) โรงพยาบาลอยู่ข้างขวาของร้านกาแฟ
rooŋ-pha-yaa-baan yùu khâaŋ-khwǎa khɔ̌ɔŋ ráan kaa-fɛɛ

病院がカフェの右側にあります。

(5) ผู้ชายอยู่หน้าโรงพยาบาล
phûu-chaay yùu nâa rooŋ-pha-yaa-baan

男性が病院の前にいます。

(6) ไปรษณีย์อยู่ติดกับห้าง
pray-sa-nii yùu tìt kàp hâaŋ

郵便局がデパートのすぐ隣にあります。

(7) ห้างอยู่ข้าง ๆ ไปรษณีย์
hâaŋ yùu khâŋ-khâaŋ pray-sa-nii

デパートが郵便局の隣にあります。

(8) ผู้หญิงอยู่หน้าไปรษณีย์
phûu-yǐŋ yùu nâa pray-sa-nii

女性が郵便局の前にいます。

(9) หมาอยู่หน้าห้าง
mǎa yùu nâa hâaŋ

犬がデパートの前にいます。

(10) แมวอยู่หน้าซูเปอร์
mɛɛw yùu nâa súp-pə̂ə

猫がスーパーの前にいます。

(11) ตู้ไปรษณีย์อยู่หน้าไปรษณีย์
tûu-pray-sa-nii yùu nâa pray-sa-nii

郵便ポストが郵便局の前にあります。

(12) ร้านอาหารอยู่ข้าง ๆ ซูเปอร์
ráan ʔaa-hǎan yùu khâŋ-khâaŋ súp-pə̂ə

レストランがスーパーの隣にあります。

(13) ห้องสมุดอยู่ข้างขวาของซูเปอร์
hɔ̂ŋ-sa-mùt yùu khâaŋ-khwǎa khɔ̌ɔŋ súp-pə̂ə

図書館がスーパーの右側にあります。

(14) ที่จอดรถอยู่ข้าง ๆ ธนาคาร
thîi-cɔ̀ɔt-rót yùu khâŋ-khâaŋ tha-naa-khaan

駐車場が銀行の隣にあります。

(15) โรงหนังอยู่หลังซูเปอร์
rooŋ-nǎŋ yùu lǎŋ súp-pə̂ə

映画館はスーパーの裏にあります。

(16) ซูเปอร์อยู่หน้าโรงหนัง
súp-pə̂ə yùu nâa rooŋ-nǎŋ

スーパーは映画館の前にあります。

練習3 （106ページ）

(1)

	行けば	
いつ	と行けば	
何を	会えば	
どこで／へ	すれば	いいですか？
どのように	招待すれば	
誰を／と	相談すれば	
	食べれば	

(2)

次の土曜	行く	
ムエタイ（へ／を）	と行く	
上司（と／を）	会う	
タクシー（に）	見る	
シーフード（を）	誘う	のはどうですか？
マーブンクローン	相談する	
カラオケ（へ）	食べる	
家族（と／を）	乗る	

練習 4 質問 151 ＋ 解答例 152 （106 ページ）

(1) 質 あなたの家は何の近くにありますか？

อยู่ใกล้ ๆ กับสถานี　　駅に近いです。

yùu klây-klây kàp sa-thǎa-nii

(2) 質 あなたの家は職場から遠いですか？

ไกลนิดหน่อย　　少し遠いです。

klay nít-nɔ̀y

(3) 質 あなたの家の駅は何駅と何駅の間ですか？

อยู่ระหว่างสถานีพร้อมพงษ์กับสถานีอโศก　　プロームポン駅とアソーク駅の間です。

yùu rá-wàaŋ sa-thǎa-nii phrɔ́ɔm-phoŋ kàp sa-thǎa-nii ʔa-sòok

(4) 質 あなたの家のそばにコンビニはありますか？

มี　　あります。

mii

(5) 質 あなたの家の周辺にタイ料理屋さんがありますか？

ไม่มี　　ありません。

mây mii

(6) 質 あなたの寝室の隣は何ですか？

อยู่ติดกับห้องน้ำ　　お手洗いです。

yùu tìt kàp hɔ̂ŋ-náam

(7) 質 あなたのマンションは何階にありますか？

อยู่ชั้น 10　　10 階です。

yùu chán sìp

(8) 質 あなたの職場は何駅に近いですか？

อยู่ใกล้ ๆ สถานีอโศก　　アソーク駅に近いです。

yùu klây-klây sa-thǎa-nii ʔa-sòok

(9) 質 会社であなたのデスクは何階ですか？

อยู่ชั้น 3　　3 階です。

yùu chán sǎam

(10) 質 あなたの会社の辺りに銀行はありますか？

มีธนาคารกรุงเทพ　　バンコク銀行があります。

mii tha-naa-khaan kruŋ-thêep

練習 5 スクリプト (153) (107 ページ)

A : เจอกันเมื่อไรดี ค.
cəə kan mɯ̂a-rày dii kh.
いつ会いましょうか？

B : วันเสาร์นี้ดีไหม ค.
wan-sǎw níi dii máy kh.
今度の土曜日はどうですか？

A : ดี ค.
dii kh
いいですね。

B : ไปที่ไหนดี ค.
pay thîi-nǎy dii kh
どこへ行きましょうか？

A : ไปไหว้พระที่อยุธยาดีไหม ค.
pay wâay-phráʔ thîi ʔa-yút-tha-yaa dii máy kh.
アユタヤへお参りに行くのはどうですか？

B : ดี ค.
dii kh.
いいですね。

A : แล้วไปยังไงดี ค.
lɛ́ɛw pay yaŋ-ŋay dii kh.
それでどうやって行きましょうか？

B : ไปรถตู้ดีไหม ค.
pay rót-tûu dii máy kh.
ミニバスで行きましょうか？

A : ดี ค. แล้วเจอกันที่ไหนดี ค.
dii kh. lɛ́ɛw cəə kan thîi-nǎy dii kh
いいですね。では、どこで待ち合わせましょうか？

B : เจอกันที่บ้านดิฉันดีไหม ค.
cəə kan thîi bâan di-chán dii máy kh.
私の家で会いませんか？

A : โอเค ค.
ʔoo-khee kh.
OK です。

質問＋解答例 (154)

(1) 質 彼らはいつ会いますか？
วันเสาร์นี้ wan sǎw níi 今度の土曜日です。

(2) 質 彼らはどこへ行きますか？
ไปอยุธยา pay ʔa-yút-tha-yaa アユタヤへ行きます。

(3) 質 彼らはそこで何をしますか？
ไปไหว้พระ pay wâay-phráʔ お参りに行きます。

(4) 質 彼らはどうやって行きますか？

ไปรถตู้　pay rót-tûu　ミニバスで行きます。

(5) 質 彼らはどこで会いますか？

ที่บ้านผู้หญิง　thîi bâan phûu-yǐŋ　女性の家です。

第 8 課

練習 1　質問Ⓐ 169 ＋ 解答例Ⓑ 170　（120 ページ）

(1) Ⓐ ส้มตื่นกี่โมง　ソムは何時に起きましたか？

sôm tùuun kìi mooŋ

Ⓑ ตื่น 6 โมงเช้า　午前 6 時に起きました。

tùuun hòk mooŋ cháaw

(2) Ⓐ ส้มออกจากบ้านกี่โมง　ソムは何時に家を出ましたか？

sôm ʔɔ̀ɔk càak bâan kìi mooŋ

Ⓑ ออกจากบ้าน 8 โมงครึ่ง　8 時半に家を出ました。

ʔɔ̀ɔk càak bâan pɛ̀ɛt mooŋ khrɯ̂ŋ

(3) Ⓐ ส้มเรียนภาษาจีนตั้งแต่กี่โมงถึงกี่โมง　ソムは何時から何時まで中国語を勉強しましたか？

sôm rian phaa-sǎa ciin tâŋ-tɛ̀ɛ kìi mooŋ thɯ̌ŋ kìi mooŋ

Ⓑ เรียนภาษาจีนตั้งแต่ 9 โมงถึง 11 โมงครึ่ง　午前 9 時から 11 時半まで中国語を勉強しました。

rian phaa-sǎa ciin tâŋ-tɛ̀ɛ kâaw mooŋ thɯ̌ŋ sìp-ʔèt mooŋ khrɯ̂ŋ

(4) Ⓐ บ่ายโมงครึ่งส้มทำอะไร　ソムは午後 1 時半に何をしましたか？

bàay mooŋ khrɯ̂ŋ sôm tham ʔaray

Ⓑ บ่ายโมงครึ่งส้มไปซื้อของ　午後 1 時半には買い物に行きました。

bàay mooŋ khrɯ̂ŋ sôm pay sɯ́ɯ-khɔ̌ɔŋ

(5) Ⓐ ส้มเล่นเทนนิสกี่ชั่วโมง　ソムは何時間テニスをやりましたか？

sôm lên then-nít kìi chûa-mooŋ

Ⓑ เล่นเทนนิส 1.5 ชั่วโมง　1 時間半テニスをしました。

lên then-nít nɯ̀ŋ chûa-mooŋ khrɯ̀ŋ

(6) Ⓐ ส้มกลับบ้านกี่โมง　ソムは何時に家に帰りましたか？

sôm klàp bâan kìi mooŋ

Ⓑ กลับบ้าน 5 โมงเย็น　午後５時に帰宅をしました。

klàp bâan hâa mooŋ yen

(7) Ⓐ ส้มทานอาหารเย็นกี่โมง　ソムは何時に夕飯を食べましたか？

sôm thaan ʔaa-hǎan yen kìi mooŋ

Ⓑ ทานอาหารเย็น 6 โมงครึ่ง　午後６時半に夕飯を食べました。

thaan ʔaa-hǎan yen hòk mooŋ khrɯ̂ŋ

(8) Ⓐ ส้มเล่นอินเทอร์เน็ตราว ๆ กี่ชั่วโมง　ソムは何時間インターネットをしましたか？

sôm lên ʔin-thəə-nèt raw-raaw kìi chûa-mooŋ

Ⓑ ส้มเล่นอินเทอร์เน็ตราว ๆ 1 ชั่วโมง　１時間ぐらいインターネットをしました。

sôm lên ʔin-thəə-nèt raw-raaw nɯ̀ŋ chûa-mooŋ

(9) Ⓐ 4 ทุ่มส้มทำอะไร　ソムは午後10時に何をしていましたか？

sìi thûm sôm tham ʔa-ray

Ⓑ 4 ทุ่มส้มอ่านหนังสือ　午後10時には本を読んでいました。

sìi thûm sôm ʔàan náŋ-sɯ̌ɯ

(10) Ⓐ ส้มนอนกี่โมง　ソムは何時に寝ましたか？

sôm nɔɔn kìi mooŋ

Ⓑ นอนเที่ยงคืน　午前０時に寝ました。

nɔɔn thîaŋ-khɯɯn

練習２　解答例 (171)　（120ページ）

(1) ขี่จักรยานจากบ้านถึงสถานีใช้เวลา 15 นาที

khìi càk-kra-yaan càak bâan thɯ̌ŋ sa-thǎa-nii cháy weelaa sìp-hâa naa-thii

家から駅まで、自転車で15分かかります。

(2) ขึ้นรถบัสจากบ้านถึงโรงเรียนใช้เวลา 25 นาที

khɯ̂n rót-bát càak bâan thɯ̌ŋ rooŋ-rian cháy wee-laa yîi-sìp-hâa naa-thii

家から学校まで、バスで25分かかります。

(3) เดินจากบ้านถึงป้ายรถเมล์ใช้เวลา 5 นาที

dəən càak bâan thɯ̌ŋ pâay-rót-mee cháy wee-laa hâa naa-thii

家からバス停まで、歩いて５分かかります。

(4) ขึ้นรถจากบ้านถึงบริษัทใช้เวลา 30 นาที

khɯ̂n rót càak bâan thɯ̌ŋ bɔɔ-ri-sàt cháy wee-laa sǎam-sìp naa-thii
家から会社まで、車で 30 分かかります。

(5) ขึ้นรถไฟจากกรุงเทพฯถึงอยุธยาใช้เวลา 1 ชั่วโมง

khɯ̂n rót-fay càak kruŋ-thêep thɯ̌ŋ ʔa-yút-tha-yaa cháy wee-laa nɯ̀ŋ chûa-mooŋ
バンコクからアユタヤまで、電車で 1 時間かかります。

(6) ขึ้นรถไฟใต้ดินจากบริษัทถึงห้างใช้เวลา 12 นาที

khɯ̂n rót-fay-tâay-din càak bɔɔ-ri-sàt thɯ̌ŋ hâaŋ cháy wee-laa sìp-sɔ̌ɔŋ naa-thii
会社からデパートまで、地下鉄で 12 分かかります。

(7) ขึ้นรถไฟความเร็วสูงจากโตเกียวถึงนาโกยะใช้เวลา 1 ชั่วโมงครึ่ง

khɯ̂n rót-fay-khwaam-rew-sǔuŋ càak too-kiaw thɯ̌ŋ naa-koo-yâa cháy wee-laa nɯ̀ŋ chûa-mooŋ khrɯ̂ŋ
東京から名古屋まで、新幹線で 1 時間半かかります。

(8) ขึ้นเครื่องบินจากโตเกียวถึงกรุงเทพฯใช้เวลา 7 ชั่วโมง

khɯ̂n khrɯ̂an-bin càak too-kiaw thɯ̌ŋ kruŋ-thêep cháy wee-laa cèt chûa-mooŋ
東京からバンコクまで飛行機で 7 時間かかります。

(9) ลงเรือจากโตเกียวถึงโอกาซาวาระใช้เวลา 24 ชั่วโมง

loŋ rɯa càak too-kiaw thɯ̌ŋ ʔoo-kaa-saa-waa-ráʔ cháy weelaa yîi-sìp-sìi chûa-mooŋ
東京から小笠原まで船で 24 時間かかります。

練習 3 (121 ページ)

(1)

遅れてしまい、	
昨日は来ずに、	
迷惑をかけてしまい、	
宿題を忘れてしまい、	すみません。
連絡せずに、	申し訳ございません。
嘘をついてしまい	
行けなくて、	
家に帰るのが遅くて、	

(2)

夜遅くなったので、	タクシーに乗り	
とても暑いので、	コーヒーを飲み	
とても難しいので、	冷房をつけ	
天気が良いので、	家に帰り	ましょう。
眠いので、	マッサージに行き	
疲れたので、	先生に聞き	
遅刻したので、	散歩に行き	

(3)

	疲れ	
	夜遅く	
今日は	運動し	ました。
今週は	タイ料理を食べ	ましたか？
	シャワーを浴び	
	洗濯し	

練習4 解答例 173 (122 ページ)

(1) ตี 2 แล้ว นอนเถอะ　　　　　　　tii sɔ̌ɔŋ lɛ́ɛw nɔɔn thə̀ʔ

(2) ไปดูมวยไทยหรือยัง　　　　　　　pay duu muay-thay rɯ́-yaŋ

(3) ยังไม่เหนื่อย　　　　　　　　　　yaŋ mây nɯ̀ay

(4) ยังไม่ได้กินอาหารเที่ยง หิวแล้ว　　yaŋ mây dâay kin ʔaa-hǎan-thîaŋ hǐw lɛ́ɛw

(5) ตอนนี้ยุ่ง ยังไม่กิน　　　　　　　tɔɔn-níi yûŋ yaŋ mây kin

第9課

練習1 (130 ページ)

(1)

職場に着い		テレビをつける。
シャワーを浴び		家を出る。
起きた	たら	寝る。
朝食を食べ		コーヒーを飲む。
電気を消し		歯を磨く。
帰宅し		パソコンをつける。

(2)

お勘定をして	
きれいにお使い	
空港まで送って	
ドアを閉めて	いただけますか？
書類にサインをして	ください。
タクシーを呼んで	
迎えに来て	
ゆっくり話して	

(3)

タイ人は		ビザの申請をする	
両親は		子どもの面倒を見る	
私（女性）は	（毎朝）	運動する	必要がある。
私（男性）は	（毎日）	シャワーを浴びる	必要はない。
日本人は		家事を手伝う	
		朝食を食べる	

49

練習2　質問 187 ＋ 解答例 188　（131 ページ）

(1) 質 ふだん、起きたら何をしますか？

กินข้าว　　　　　　　　　　　　　　ご飯を食べます。
kin khâaw

(2) 質 昨晩は帰宅してから何をしましたか？

อาบน้ำ　　　　　　　　　　　　　　お風呂に入りました。
ʔàap-náam

(3) 質 タイへ行ったら何をしたいですか？

อยากไปนวด　　　　　　　　　　　マッサージへ行きたいです。
yàak pay nûat

(4) 質 卒業したら何をしたいですか？

อยากเป็นอาจารย์　　　　　　　　　先生になりたいです。
yàak pen ʔaa-caan

(5) 質 定年になったら何をしますか？

ไปอยู่เมืองไทย　　　　　　　　　　タイへ移住します。
pay yùu mɯaŋ-thay

(6) 質 病気になったら何をしないといけないですか？

ต้องกินยา　　　　　　　　　　　　薬を飲まなければいけません。
tôŋ kin yaa

(7) 質 痩せたいなら、何をしないといけないですか？

ต้องกินผัก　　　　　　　　　　　　野菜を食べなければなりません。
tôŋ kin phàk

(8) 質 タイ語が上手くなりたければ、何をしないといけないですか？

ต้องหาเพื่อนคนไทย　　　　　　　　タイ人の友達を探さなくてはいけません。
tôŋ hǎa phɯ̂an khon thay

(9) 質 お金持ちになりたければ、何をしないといけないですか？

ต้องทำธุรกิจส่วนตัว　　　　　　　　自分でビジネスをする必要があります。
tôŋ tham thú-rá-kìt sùan-tua

(10) 質 タイにいる時は、何をする必要がないですか？

อยู่ที่เมืองไทยไม่ต้องขับรถ　　　　　タイにいる時は、車を運転する必要がありません。
yùu thîi mɯaŋ-thay mây tôŋ khàp-rót

50

練習3 解答例 189 (132ページ)

(1) A: พรุ่งนี้ไป ① <u>ดูคอนเสิร์ต</u>กันไหม
phrûŋ-níi pay ① <u>duu khɔn-sə̀ət</u> kan máy
明日、一緒にコンサートへ行きませんか？

B: ไม่ได้ค่ะ พรุ่งนี้ต้อง ② <u>ไปวัด</u>
mây dâay kh. phrûŋ-níi tɔ̂ŋ ② <u>pay wát</u>
行けないです。
明日はお寺へ行かないといけないのです。

(2) A: พรุ่งนี้ไป ① <u>ทานเหล้า</u>กันไหม
phrûŋ-níi pay ① <u>thaan lâw</u> kan máy
明日、一緒に飲みに行きませんか？

B: ไม่ได้ค่ะ พรุ่งนี้ต้อง ② <u>ทำงาน</u>
mây dâay kh. phrûŋ-níi tɔ̂ŋ ② <u>tham-ŋaan</u>
行けないです。
明日は仕事をしないといけないのです。

(3) A: พรุ่งนี้ไป ① <u>ทานอาหารไทย</u>กันไหม
phrûŋ-níi pay ① <u>thaan ʔaa-hǎan thay</u> kan máy
明日、一緒にタイ料理を食べに行きませんか？

B: ไม่ได้ค่ะ พรุ่งนี้ต้อง ② <u>อยู่บ้าน</u>
mây dâay kh. phrûŋ-níi tɔ̂ŋ ② <u>yùu bâan</u>
行けないです。
明日は家にいないといけないのです。

(4) A: พรุ่งนี้ไป ① <u>นวดไทย</u>กันไหม
phrûŋ-níi pay ① <u>nûat thay</u> kan máy
明日、一緒にタイ式マッサージへ行きませんか？

B: ไม่ได้ค่ะ พรุ่งนี้ต้อง ② <u>ไปโรงพยาบาล</u>
mây dâay kh. phrûŋ-níi tɔ̂ŋ ② <u>pay rooŋ-pha-yaa-baan</u>
行けないです。
明日は病院へ行かないといけないのです。

練習4 スクリプト (1) 190 (2) 191 (132ページ)

(1) A: ไปแถวธนาคารกรุงเทพ ค. ไปไหม ค.
pay thɛ̌w tha-naa-khaan kruŋ-thêep kh. pay máy kh.
バンコク銀行辺りへ行きたいのですが、大丈夫ですか？

B: ไป ค. ช่วยบอกทางด้วยนะ ค.
pay kh. chûay bɔ̀ɔk thaaŋ dûay náʔ kh.
大丈夫です。道順を教えてもらえますか？

A : ตรงไปถึงสี่แยกแล้วเลี้ยวขวา แล้วตรงไปอีกราวๆ 500 เมตร ธนาคารกรุงเทพจะอยู่ทางซ้ายมืออยู่ตรงข้ามห้างโรบินสัน ค.

troŋ pay thʉ̌ŋ sìi-yɛ̂ɛk lɛ́ɛw líaw-khwǎa lɛ́ɛw troŋ-pay ʔìik raw-raaw hâa-rɔ́ɔy méet tha-naa-khaan kruŋ-thêep càʔ yùu thaaŋ sáay-mʉʉ yùu troŋ-khâam hâaŋ roo-bin-sǎn kh.

交差点までまっすぐ行って右折します。そして、もう 500 メートルぐらいまっすぐ行くと、左手にバンコク銀行があり、向かい側にはロビンソンデパートがあります。

B : ถึงแล้ว ค.

thʉ̌ŋ lɛ́ɛw kh.

着きましたよ。

A : ขอบคุณ ค.

khɔ̀ɔp-khun kh.

ありがとうございます。

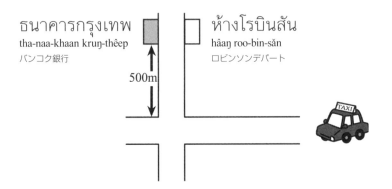

(2) A : ไปแถวร้านโคคา ค. ไปไหม ค.

pay thɛ̌w ráan khoo-khaa kh. pay máy kh

コカレストラン辺りへ行きたいのですが、大丈夫ですか？

B : ไป ค. ช่วยบอกทางด้วยนะ ค.

pay kh. chûay bɔ̀ɔk thaaŋ dûay náʔ kh.

大丈夫です。道順を教えてもらえますか？

A : ตรงไปถึงสี่แยกแล้วเลี้ยวซ้าย แล้วตรงไปอีกราวๆ 200 เมตร ร้านโคคาจะอยู่ทางซ้ายมือ อยู่ติดกับร้านหนังสือ ค.

troŋ pay thʉ̌ŋ sìi-yɛ̂ɛk lɛ́ɛw líaw-sáay lɛ́ɛw troŋ-pay ʔìik raw-raaw sɔ̌ɔŋ-rɔ́ɔy méet ráan khoo-khaa càʔ yùu thaaŋ sáay-mʉʉ yùu tìt-kàp ráan náŋ-sʉ̌ʉ kh.

交差点までまっすぐ行って左折します。そして、もう 200 メートルぐらいまっすぐ行くと、左手にコカレストランがあり、隣には本屋さんがあります。

B : ถึงแล้ว ค.
thʉ̌ŋ lɛ́ɛw kh.
着きましたよ。

A : ขอบคุณ ค.
khɔ̀ɔp-khun kh.
ありがとうございます。

ráan khoo-khaa
コカレストラン
ráan náŋ-sʉ̌ʉ
本屋

第 10 課

練習 1 解答例 206 (145 ページ)

(1) ขึ้นรถไฟฟ้าบีทีเอสไปที่อโศกแล้วต่อรถไฟใต้ดินที่สถานีสุขุมวิทไปลงที่สถานีลาดพร้าว
khʉ̂n rót-fay-fáa bii-thii-ʔéet pay thîi ʔa-sòok lɛ́ɛw tɔ̀ɔ rót-fay-tâay-din thîi sa-thǎa-nii sù-khǔm-wít pay loŋ thîi sa-thǎa-nii lâat-phráaw
BTS でアソーク駅まで行き、地下鉄のスクンビット駅で乗り換えてラープラーウ駅まで行く。

(2) ขึ้นรถไฟฟ้าบีทีเอสไปที่สยามแล้วต่อรถไฟฟ้าสายสีลมไปลงที่สถานีราชดำริ
khʉ̂n rót-fay-fáa bii-thii-ʔéet pay thîi sa-yǎam lɛ́ɛw tɔ̀ɔ rót-fay-fáa sǎay sǐi-lom pay loŋ thîi sa-thǎa-nii râat-cha-dam-rìʔ
BTS でサイアム駅まで行き、シーロム線に乗り換えてラーチャダムリ駅まで行く。

(3) ขึ้นรถไฟฟ้าบีทีเอสไปที่อโศกแล้วต่อรถไฟใต้ดินที่สถานีสุขุมวิทไปลงที่สถานีสามย่าน
khʉ̂n rót-fay-fáa bii-thii-ʔéet pay thîi ʔa-sòok lɛ́ɛw tɔ̀ɔ rót-fay-tâay-din thîi sa-thǎa-nii sù-khǔm-wít pay loŋ thîi sa-thǎa-nii sǎam-yâan
BTS でアソーク駅まで行き、地下鉄のスクンビット駅で乗り換えてサームヤーン駅まで行く。

(4) ขึ้นรถไฟฟ้าบีทีเอสไปลงที่สถานีสนามเป้า

khûn rót-fay-fáa bii-thii-ʔéet pay loŋ thîi sa-thǎa-nii sa-nǎam-pâw

BTS に乗って、サナームパウ駅まで行く。

練習 2 質問 (207) + 解答例 (208) （146 ページ）

(1) (質) ふだん、会社へはどうやって行きますか？

เดินไป — 歩いて行きます。

dəən pay

(2) (質) 普段、大学へどうやって来ますか？

ขับรถมา — 車で来ます。

khàp rót maa

(3) (質) このお店では、どのように払えばいいですか？

จ่ายที่โต๊ะ — テーブルで支払います。

càay thîi tóʔ

(4) (質) 寿司はどう食べますか？

ใช้มือ — 手を使います。

cháy mɯɯ

(5) (質) タイ語はどのように勉強しますか？

ฟังแล้วออกเสียงเยอะ ๆ — 聞いてたくさん発音します。

faŋ lέεw ʔɔ̀ɔk-sǐaŋ yə́-yə́ʔ

練習 3 （146 ページ）

(1)

タイ人 日本人 彼 / 彼女	味のうすい料理が好き（では） もう来（る） ハワイに住みた（い / く） タイに行（く / か） 生卵を食べ（る） 日本に遊びに来た（い / く） 辛いものを食べ（る）	でしょう。 ないでしょう。

(2)

私は	幸せになります。
来月は	節約になります。
たくさん話すと	背が高くなります。
毎日牛乳を飲むと	太らないです。
たくさん歩くと	タイへ行けます。
お弁当を持っていくと	課長になれます。
タンブンを頻繁にすると	上手になります。

練習 4 解答例 (210) (147 ページ)

(1) กินข้าวก่อนกินกาแฟ

kin khâaw kɔ̀ɔn kin kaa-fɛɛ

コーヒーを飲む前に、ご飯を食べます。

(2) กินอาหารเย็นก่อนอาบน้ำ

kinʔaa-hǎan yen kɔ̀ɔn ʔàap-náam

お風呂に入る前に夕飯を食べます。

(3) แปรงฟันก่อนกินอาหารเช้า

prɛɛŋ-fan kɔ̀ɔn kin ʔaa-hǎan cháaw

朝食を食べる前に歯磨きをします。

(4) ถูตัวก่อนสระผม

thǔu tua kɔ̀ɔn sà-phǒm

髪の毛を洗う前に体を洗います。

(5) เปิดทีวีก่อนเปิดคอมพิวเตอร์

pə̀ət thii-wii kɔ̀ɔn pə̀ət khɔm-phiw-tə̂ə

コンピュータをつける前にテレビをつけます。

練習 5 質問Ⓐ (211) ＋ 解答例Ⓑ (212) (147 ページ)

(1) Ⓐ วันนี้วันที่เท่าไร　今日は何日ですか？

wan-níi wan-thîi thâw-rày

Ⓑ วันที่ 10　10 日です。

wan-thîi sìp

(2) Ⓐ เมื่อวานวันที่เท่าไร　昨日は何日ですか？

mɯ̂a-waan wan-thîi thâw-rày

Ⓑ วันที่ 9　9 日です。

wan-thîi kâaw

(3) Ⓐ เดือนนี้เดือนอะไร　今月は何月ですか？

dɯan níi dɯan ʔa-ray

Ⓑ เดือนมิถุนายน　6 月です。

dɯan mí-thù-naa-yon

(4) Ⓐ เดือนหน้าเดือนอะไร　来月は何月ですか？

duan nâa duan ʔa-ray

Ⓑ เดือนกรกฎาคม　7月です。

duan ka-rá-ka-daa-khom

(5) Ⓐ คุณเรียนภาษาไทยตั้งแต่เมื่อไร　いつからタイ語を勉強していましたか？

khun rian phaa-săa thay tâŋ-tɛ̀ɛ mûa-rày

Ⓑ ตั้งแต่เดือนเมษายนปีนี้　今年の4月からです。

tâŋ-tɛ̀ɛ duan mee-săa-yon pii níi

(6) Ⓐ ปีนี้ปี ค.ศ.อะไร　今年は西暦何年ですか？

pii níi pii khɔɔ-sɔ̌ɔ ʔa-ray

Ⓑ ปี ค.ศ.2026　西暦2026年です。

pii khɔɔ-sɔ̌ɔ sɔ̌ɔŋ-phan-yîi-sìp-hòk

(7) Ⓐ ปีนี้ปีพ.ศ.อะไร　今年は仏暦何年ですか？

pii níi pii phɔɔ-sɔ̌ɔ ʔa-ray

Ⓑ ปีพ.ศ.2569　仏暦2569年です。

pii phɔɔ-sɔ̌ɔ sɔ̌ɔŋ-hâa-hòk-kâaw

(8) Ⓐ คุณเกิดเมื่อไร　あなたは、いつ生まれましたか？

khun kə̀ət mûa-rày

Ⓑ วันที่ 20 สิงหาคม ปี พ.ศ.2525　仏暦2525年8月20日です。

wan-thîi yîi-sìp sĭŋ-hăa-khom pii phɔɔ-sɔ̌ɔ sɔ̌ɔŋ-hâa-sɔ̌ɔŋ-hâa

(9) Ⓐ วันเด็กผู้ชายที่ญี่ปุ่นเมื่อไร　男の子の日は、日本ではいつですか？

wan dèk-phûu-chaay thîi yîi-pùn mûa-rày

Ⓑ วันที่ 5 เดือนพฤษภาคม　5月5日です。

wan-thîi hâa duan phrɯ́t-sa-phaa-khom

(10) Ⓐ วันเด็กผู้หญิงที่ญี่ปุ่นเมื่อไร　女の子の日は、日本ではいつですか？

wan dèk-phûu-yĭŋ thîi yîi-pùn mûa-rày

Ⓑ วันที่ 3 เดือนมีนาคม　3月3日です。

wan-thîi săam duan mii-naa-khom

第 11 課

練習 1 解答例 (225) （156 ページ）

ขอผัดผักบุ้งจานหนึ่ง ต้มยำกุ้งถ้วยหนึ่ง ข้าวเปล่า 2 จานแล้วก็น้ำส้ม 2 แก้ว

khɔ̌ɔ phàt phàk-bûŋ caan nɯŋ tôm-yam kûŋ thûay nɯŋ khâaw-plàaw sɔ̌ɔŋ caan lɛ́ɛw-kɔ̂ɔ nám-sôm sɔ̌ɔŋ kɛ̂ɛw

空芯菜炒め 1 皿とトムヤムクン 1 つ、ご飯 2 つ、それとオレンジジュースを 2 杯ください。

練習 2 （158 ページ）

(1)

トイレに行（か）（っ）（く） お先に帰（ら）（っ）（る） 冷房を消（さ）（し）（す） 仕事を休（ま）（ん）（む） タイに留学に行（か）（っ）（く） 食べ（さ）（る）	せてください。 てもいい？ / ね？ （せていただけますか？） 注）khɔ̌ɔ がある場合、丁寧なニュアンスとなります。

(2)

私（女性）は 私（男性）は 姉 / 兄は 父は	ココナッツアイスクリームが 家にいることが 出かけることが 友達と遊びに行くことが 外国に行く 渋滞が トゥクトゥクに乗ることが	好きです。 好きではないです。

練習 3 解答例 (227) （158 ページ）

(1) これは今、私が住んでいる家です。

นี่คือบ้านที่ฉันอาศัยอยู่ตอนนี้

nîi khɯɯ bâan thîi chán ʔaa-sǎy yùu tɔɔn-níi

(2) これは私がよく使うカバンです。

นี่คือกระเป๋าที่ฉันชอบใช้

nîi khɯɯ kra-pǎw thîi chán chɔ̂ɔp cháy

(3) これは先週、遊びに行ったお寺です。

นี่คือวัดที่ไปเที่ยวอาทิตย์ที่แล้ว

nîi khɯɯ wát thîi pay thîaw ʔaa-thít thîi-lɛ́ɛw

(4) これはプーケットで買った T シャツです。

นี่คือเสื้อยืดที่ซื้อที่ภูเก็ต

nîi khɯɯ sɯ̂a-yɯ̂ɯt thîi sɯ́ɯ thîi phuu-kèt

(5) これは去年、中国へ行った友達です。

นี่คือเพื่อนที่ไปเมืองจีนปีที่แล้ว

nîi khʉʉ phʉ̂an thîi pay mʉaŋ-ciin pii thîi-lɛ́ɛw

(6) これは私が好きなカフェです。

นี่คือร้านกาแฟที่ฉันชอบ

nîi khʉʉ ráan kaa-fɛɛ thîi chán chɔ̂ɔp

(7) これは韓国で買った時計です。

นี่คือนาฬิกาที่ซื้อที่เกาหลี

nîi khʉʉ naa-li-kaa thîi sʉ́ʉ thîi kaw-lǐi

練習 4 質問 (228) ＋ 解答例 (229) (159 ページ)

(1) 質 どんな家に住みたいですか？

อยากอยู่บ้านที่มีสระว่ายน้ำ　　プールがある家に住みたいです。

yàak yùu bâan thîi mii sàʔ wâay-náam

(2) 質 どんな友達が欲しいですか？

อยากมีเพื่อนที่ทำอาหารเก่ง　　料理が上手い友達が欲しいです。

yàak mii phʉ̂an thîi tham ʔaa-hǎan kèŋ

(3) 質 どんな街に住みたいですか？

อยากอยู่เมืองที่มีธรรมชาติเยอะ　　自然がたくさんある街に住みたいです。

yàak yùu mʉaŋ thîi mii tham-ma-châat yə́ʔ

(4) 質 どんな会社で仕事をしたいですか？

อยากทำงานที่บริษัทที่ได้ใช้ภาษาไทย　　タイ語が話せる会社で仕事をしたいです。

yàak tham-ŋaan thîi bɔɔ-ri-sàt thîi dâay cháy phaa-sǎa thay

(5) 質 どんなお店に行きたいですか？

อยากไปร้านที่ส้มตำอร่อย　　ソムタムがおいしいお店に行きたいです。

yàak pay ráan thîi sôm-tam ʔa-rɔ̀y

練習 5 質問 (230) ＋ 解答例 (231) (159 ページ)

(1) 質 土日は、何をするのが好きですか？

ชอบอยู่บ้าน　　家にいるのが好きです。

chɔ̂ɔp yùu bâan

(2) 質 ふだん、何をするのが好きではないですか？

ไม่ชอบทำความสะอาด ค.   掃除がきらいです。
mây chɔ̂ɔp tham khwaam-sa-ʔàat kh.

(3) 質 何を食べるのが好きですか？

ชอบกินอาหารใต้ ค.   南部の料理が好きです。
chɔ̂ɔp kin ʔaa-hǎan tâay kh.

(4) 質 何か食べられないものがありますか？

มี ค. กินผักชีไม่ได้ ค.   あります。パクチーが食べられないです。
mii kh. kin phàk-chii mây dâay kh.

(5) 質 どこか行きたいところがありますか？

มี ค. ผมอยากไปโอกินาวะ ค.   あります。沖縄に行きたいです。
mii kh. phǒm yàak pay ʔoo-ki-naa-wâa kh.

(6) 質 だれかタイ料理を食べたい人はいますか？

มี ค. ผม ค.   はい、私です。
mii kh. phǒm kh.

(7) 質 コーヒーかお茶を飲みませんか？

ไม่เป็นไร ค. อิ่มแล้ว   結構です。お腹がいっぱいです。
mây-pen-ray kh. ʔìm lɛ́ɛw

(8) 質 今度の土曜日に映画かショッピングに行きませんか？

ค. ไป ค.   はい、行きます。
kh. pay kh.

(9) 質 シンハービールまたはチャーンビールのどちらが好きですか？

ชอบเบียร์ช้าง   チャーンビールが好きです。
chɔ̂ɔp bia cháaŋ

(10) 質 留学したいですか？　それとも働きたいですか？

อยากทำงาน   働きたいです。
yàak tham-ŋaan

練習 6 解答例 232 (159ページ)

(1) เมืองที่ผมอาศัยอยู่เป็นเมืองที่มีธรรมชาติ
mɯaŋ thîi phǒm ʔaa-sǎy yùu pen mɯaŋ thîi mii tham-ma-châat

59

(2) เสื้อตัวนี้คือเสื้อที่แม่ซื้อที่ภูเก็ตปีที่แล้ว
sɯ̂a tua níi khɯɯ sɯ̂a thîi mɛ̂ɛ sɯ́ɯ thîi phuu-kèt pii thîi-lɛ́ɛw

(3) มีใครอยากไปไหม
mii khray yàak pay máy

(4) มีของที่อยากซื้อไหม
mii khɔ̌ɔŋ thîi yàak sɯ́ɯ máy

(5) ทานผลไม้หรือของหวานไหม
thaan phǒn-la-máay rɯ̌ɯ khɔ̌ɔŋ-wǎan máy

第12課

練習1 解答例 244 (169ページ)

(1) หวานให้ช็อกโกแลตวิน　ワーンがウィンにチョコレートをあげた。
wǎan hây chɔ́k-koo-lɛ́t win

(2) หวานได้รับสร้อยคอจากปู　ワーンがプーからネックレスをもらった。
wǎan dâay-ráp sɔ̂y-khɔɔ càak puu

(3) หวานได้รับถุงมือจากแมว　ワーンがメーウから手袋をもらった。
wǎan dâay-ráp thǔŋ-mɯɯ càak mɛɛw

(4) หมูให้ดอกไม้แมว　ムーがメーウへ花をあげた。
mǔu hây dɔ̀ɔk-máay mɛɛw

(5) หมูได้รับรองเท้าจากแมว　ムーはメーウから靴をもらった。
mǔu dâay-ráp rɔɔŋ-tháaw càak mɛɛw

(6) หวานให้เนกไทหมู　ワーンがムーへネクタイをあげた。
wǎan hây nék-thay muu

(7) เข็มได้รับหนังสือจากเอ　ケムはエーから本をもらった。
khěm dâay-ráp náŋ-sɯ̌ɯ càak ʔee

(8) เอให้ปากกาหวาน　エーはワーンへペンをあげた。
ʔee hây pàak-kaa wǎan

(9) หวานได้รับถุงเท้าจากส้ม　ワーンがソムから靴下をもらった。
wǎan dâay-ráp thǔŋ-tháaw càak sôm

(10) ซันให้ส้มหวาน　　サンがワーンへミカンをあげた。

san hây sôm wǎan

練習 2　(169 ページ)

(1)

仕事を手伝ってくれて	
送ってくれて	
ご馳走してくれて	
食事を作るのを手伝ってくれて	ありがとうね。
招待してくれて	ありがとうございます。
お寺に遊びに連れて行ってくれて	
お店を薦めてくれて	
家に誘ってくれて	

(2)

宿題を忘れて	
友達に会わなくて	
手伝いに行かなくて	すみません。
友達が嘘をついて	ごめんね。
先に読んできて	残念です。
連絡せずに	悲しいです。
飼っていた猫が死んで	怒っています。
車で来なくて	よかったです。
友達が理解してくれなくて	
母が（私の）好きな手袋を捨てて	

(3)

	たくさん寝ます。
欲しかったら	仕事を辞めます。
お金がたくさんあったら	世界一周旅行に行きます。
とても疲れたら	すぐ買います。
気にして悩むなら	散歩に行きます。
	お粥を食べます。

練習 3　解答例 (246)　(170 ページ)

(1) อย่ามาสายนะ　　遅刻しないでね。

yàa maa sǎay ná?

(2) อย่าโทรศัพท์ในรถไฟ　　電車の中で電話しないで。

yàa thoo-ra-sàp nay rót-fay

(3) อย่าส่งเสียงดังสิ　　大声を出さないで。

yàa sòŋ sǐaŋ-daŋ sì?

(4) อย่าสูบบุหรี่สิ　　タバコを吸わないで。

yàa sùup bu-rìi sì?

(5) อย่าโกรธนะ　　　　　怒らないでね。
　　yàa króot ná?

(6) อย่านอนในห้องเรียนนะ　　教室で寝ないでね。
　　yàa nɔɔn nay hôŋ-rian ná?

(7) อย่ากินเยอะนะ　　　　たくさん食べないでね。
　　yàa kin yɔ́? ná?

(8) อย่าพูดเร็วสิ　　　　早く言わないで。
　　yàa phûut rew sì?

(9) อย่าลืมการบ้านนะ　　宿題を忘れないでね。
　　yàa lɯɯm kaan-bâan ná?

(10) อย่าไปแถวนั้นนะ　　あの辺に行かないでね。
　　yàa pay thɛ̌w-nán ná?

練習 4　解答例 247　(171 ページ)

(1) พูดภาษาไทยสิ　　　　タイ語を話して。
　　phûut phaa-sǎa thay sì?

(2) เดินเร็ว ๆ สิ　　　　早く歩いて。
　　dəən rew-rew sì?

(3) ตื่นสิ　　　　　　起きて。
　　tɯ̀ɯn sì?

(4) พูดช้า ๆ สิ　　　　ゆっくり話して。
　　phûut cháa-cháa sì?

(5) กินยาสิ　　　　　薬を飲んで。
　　kin yaa sì?

練習 5　相談文 248 ＋ 解答例 249　(171 ページ)

(1) 質 日本語が上手になりたいです。
　　หาเพื่อนคนญี่ปุ่นสิ　　　日本の友達を見つけたら？
　　hǎa phɯ̂an khon yîi-pùn sì?

(2) 質 スタイルがよくなりたいです。

ออกกำลังกายสิ　運動したら？

ʔɔ̀ɔk-kam-laŋ-kaay sìʔ

(3) 質 日本で仕事をしたいです。

เข้าเรียนในมหาวิทยาลัยญี่ปุ่นสิ　日本の大学へ入学したら？

khâw-rian nay ma-hǎa-wít-tha-yaa lay yîi-pùn sìʔ

(4) 質 長生きしたいです。

กินปลาเยอะ ๆสิ　魚を食べたら？

kin plaa yə́-yə́ʔ sìʔ

(5) 質 おいしいお寿司を食べたいです。

ไปที่กินซะสิ　銀座に行ったら？

pay thîi kin-sâa sìʔ

(6) 質 きれいな桜を見たいです。

ไปดูที่สวนอูเอโนะสิ　上野公園へ行ったら？

pay duu thîi sǔan ʔuu-ʔee-nóʔ sìʔ

(7) 質 雪をたくさん見たいです。

ไปเที่ยวฮอกไกโดสิ　北海道へ遊びに行ったら？

pay thîaw hɔ́k-kay-doo sìʔ

練習 6　質問 250 ＋ 解答例 251 （172 ページ）

(1) 質 タイ語が上手になったら何をしたいですか？

ถ้าพูดภาษาไทยเก่งก็อยากไปอยู่เมืองไทย

thâa phûut phaa-sǎa thay kèŋ kɔ̂ɔ yàak pay yùu mɯaŋ-thay

タイ語が上手になったら、タイに住みたいです。

(2) 質 宝くじに当たったら、何をしたいですか？

ถ้าถูกลอตเตอรี่ก็อยากจะสร้างบ้าน

thâa thùuk lɔ́t-təə-rîi kɔ̂ɔ yàak càʔ sâaŋ bâan

宝くじに当たったら、家を建てたいです。

(3) 質 タイの友達が日本に遊びに来たら、どこへ遊びに連れて行きたいですか？

ถ้าเพื่อนคนไทยมาเที่ยวญี่ปุ่นก็อยากพาไปปีนภูเขาฟูจิ

thâa phɯ̂an khon thay maa thîaw yîi-pùn kɔ̂ɔ yàak phaa pay piin phuu-khǎw fuu-cìʔ

タイの友達が日本に遊びに来たら、富士登山に連れて行きたいです。

(4) 質 結婚するなら、どんな人としたいですか？

ถ้าจะแต่งงานก็อยากแต่งกับคนดี

thâa càʔ tὲŋ-ŋaan kɔ̂ɔ yàak tὲŋ kàp khon dii

結婚するなら、いい人としたいです。

(5) 質 選べるなら、どんな仕事をしたいですか？

ถ้าเลือกได้ก็อยากเป็นนายกฯ

thâa lʉ̂ak dâay kɔ̂ɔ yàak pen naa-yók

選べるなら、首相になりたいです。

タイ文字

練習 1 (別冊 8 ページ)

中子音（9）	ก[k] จ[c] ด[d] ฎ[d] ต[t] ฏ[t] บ[b] ป[p] อ[ʔ]
高子音（10）	ข[kh] ฉ[ch] ถ[th] ฐ[th] ผ[ph] ฝ[f] ส[s] ศ[s] ษ[s] ห[h]
低子音・対応字（13）	ค[kh] ฆ[kh] ช[ch] ฌ[ch] ท[th] ธ[th] ฑ[th] ฒ[th] พ[ph] ภ[ph] ฟ[f] ซ[s] ฮ[h]
低子音・単独字（10）	ง[ŋ] น[n] ณ[n] ม[m] ย[y] ญ[y] ร[r] ล[l] ฬ[l] ว[w]

練習 2 (別冊 8 ページ)

-k（4）	ก ข ค ฆ
-t（16）	ด จ ช ซ ฎ ฏ ฐ ฑ ฒ ต ถ ท ธ ศ ษ ส
-p（5）	บ ป พ ฟ ภ
-m（1）	ม
-n（6）	น ญ ณ ร ล ฬ
-ŋ（1）	ง
-y（1）	ย
-w（1）	ว

練習 3 (270) (別冊 16 ページ)

			解説：別冊 P15「声調例一覧」表の a ～ o 参照				解説：別冊 P15「声調例一覧」表の a ～ o 参照
(1)	dii	良い	a	(21)	dùʔ	叱る	d
(2)	khɔ̌ɔ	ください	b	(22)	pə̀ət	開く	d
(3)	maa	来る	c	(23)	hɔ̀ʔ	飛ぶ	e
(4)	fǒn	雨	b	(24)	fàak	預ける	e
(5)	kin	食べる	a	(25)	lɛ́ʔ	～と～	f
(6)	ruay	お金持ち	c	(26)	khít	考える	f
(7)	kàw	古い	h	(27)	chɔ̂ɔp	好きだ	g
(8)	ʔùn	暖かい	h	(28)	yâak	難しい	g
(9)	thùa	豆	i	(29)	dèk	子ども	d
(10)	fùn	埃	i	(30)	khâaw	ご飯	l
(11)	yâa	祖母	j	(31)	chûay	手伝う	j
(12)	wɛ̂n	メガネ	j	(32)	cóok	お粥	n
(13)	dây	できる	k	(33)	chə̌əy-məəy	無視する	b-c
(14)	tôm	煮る	k	(34)	thúk-wan	毎日	f-c
(15)	sʉ̂a	服	l	(35)	pàak-kaa	ペン	d-a
(16)	khʉ̂n	乗る	l	(36)	thîi-sùt	一番	j-e
(17)	sʉ́ʉ	買う	m	(37)	khɛ̀ŋ-khǎn	試合する	i-b
(18)	yím	微笑む	m	(38)	khon-con	貧乏人	c-a
(19)	tóʔ	机	n	(39)	phaa-sǎa	言葉	c-b
(20)	kǔay-tǐaw	ラーメン	o	(40)	kày-yâaŋ	焼き鳥	h-j

練習 4 (279) (別冊 20 ページ)

(1)	nǎŋ	映画	(11)	klʉʉn	呑み込む
(2)	ŋʉ̀a	汗	(12)	prîaw	すっぱい
(3)	mɔ̂ɔ	鍋	(13)	trùat	調べる
(4)	lèk	鉄	(14)	phrík	唐辛子
(5)	yòk	翡翠	(15)	phlə̌ə	うっかりする
(6)	ta-lòk	面白い	(16)	sa-bùu	石鹸
(7)	sa-wàt-dii	こんにちは	(17)	cha-bàp	部
(8)	pha-lìt	生産する	(18)	kha-náʔ	学部
(9)	ʔa-rɔ̀y	おいしい	(19)	ra-hàt	暗証番号
(10)	pa-rɔ̀ɔt	温度計	(20)	kha-buan	パレード

練習 5 　292　(別冊 23 ページ)

(1)	sǐi-sàʔ	頭	(11)	ban-thúk	運ぶ
(2)	kìt-ca-kaan	企業	(12)	ʔay-ya-kaan	検事
(3)	sûat-soŋ	体型	(13)	tham-ma-daa	普通
(4)	ciŋ	本当	(14)	ban-yaay	講義する
(5)	bɔɔ-ri-sàt	会社	(15)	sɔ̂y	ネックレス
(6)	wít-tha-yúʔ	ラジオ	(16)	sùk-kha-phâap	健康
(7)	mɔɔ-ra-dòk	財産	(17)	sɔ̌ŋ	浴びる
(8)	lá-khɔɔn	ドラマ	(18)	sâaŋ	建てる
(9)	phí-thii-kɔɔn	司会者	(19)	sɔ̌əm	補う
(10)	ʔuay-phɔɔn	祝う	(20)	sèet-thǐi	大金持ち

練習 6 　295　(別冊 25 ページ)

(1)	rót-mee	バス	(6)	sa-taaŋ	サターン（通過の単位）
(2)	thoo-ra-sàp	電話	(7)	dèk-dèk	子どもたち
(3)	wan ʔaa-thít	日曜日	(8)	pay-pay-maa-maa	行ったり来たりする
(4)	sǎm-phan	関係	(9)	klây-klây	近く
(5)	kaa-tuun	マンガ	(10)	khâaŋ-khâaŋ	隣

単語 INDEX

本書に出てきた単語を以下の順に並べて掲載しています。

① 発音記号語順：a, b, c, ch, d, e, ə, ɛ, f, g, h, i, k, kh, l, m, n, ŋ, o, ɔ, p, ph, r, s, t, th, u, ɯ, w, y, ʔ

② 声調語順：平声（a）、低声（à）、下声（â）、高声（á）、上声（ǎ）

③ 母音から始まる単語は、語頭の「ʔ」は無視します（ただし、語中に「ʔ」が来る場合は、①の発音記号語順の順番）

④ 音節の区切りを表す「-」は無視します

「初出の課」で、本課（第１～12 課）と「タイ語の発音」とで重複している場合は、本課で出てきた課を記載しています。

「初出の課」の「発音」は「タイ語の発音」、「文字」は別冊掲載の「タイ文字」のことを指します。

a			初出の課
ʔaa	おじ / おば	อา	文字
ʔaa-caan	先生	อาจารย์	1
ʔaa-hǎan	料理	อาหาร	3
ʔaa-hǎan cháaw	朝食	อาหารเช้า	8
ʔaa-hǎan nɛ́-nam	お薦め料理	อาหารแนะนำ	11
ʔaa-hǎan tâay	南部料理	อาหารใต้	11
ʔaa-hǎan thîaŋ	昼食	อาหารเที่ยง	8
ʔaa-hǎan yen	夕食	อาหารเย็น	8
ʔaa-kàat	天気 / 気候 / 空気	อากาศ	8
ʔàaŋ	浴槽 / お風呂	อ่าง	10
ʔàan	読む	อ่าน	3
ʔàap-náam	シャワーを浴びる	อาบน้ำ	3
ʔaa-sǎy	住む	อาศัย	3
ʔaa-yú-yɯɯn	長生きする	อายุยืน	12
ʔaa-yúʔ	年齢	อายุ	3
ʔan-ta-raay	危ない	อันตราย	文字
ʔa-na-khót	将来	อนาคต	6
ʔaŋ-krìt	イギリス	อังกฤษ	文字
ʔa-ray	何？	อะไร	1
ʔa-rɔ̀y	おいしい	อร่อย	4
ʔa-thí-baay	説明する	อธิบาย	文字
ʔaw	いる / 買う	เอา	4
ʔa-wa-kàat	宇宙	อวกาศ	6
ʔaw-klàp bâan	テイクアウト	เอากลับบ้าน	11
ʔay-sa-kriim	アイスクリーム	ไอศกรีม	5
ʔay-ya-kaan	検事	อัยการ	文字
b			
bâan	家	บ้าน	3
bâan-kə̀ət	実家	บ้านเกิด	3
bâaŋ	多少	บ้าง	発音
bàat	バーツ	บาท	発音
báay-baay	バイバイ	บ๊ายบาย	1
ban-chii	会計	บัญชี	2
ban-thúk	運ぶ	บรรทุก	文字
ban-yaa-kàat	雰囲気	บรรยากาศ	文字
bay	葉	ใบ	文字

bây	言葉の不自由な	ใบ้	文字
bay-sèt	領収書	ใบเสร็จ	11
bəə	番号	เบอร์	3
bəə bâan	家の番号	เบอร์บ้าน	3
bəə mɯɯ-thɯ̌ɯ	携帯番号	เบอร์มือถือ	3
bəə thîi-tham-ŋaan	職場の番号	เบอร์ที่ทำงาน	3
bəə thoo-ra-sàp	電話番号	เบอร์โทรศัพท์	3
bəə tìt-tɔ̀ɔ	連絡番号	เบอร์ติดต่อ	3
bia	ビール	เบียร์	文字
bɔ̀ɔk	（道など）教える / 言う	บอก	9
bɔɔ-ri-hǎan	経営	บริหาร	2
bɔɔ-ri-sàt	会社	บริษัท	2
bɔ̀ɔ-sâaŋ	ボーサーン（チェンマイの手作り傘で有名な村の名前）	บ่อสร้าง	3
bɔ̀n	賭場	บ่อน	文字
c			
càʔ	～する（未来や意思を表す助動詞）	จะ	6
cáʔ	（親しさを示す終助詞 / 疑問文の時）	จ๊ะ	5
càak	～から（空間）	จาก	8
caan	皿 / ～皿（皿に盛られた料理）	จาน	5
càay ŋən	支払う	จ่ายเงิน	10
cam	覚える	จำ	文字
ca-mùuk	鼻	จมูก	文字
caŋ	とても / 結構	จัง	5
càt	（味が）濃い	จัด	4
câw-khɔ̌ɔŋ kìt-ca-kaan	自営業	เจ้าของกิจการ	2
cay	心	ใจ	文字
cay-dii	親切な	ใจดี	4
cay-yen	気が長い	ใจเย็น	11
cèt	7	เจ็ด	3
cəə (kan)	会う	เจอ(กัน)	1
ciŋ	本当に	จริง	6
ciŋ-ciŋ	本当は	จริงๆ	12
cóok	お粥	โจ๊ก	文字
còt-mǎay	手紙	จดหมาย	3
cɔ̀ɔt	停める / 停まる / 駐車する	จอด	9
cɯ̀ɯt	（味が）薄い	จืด	4

ch

cháa	遅い / ゆっくり	ช้า	5
chaam	茶碗 / ～杯（汁麺など）	ชาม	5
châaŋ tàt-phǒm	理容師	ช่างตัดผม	2
cháa-cháa	ゆっくり	ช้า ๆ	9
cháaw	早い	เช้า	5
cha-baa	ハイビスカス	ชบา	文字
cha-bàp	部	ฉบับ	文字
chán	私	ฉัน	1
chán	タンス	ชั้น	7
chây	そう	ใช่	4
cháy	使う	ใช้	4
chây-máy	ですよね？	ใช่ไหม	2
cháy wee-laa	（時間が）かかる	ใช้เวลา	8
chék-bin	勘定する	เช็กบิล	9
chên-kan	こちらこそ	เช่นกัน	1
chəən	どうぞ / 招待する	เชิญ	1
chə̌əy-məəy	無視する	เฉยเมย	文字
chɛ̂ɛ-náam	入浴する	แช่น้ำ	10
chiaŋ-raay	チェンライ（タイの北部にある県名）	เชียงราย	2
chom	観賞する / ほめる	ชม	6
chon-na-bòt	田舎	ชนบท	文字
chôok-dii	幸運	โชคดี	1
chɔ́ɔn	スプーン	ช้อน	5
chɔ̂ɔp	好き	ชอบ	4
chɔ́k-koo-lét	チョコレート	ช็อกโกแลต	12
chɔ́p-pîŋ	ショッピングする	ชอปปิง	11
chuan	誘う	ชวน	7
chûay	～してください / 手伝う	ช่วย	9
chum-phɔɔn	チュンポーン（タイの南部にある県名）	ชุมพร	2
chɯ̂ɯ	名前	ชื่อ	1
chɯ̂ɯ-lên	あだ名	ชื่อเล่น	1

d

dâay	～してもいいですか？ / ～できる / OK	ได้	5
dam-náam	ダイビングする	ดำน้ำ	6
daŋ	有名な	ดัง	7

day	いかなる	ใด	文字
dəən	歩く	เดิน	5
dəən-lên	散歩する	เดินเล่น	6
dèk	子ども	เด็ก	11
dèk-dèk	子どもたち	เด็ก ๆ	文字
dǐaw	ちょっと待って	เดี๋ยว	5
di-chán	私（女性が使う一人称単数形）	ดิฉัน	1
dii	よい	ดี	4
dii-dii	ちゃんと / 気を付けて	ดี ๆ	1
din-sɔ̌ɔ	鉛筆	ดินสอ	5
dìp	生の	ดิบ	9
don-trii	音楽	ดนตรี	3
dɔ̀ɔk ku-làap	バラ	ดอกกุหลาบ	12
dɔ̀ɔk-máay	花	ดอกไม้	5
dûay	一緒に / も / ～してください	ด้วย	6
duu	見る	ดู	3
duu-lɛɛ	面倒を見る	ดูแล	9
dùʔ	厳しい	ดุ	4
dɯ̀k	夜遅い	ดึก	8
dɯ̀ɯm	飲む	ดื่ม	3
e			
ʔèek	専攻	เอก	3
ʔèek-ka-sǎan	書類	เอกสาร	9
ɛ			
ʔɛɛ	冷房	แอร์	8
f			
fàak	預ける	ฝาก	文字
faŋ	聞く	ฟัง	3
fay	電気 / 火	ไฟ	9
fày	願う	ใฝ่	文字
féet-búk	facebook	เฟซบุ๊ก	3
fɛɛn	恋人	แฟน	4
fɯ̀k	練習する	ฝึก	10
fǒn	雨	ฝน	文字
fùn	埃	ฝุ่น	文字
h			
hâa	5	ห้า	3

hǎa	探す / 見つける / 会う	หา	6
hâaŋ (sàp-pha-sǐn-kháa)	デパート	ห้าง(สรรพสินค้า)	7
hây	あげる / くれる	ให้	12
hèet	理由 / 原因	เหตุ	文字
hěn	見る / 見える	เห็น	12
hì-máʔ	雪	หิมะ	12
hǐw (khâaw)	お腹がすく	หิว(ข้าว)	8
hòk	6	หก	3
hɔ̌ɔm	よい香りがする	หอม	4
hɔ̂ŋ-khrua	台所	ห้องครัว	7
hɔ̂ŋ-náam	トイレ	ห้องน้ำ	7
hɔ̂ŋ-nɔɔn	寝室	ห้องนอน	7
hɔ̂ŋ-rian	教室	ห้องเรียน	12
hɔ̂ŋ-sa-mùt	図書館	ห้องสมุด	3
hɔ̀ʔ	飛ぶ	เหาะ	文字
hǔa	頭	หัว	文字
hǔa-nâa	上司	หัวหน้า	4
hǔay	不法なクジ	หวย	文字
hùn	スタイル	หุ่น	12
i			
ʔìik	もっと / また / さらに	อีก	9
ʔii-sǎan	イサーン（タイ東北地方の別名）	อีสาน	11
k			
kaa-fɛɛ	コーヒー	กาแฟ	3
kaan-bâan	宿題	การบ้าน	3
kaaŋ-keeŋ	ズボン	กางเกง	5
kaaŋ-keeŋ khǎa-sân	短パン	กางเกงขาสั้น	5
kaa-tuun	マンガ	การ์ตูน	文字
kâaw	9	เก้า	3
kam	行い / 目的語	กรรม	文字
kam-laŋ	～している	กำลัง	3
kan	一緒に	กัน	8
kan-kray	はさみ	กรรไกร	文字
kàp	～と一緒に / ～と～	กับ	3
ka-rú-naa	～してください	กรุณา	文字
ka-sǐan	定年になる	เกษียณ	9
ka-thíʔ	ココナツミルク	กะทิ	11

kaw	掻く	เกา	文字
kàw	古い	เก่า	文字
ka-wii	詩人	กวี	文字
kâw-ʔîi	椅子	เก้าอี้	5
kày-yâaŋ	焼き鳥	ไก่ย่าง	文字
kàʔ	予定する	กะ	文字
keŋ	緊張する	เก็ง	文字
kèŋ	上手な	เก่ง	5
kèp	片づける	เก็บ	文字
kə̀ət	生まれる	เกิด	2
kɛɛŋ mát-sa-màn	マッサマンカレー	แกงมัสมั่น	6
kɛɛŋ phèt	レッドカレー	แกงเผ็ด	6
kɛ̀ɛ	年寄り	แก่	6
kɛ̂ɛ-tua	言い訳をする	แก้ตัว	11
kɛ̂ɛw	コップ / ～杯（コップに入った飲み物）	แก้ว	11
kìi	いくつの～	กี่	3
kin	食べる / 飲む	กิน	1
kin thîi-nîi	店内で食べる	กินที่นี่	11
kìt-ca-kaan	企業	กิจการ	文字
klâam	筋肉	กล้าม	発音
klàp	帰る	กลับ	1
klay	遠い	ไกล	発音
klây-klây	近く	ใกล้ ๆ	7
klɔɔn	詞	กลอน	文字
klɔ̂ŋ	カメラ	กล้อง	発音
klua	怖い	กลัว	発音
klûay	バナナ	กล้วย	発音
klɯɯn	のみ込む	กลืน	文字
koo-hòk	嘘をつく	โกหก	8
kɔ̀ʔ	島	เ กาะ	11
kɔ̂ɔ	～も	ก็	6
kɔ̂ɔ-dâay	まあ、いいですよ	ก็ได้	5
kɔ̂ɔ-lɛ́ɛw-kan	～にしよう	ก็แล้วกัน	5
kɔ̀ɔn	前に / ～の前に / 先に	ก่อน	1
kra-pǎw	カバン	กระเป๋า	5
kra-pǎw sa-taaŋ	財布	กระเป๋าสตางค์	5
kra-pɔ̌ŋ	～缶（缶に入った飲み物）	กระป๋อง	11

kra-prooŋ	スカート	กระโปรง	5
kra-thiam	ニンニク	กระเทียม	発音
kreeŋ-cay	遠慮する	เกรงใจ	12
kron	イビキをかく	กรน	発音
kròot	怒る	โกรธ	発音
kruŋ	都	กรุง	文字
kruŋ-thêep	バンコク	กรุงเทพฯ	2
kǔay-tǐaw	ラーメン	ก๋วยเตี๋ยว	文字
kúk	調理師	กุ๊ก	2
kun-cɛɛ	鍵	กุญแจ	5
kûŋ-chɛ̂ɛ-nám-plaa	クンチェーナムプラー (生エビのナムプラー漬け)	กุ้งแช่น้ำปลา	4
kwàa	～過ぎ / ～より	กว่า	8
kwaaŋ	鹿	กวาง	発音
kwâaŋ	広い	กว้าง	発音
kwàat	掃く	กวาด	発音
kh			
khàa	生姜	ข่า	発音
khâa	価値	ค่า	発音
khâa	殺す	ฆ่า	文字
kháa	商売する	ค้า	発音
khǎa	脚	ขา	発音
khâa-dooy-sǎan	料金	ค่าโดยสาร	9
khâam	渡る	ข้าม	9
khâa-râat-cha-kaan	公務員	ข้าราชการ	2
khàat-thun	赤字だ	ขาดทุน	5
khaaw	生臭い	คาว	発音
khàaw	ニュース	ข่าว	発音
khâaw	ご飯	ข้าว	1
khǎaw	白	ขาว	発音
khâaw-hɔ̀ɔ	弁当	ข้าวห่อ	10
khâaw-man-kày	カオマンガイ（タイ風蒸し鶏飯）	ข้าวมันไก่	4
khâaw-nǐaw	もち米	ข้าวเหนียว	11
khâaw-tôm	お粥	ข้าวต้ม	12
khǎay	売る	ขาย	10
kha-buan	パレード	ขบวน	文字
kha-maa	許す	ขมา	文字
kham (sàp)	単語	คำ(ศัพท์)	10

khan	～本（スプーンなど）	คัน	11
kha-náʔ	学部	คณะ	文字
kha-nŏm	お菓子	ขนม	文字
khâŋ-khâaŋ	隣 / そば	ข้าง ๆ	7
khàp-rót	運転する	ขับรถ	5
kháw	彼 / 彼女	เขา	1
khâw	入る	เข้า	11
khâw-cay	理解する	เข้าใจ	12
khâw-rian	入学する	เข้าเรียน	12
khày	卵	ไข่	9
kha-yăn	勤勉な	ขยัน	4
khâʔ	～です（女性）	ค่ะ	1
kháʔ	ですか？（女性）	คะ	1
khéek	ケーキ	เค้ก	5
khem	塩辛い	เค็ม	4
khĕm-khàt	ベルト	เข็มขัด	5
khəəy	～したことがある	เคย	6
khɛ̂ɛ-níi-kɔ̀ɔn	とりあえず	แค่นี้ก่อน	11
khɛ̀ŋ	試合をする	แข่ง	文字
khɛ̆ŋ	固い	แข็ง	文字
khɛ̀ŋ-khăn	試合する	แข่งขัน	文字
khɛ̆ŋ-rɛɛŋ	元気な / 丈夫な	แข็งแรง	11
khĭan	書く	เขียน	3
khĭaw	緑	เขียว	発音
khîi-kìat	怠ける	ขี้เกียจ	4
khîi-rèe	不細工な	ขี้เหร่	4
khít	考える	คิด	発音
khít-mâak	気にする	คิดมาก	12
khlaan	這う	คลาน	文字
khlàat	臆病	ขลาด	文字
khláay	似ている	คล้าย	発音
khlîi	開く	คลี่	発音
khlɔɔŋ	運河	คลอง	文字
khlɔ̂ɔt	産む	คลอด	発音
khlùy	笛	ขลุ่ย	文字
khlʉ̂ʉn	波	คลื่น	発音
khon	人	คน	2

khon ciin	中国人	คนจีน	2
khon kaw-lǐi	朝鮮人（多くは「韓国人」の意で使用）	คนเกาหลี	2
khon khàp	運転手	คนขับ	9
khon kruŋ-thêep	バンコク出身の人	คนกรุงเทพฯ	2
khon laaw	ラオス人	คนลาว	2
khon thay	タイ人	คนไทย	2
khon ʔa-mee-ri-kaa	アメリカ人	คนอเมริกา	2
khon-con	貧乏人	คนจน	文字
khoŋ (càʔ)	多分〜でしょう	คง(จะ)	10
khɔ̌ɔ	申請する / お願いする / 〜をください / 〜させてください	ขอ	9
khɔ̌ɔŋ	物 / 商品 / 〜の〜（所有を表す）	ของ	3
khɔ̌ɔŋ-khwǎn	プレゼント	ของขวัญ	12
khɔ̌ɔŋ-fàak	お土産	ของฝาก	12
khɔ̌ɔŋ-wǎan	甘いもの	ของหวาน	11
khɔ̀ɔp-cay	ありがとう	ขอบใจ	1
khɔ̀ɔp-khun	ありがとう	ขอบคุณ	1
khɔ̌ɔ-thôot	ごめんなさい	ขอโทษ	1
khɔɔy	待つ	คอย	発音
khɔn-sə̀ət	コンサート	คอนเสิร์ต	9
khɔ̂y	後で	ค่อย	文字
khráŋ	回	ครั้ง	文字
khráp	〜です（男性）/ はい / そうです	ครับ	1
khray	誰？	ใคร	7
khrây	欲する	ใคร่	文字
khrɔ̂ɔp-khrua	家族	ครอบครัว	3
khrûaŋ(-bin)	飛行機	เครื่อง(บิน)	8
khrûaŋ-khǐan	文房具	เครื่องเขียน	7
khrûaŋ-pruŋ	調味料	เครื่องปรุง	4
khrûaŋ-thêet	香味料	เครื่องเทศ	4
khrɯ̌m	クールな	ขรึม	文字
khrɯ̂ŋ	〜半	ครึ่ง	8
khrók	臼	ครก	10
khrua	台所	ครัว	発音
khrù-khràʔ	凸凹	ขรุขระ	文字
khruu	教師（小学校〜高校）	ครู	2
khùap	〜歳（12 歳以下）	ขวบ	3

khùat	～本（瓶に入った飲み物）	ขวด	11
khun	あなた	คุณ	1
khun-na-phâap	品質	คุณภาพ	文字
khuy-thoo-ra-sàp	電話で話す	คุยโทรศัพท์	3
khûu	～組（対になった箸など）	คู่	11
khuy	おしゃべりする	คุย	6
khŵn	乗る	ขึ้น	8
khɯɯ	～は～	คือ	4
khwǎa	右	ขวา	文字
khwaam-sa-ʔàat	清潔さ	ความสะอาด	9
khwǎa-mɯɯ	右手	ขวามือ	9
khwǎan	斧	ขวาน	発音
khwaay	水牛	ควาย	発音
khwan	煙	ควัน	発音
khwɛ̌ɛn	架ける	แขวน	発音
l			
láan	100万	ล้าน	5
laa ŋaan	仕事を休む	ลางาน	11
lâap-mǔu	ラープ（豚ひき肉のハーブ和え）	ลาบหมู	11
laay	LINE	ไลน์	3
lǎay	色々	หลาย	文字
laa-ʔɔ̀ɔk	仕事をやめる	ลาออก	12
la-khɔɔn	テレビドラマ	ละคร	10
lâw	酒	เหล้า	4
lâʔ	～は？	ล่ะ	1
lee-khǎa-nú-kaan	秘書	เลขานุการ	2
leew	悪い	เลว	文字
lèk	鉄	เหล็ก	文字
lék	小さい	เล็ก	5
lék-lék-nɔ́ɔy-nɔ́ɔy	些細な	เล็ก ๆ น้อย ๆ	12
lên	遊ぶ／（楽器、スポーツ、インターネットなどを）する	เล่น	発音
ləəy	実に／～してしまう／すぐ～する	เลย	6
lɛ̌ɛm	とがっている	แหลม	文字
lɛ́ɛw	もう～した／それで／では／で／ところで	แล้ว	1
lɛ́ɛw(-kɔ̂ɔ)	～したら～／そして／それから	แล้ว(ก็)	9
lɛ̂n	船が進む	แล่น	文字

lɛ́ʔ	～と～ / そして	และ	2
líaŋ	飼う / ご馳走する	เลี้ยง	6
líaw	曲がる	เลี้ยว	9
lom	風	ลม	発音
lǒŋ-lǎy	夢中になる	หลงใหล	文字
lót	値下げする / 下げる	ลด	5
lɔ̀ɔ	ハンサムな	หล่อ	4
lɔɔŋ ... duu	～してみる	ลอง...ดู	4
lɔ́t-təə-rîi	宝くじ	ลอตเตอรี่	12
luŋ	おじさん	ลุง	1
lûuk	子供	ลูก	9
lûuk-bɔɔn	ボール	ลูกบอล	5
lûuk-chaay	息子	ลูกชาย	3
lûuk-kháa	お客さん	ลูกค้า	12
lûuk-sǎaw	娘	ลูกสาว	3
lɯ̂ak	選ぶ	เลือก	12
lɯɯm	忘れる	ลืม	8
m			
maa	来る	มา	1
máa	馬	ม้า	発音
mǎa	犬	หมา	5
mâak	とても / たくさん	มาก	4
máay-then-nít	テニスラケット	ไม้เทนนิส	7
ma-hǎa-(wít-tha-yaa-)lay	大学	มหา(วิทยา)ลัย	2
má-lá-kɔɔ	パパイヤ	มะละกอ	10
maŋ-khút	マンゴスチン	มังคุด	10
mày	新しい / また	ใหม่	1
mây	～ではない	ไม่	発音
mây ... rɔ̀ɔk	そんな～ではないよ / ～ないよ	ไม่...หรอก	5
mây ... thâw-rày	そんなに～ない	ไม่...เท่าไร	10
mây-pen-ray	気にしない / 大丈夫	ไม่เป็นไร	1
mây sa-baay	病気になる	ไม่สบาย	9
mây sày ... náʔ	～を入れないで	ไม่ใส่...นะ	11
máy	～か？ / ～ですか？	ไหม	3
mǎy	絹	ไหม	発音
máy-càt-ta-waa	第４声調記号	ไม้จัตวา	文字
máy-thoo	第２声調記号	ไม้โท	文字

máy-trii	第３声調記号	ไม้ตรี	文字
máy-ʔèek	第１声調記号	ไม้เอก	文字
mee-nuu	メニュー	เมนู	11
méet	メートル	เมตร	9
meew	メール	เมล	10
měn	臭い	เหม็น	4
mɛ̂ɛ	母	แม่	3
mɛ̂ɛ-bâan	主婦	แม่บ้าน	2
mɛ̂ɛ-náam	川	แม่น้ำ	5
mɛɛn-chân	マンション	แมนชั่น	7
mɛɛw	猫	แมว	5
mii	ある／いる／持っている	มี	3
mii khwaam-sùk	幸せになる	มีความสุข	10
mii-naa (khom)	３月	มีนา(คม)	10
mii rian	授業がある	มีเรียน	6
mîit	ナイフ	มีด	5
mooŋ	時	โมง	8
mɔ̂ɔ	～杯（鍋に入った料理）	หม้อ	11
mɔ̌ɔ	医者	หมอ	1
mɔ̌ɔ fan	歯医者	หมอฟัน	6
mɔ̌ɔn	枕	หมอน	7
mɔɔ-ra-dòk	財産	มรดก	文字
mɔ́p	集まり	ม็อบ	文字
mùak	帽子	หมวก	5
muay-thay	ムエタイ（タイ式キックボクシング）	มวยไทย	6
mɯ̂a-khɯɯn	昨夜	เมื่อคืน	8
mɯaŋ	町	เมือง	11
mɯɯ	手	มือ	10
mɯ̀ɯn	１万	หมื่น	5
mɯ̂ɯt	暗い	มืด	文字

n

nâa	～そうだ	น่า	文字
nâa	顔、季節	หน้า	文字
nǎa	厚い	หนา	文字
naa-li-kaa	時計	นาฬิกา	5
náam	水／飲み物	น้ำ	6
naam-sa-kun	名字	นามสกุล	1

nâa-taa	顔	หน้าตา	6
nâa-tàaŋ	窓	หน้าต่าง	9
nǎaw	寒い	หนาว	4
naa-yók	首相（略語）	นายกฯ	12
nàk	重い	หนัก	発音
nák-khàaw	記者	นักข่าว	2
nák-rian	学生	นักเรียน	2
nák-rɔ́ɔŋ	歌手	นักร้อง	2
nák-sa-dɛɛŋ	俳優	นักแสดง	2
nák-sùk-sǎa	大学生	นักศึกษา	2
nák-thɔ̂ŋ-thîaw	観光客	นักท่องเที่ยว	10
nám-plaa	ナムプラー（魚醤）	น้ำปลา	4
nám-plàaw	水	น้ำเปล่า	11
nâŋ	乗る / 座る	นั่ง	6
nǎŋ	映画	หนัง	文字
náŋ-sʉ̌ʉ	本	หนังสือ	3
náŋ-sʉ̌ʉ-phim	新聞	หนังสือพิมพ์	5
nay	中	ใน	5
nǎy	どこ？ / どれ？ / どの？	ไหน	1
náʔ	～ね	นะ	1
nék-thay	ネクタイ	เนกไท	5
nɛ́-nam	薦める	แนะนำ	12
nɛ̂ɛ	必ず / 絶対	แน่	10
... níi	この～	...นี้	5
nîi	これ、こちら	นี่	4
nîi	借金	หนี้	文字
nǐi	逃げる	หนี	発音
nîm	柔らかい	นิ่ม	発音
ní-sǎy	性格	นิสัย	4
nít-nɔ̀y	少し	นิดหน่อย	4
nít-ta-ya-sǎan	雑誌	นิตยสาร	5
niw-yɔ̀ɔk	ニューヨーク	นิวยอร์ก	2
nom	牛乳	นม	10
nɔɔn	寝る	นอน	5
nɔ́ɔŋ	妹 / 弟 / ～さん	น้อง	1
nɔ́ɔŋ-chaay	弟	น้องชาย	3
nɔ́ɔŋ-sǎaw	妹	น้องสาว	3

nɔ́ɔy	少し / 少ない	น้อย	4
nûat (phɛ̌ɛn-boo-raan)	タイ式伝統マッサージ	นวด(แผนโบราณ)	6
nǔu	私 / あなた / ～ちゃん / ネズミ	หนู	1
nɯ́a	肉	เนื้อ	5
nɯ̀ay	疲れる	เหนื่อย	8
nɯ̀ŋ	1	หนึ่ง	3
ŋ			
ŋaan	仕事	งาน	12
ŋaan-bâan	家事	งานบ้าน	9
ŋâay	簡単な	ง่าย	4
ŋǎay	仰向け	หงาย	文字
ŋán	じゃ / それでは / それなら	งั้น	5
ŋǎw	寂しい	เหงา	文字
ŋən	お金	เงิน	3
ŋən-dɯan	給料	เงินเดือน	12
ŋən-sòt	現金	เงินสด	12
ŋɔ́ʔ	ランブータン	เงาะ	文字
ŋûaŋ	眠い	ง่วง	8
ŋɯ̀a	汗	เหงื่อ	文字
o			
ʔoo-kàat	機会	โอกาส	12
ʔoo-saa-kâa	大阪	โอซากะ	2
ɔ			
ʔɔ̌ɔ	なるほど / そうか！	อ๋อ	7
ʔɔ̀ɔk	出発する	ออก	8
ʔɔ̀ɔk-kam-laŋ-kaay	運動する	ออกกำลังกาย	6
ʔɔ̀ɔk-sǐaŋ	発音する	ออกเสียง	10
p			
pâa	おばさん	ป้า	1
pàak-kaa	ペン	ปากกา	5
pâay-rót-mee	バス停	ป้ายรถเมล์	7
pàk-kìŋ	北京	ปักกิ่ง	2
pan-hǎa	問題	ปัญหา	12
pa-rɔ̀ɔt	温度計	ปรอท	文字
pay	行く	ไป	1
pay-hǎa	会いに行く	ไปหา	9

pay-pay-maa-maa	行ったり来たりする	ไป ๆ มา ๆ	文字
pay rót-fay	電車で行く	ไปรถไฟ	7
pen	～です	เป็น	2
pen ŋay	～はどう？	เป็นไง	1
pə̀ət	開ける / 付ける	เปิด	8
pɛ̀ɛt	8	แปด	3
pia-noo	ピアノ	เปียโน	5
pii	年 / ～歳	ปี	3
pii-mày	新年	ปีใหม่	11
piin	登る	ปีน	12
pìt	閉める / 消す	ปิด	9
plaa	魚	ปลา	発音
plɛ̀ɛk	変な	แปลก	発音
plùuk	植える	ปลูก	発音
plɨ̀ak	皮	เปลือก	発音
pòk-ka-tìʔ	ふだん	ปกติ	6
pra-chum	会議がある / 会議	ประชุม	12
pra-maan	～ぐらい / だいたい	ประมาณ	8
pràp	調整する	ปรับ	発音
pra-thêet	国	ประเทศ	発音
pra-tuu	ドア / 扉	ประตู	7
pra-yàt	節約する	ประหยัด	10
pray-sa-nii	郵便局	ไปรษณีย์	7
prɛɛŋ	ブラシ	แปรง	文字
prɛɛŋ-fan	歯磨きをする	แปรงฟัน	9
prîaw	酸っぱい	เปรี้ยว	発音
pùay	病気になる	ป่วย	10
pùu	おじいさん（父方）	ปู่	3
prɨ̀k-sǎa	相談する	ปรึกษา	7
ph			
phâa-chét-nâa	ハンカチ	ผ้าเช็ดหน้า	5
phâa-phan-khɔɔ	マフラー	ผ้าพันคอ	5
phaa-sǎa	言語 / 言葉	ภาษา	2
phaa-sǎa ciin	中国語	ภาษาจีน	2
phaa-sǎa thay	タイ語	ภาษาไทย	2
phaa-sǎa yîi-pùn	日本語	ภาษาญี่ปุ่น	2
phaa-sǎa ʔaŋ-krìt	英語	ภาษาอังกฤษ	2

phâa-yen	おしぼり	ผ้าเย็น	11
phàk	野菜	ผัก	9
phák	泊まる	พัก	3
phák	党	พรรค	文字
phàk-chii	パクチー	ผักชี	11
pha-lìt	生産する	ผลิต	文字
phan	千	พัน	5
pha-nák-ŋaan bɔɔ-ri-sàt	会社員	พนักงานบริษัท	2
pha-nák-ŋaan khǎay	店員	พนักงานขาย	2
pha-nák-ŋaan pray-sa-nii	郵便局員	พนักงานไปรษณีย์	2
pha-nák-ŋaan tha-naa-khaan	銀行員	พนักงานธนาคาร	2
pha-nɛ̀ɛk	課	แผนก	文字
phan-ra-yaa	妻	ภรรยา	3
pha-yaa-baan	看護師	พยาบาล	2
phèt	辛い	เผ็ด	4
phɛɛŋ	（値段が）高い	แพง	4
phîi	姉／兄／～さん	พี่	1
phǐi	お化け	ผี	発音
phîi-chaay	兄	พี่ชาย	3
phîi-nɔ́ɔŋ	きょうだい	พี่น้อง	3
phîi-sǎaw	姉	พี่สาว	3
phí-phít-tha-phan	博物館	พิพิธภัณฑ์	5
phí-thii-kɔɔn	司会者	พิธีกร	文字
phlàk	押す	ผลัก	発音
phleeŋ	歌	เพลง	発音
phlə̌ə	うっかりする	เผลอ	発音
phlɛ̌ɛ	傷	แผล	発音
phlìʔ	咲く	ผลิ	文字
phlɔɔy	ルビー	พลอย	文字
phók	持ち歩く	พก	12
phǒm	私／髪の毛	ผม	1
phǒn-la-máay	果物	ผลไม้	4
phót-ca-naa-nú-krom	辞書	พจนานุกรม	5
phɔ̂ɔ	父	พ่อ	3
phɔɔ-dii	ちょうど	พอดี	6
phɔ̌ɔm	痩せている	ผอม	4
phrá-raam-kâaw	ラーマ９世 （通り名／国王の名前）	พระราม 9	7

phráʔ	お坊さん	พระ	発音
phrík	唐辛子	พริก	11
phrom	カーペット	พรม	文字
phrɔ́ʔ	なぜなら	เพราะ	発音
phrûŋ-níi	明日	พรุ่งนี้	発音
phûak-kháw	彼ら / 彼女ら	พวกเขา	1
phûak-khun	あなたたち	พวกคุณ	1
phûak-raw	私たち	พวกเรา	1
phûu-càt-kaan	課長 / マネジャー	ผู้จัดการ	10
phûu-chaay	男性	ผู้ชาย	5
phuu-kèt	プーケット（タイ南部の県名）	ภูเก็ต	3
phuu-khǎw	山	ภูเขา	12
phûut	話す	พูด	5
phûu-yǐŋ	女性	ผู้หญิง	5
phɯ̂an	友達	เพื่อน	1
phɯ̂an-rûam-ŋaan	同僚	เพื่อนร่วมงาน	7
r			
ráan	店	ร้าน	7
ráan kaa-fɛɛ	喫茶店	ร้านกาแฟ	3
ráan rim-thaaŋ	屋台	ร้านริมทาง	6
ráan sa-dùak-sɯ́ɯ	コンビニ	ร้านสะดวกซื้อ	6
ráan ʔaa-hǎan	レストラン	ร้านอาหาร	3
ra-hàt	暗証番号	รหัส	文字
rák	愛する	รัก	9
rák-sǎa	守る / 治療する	รักษา	9
ráp	迎える / もらう	รับ	9
rát-tha-baan	政府	รัฐบาล	文字
raw	私 / 私たち / あなた	เรา	1
raw-raaw	～ぐらい / だいたい	ราว ๆ	8
rɯ̌ə	そうなの！（感嘆詞）/ ～ですか？	หรือ	4
rɤ̂ək	吉日 / 時	ฤกษ์	文字
rew	速い / 早い	เร็ว	5
rɛɛŋ	強い	แรง	発音
rîak	呼ぶ	เรียก	9
rian (náŋ-sɯ̌ɯ)	勉強する	เรียน(หนังสือ)	3
rian-còp	卒業する	เรียนจบ	9
rian-tɔ̀ɔ	進学する、留学する	เรียนต่อ	11

rìi	下げる	หรี่	文字
rim-náam	川沿い	ริมน้ำ	6
rôm	傘	ร่ม	5
rooŋ-nǎŋ	映画館	โรงหนัง	7
rooŋ-phák	警察署	โรงพัก	9
rooŋ-pha-yaa-baan	病院	โรงพยาบาล	2
rooŋ-rɛɛm	ホテル	โรงแรม	2
rooŋ-rian	学校	โรงเรียน	2
róp-kuan	迷惑をかける	รบกวน	8
rót	車	รถ	4
rót(-bát)	バス	รถ(บัส)	8
rót(-châat)	味	รส(ชาติ)	4
rót-fay	電車	รถไฟ	5
rót-mee	バス	รถเมล์	文字
rót-tìt	渋滞	รถติด	7
rót-tûu	バン / ミニバス	รถตู้	7
rɔɔ	待つ	รอ	7
rɔ́ɔn	熱い / 暑い	ร้อน	4
rɔ́ɔŋ-phleeŋ	歌を歌う	ร้องเพลง	11
rɔɔŋ-tháaw	靴	รองเท้า	5
rɔɔŋ-tháaw phâa-bay	スニーカー	รองเท้าผ้าใบ	12
rɔ̂ɔp-lôok	世界中	รอบโลก	12
rɔ́ɔy	百	ร้อย	3
rûam-ŋaan	参加する	ร่วมงาน	12
ruay	金持ち	รวย	4
rúu-càk	～を知っている	รู้จัก	7
rûup	写真 / 絵	รูป	10
rɯa	船	เรือ	6
rɯan	～個（時計の類別詞）	เรือน	5
rɯ́-duu	季節	ฤดู	文字
rɯ́-plàaw	～ですか？	หรือเปล่า	1
rɯ̌ɯ	または / あるいは	หรือ	11
rɯɯ-sǐi	仙人	ฤาษี	文字
rɯ̂ay-rɯ̂ay	まあまあ	เรื่อย ๆ	1
rɯ́-yaŋ	もう～した？	หรือยัง	1
s			
sǎam	3	สาม	3

săa-mâat	能力がある / できる	สามารถ	文字
săa-mii	夫	สามี	3
sâaŋ	建てる	สร้าง	12
sâap	承知する	ทราบ	文字
saay	砂	ทราย	文字
săay	(時間的に) 遅れる	สาย	8
sáay-mɯɯ	左手	ซ้ายมือ	9
sa-baay	快適な	สบาย	文字
sa-baay-dii	元気な	สบายดี	1
sa-bùu	石鹸	สบู่	文字
sák-khráŋ	1回ぐらい	สักครั้ง	10
sák-khrûu	しばらく	สักครู่	9
sák-phâa	洗濯する	ซักผ้า	8
sa-maa-khom	協会	สมาคม	文字
sa-màk	応募する	สมัคร	文字
săm-phan	関係	สัมพันธ์	文字
săm-rèt	成功する	สำเร็จ	文字
săm-rùat	調べる	สำรวจ	文字
sa-năam-bin	空港	สนามบิน	9
sa-nùk	楽しい / 面白い	สนุก	4
sa-phaan	橋	สะพาน	9
sà-pháy	嫁	สะใภ้	文字
sà-phŏm	髪を洗う	สระผม	10
sa-ràʔ	母音	สระ	文字
sa-taaŋ	サターン (通貨の単位)	สตางค์	文字
sa-thăa-nii	駅	สถานี	7
sâw	悲しい	เศร้า	文字
sa-wăn	天国	สวรรค์	文字
sa-wàt-dii	こんにちは	สวัสดี	1
sày	着る / (時計・メガネなどを) つける / 入れる	ใส่	4
sáy	そのような	ไซร้	文字
săy	澄んだ	ใส	文字
sây-krɔ̀ɔk ʔii-săan	サイクローク・イサーン (タイ東北地方のソーセージ)	ไส้กรอกอีสาน	4
sàʔ	池	สระ	文字
sa-ʔàat	清潔な	สะอาด	4
sàʔ wâay-náam	プール	สระว่ายน้ำ	11

sèet-thǐi	大金持ち	เศรษฐี	文字
sen-chʉ̂ʉ	サインする	เซ็นชื่อ	9
sen-ti-méet	センチメートル	เซนติเมตร	3
sèt	できあがる	เสร็จ	文字
sə̌əm	補う	เสริม	文字
sɛ̌ɛn	10万	แสน	5
sǐa	壊れる	เสีย	文字
sǐaŋ	声	เสียง	発音
sǐaŋ-daŋ	大声 / 音が大きい	เสียงดัง	12
sìi	4	สี่	3
sîi	（歯の類別詞）	ซี่	発音
síi	親しい	ซี้	発音
sǐi	色	สี	発音
sǐi-dɛɛŋ	赤色	สีแดง	5
sǐi-khǎaw	白色	สีขาว	5
sǐi-sàʔ	頭	ศีรษะ	文字
sìi-yɛ̂ɛk	交差点	สี่แยก	9
sǐn-kháa	商品	สินค้า	4
sìp	10	สิบ	3
sìp-ʔèt	11	สิบเอ็ด	3
sìʔ	～だよ	สิ	12
sòk-ka-pròk	汚い	สกปรก	4
sôm	みかん	ส้ม	12
sôm-tam	ソムタム（パパイヤのサラダ）	ส้มตำ	10
sòŋ	送る /（声などを）出す	ส่ง	9
sǒŋ	浴びる	สรง	文字
soow	ソウル	โซล	2
sòt	新鮮な	สด	文字
sɔ̂m	フォーク	ส้อม	5
sɔ̌ɔn	教える	สอน	3
sɔ̌ɔŋ	2	สอง	3
(sɔ̀ɔp) tòk	（試験などに）落ちる	(สอบ)ตก	10
sɔɔy	小路	ซอย	7
sɔ̂y-khɔɔ	ネックレス	สร้อยคอ	5
sǔan	公園 / 庭	สวน	12
sùan-yày	ほとんど / 大部分	ส่วนใหญ่	9

sûat-soŋ	体型	ทรวดทรง	文字
sǔay	美しい	สวย	4
su-kîi	タイスキ	สุกี้	6
sùk-kha-phâap	健康	สุขภาพ	文字
súp-pə̂ə	スーパー	ซูเปอร์	6
sút	崩れる	ทรุด	文字
sǔun	0	ศูนย์	3
sǔuŋ	身長、高い	สูง	3
sùup bu-rìi	タバコを吸う	สูบบุหรี่	5
suu-shíʔ	寿司	ซูชิ	5
sɯ̀a	ござ	เสื่อ	発音
sɯ̂a	服 / シャツ	เสื้อ	5
sɯ̌a	虎	เสือ	発音
sɯ̂a-yɯ̂ɯt	T シャツ	เสื้อยืด	11
sɯ́ɯ	買う	ซื้อ	6
sɯ́ɯ-khɔ̌ɔŋ	買い物をする	ซื้อของ	3
t			
taa	おじいさん（母方）/ 目	ตา	3
taam-sa-baay	ご自由に	ตามสบาย	11
tàaŋ-châat	外国	ต่างชาติ	5
tàaŋ-pra-thêet	外国	ต่างประเทศ	6
taay	死ぬ	ตาย	12
tâay	下 / 南	ใต้	文字
ta-kìap	箸	ตะเกียบ	5
ta-làat	市場	ตลาด	文字
ta-làat-náam	水上マーケット	ตลาดน้ำ	6
ta-lòk	面白い	ตลก	文字
tam	打つ / 潰す	ตำ	10
tam-rùat	警察官	ตำรวจ	2
tâŋ-tɛ̀ɛ	～から（時間）	ตั้งแต่	8
tàt	切る	ตัด	6
tèʔ	蹴る	เตะ	文字
tɛ̀ɛ	しかし	แต่	2
tɛɛŋ-moo-pàn	スイカジュース	แตงโมปั่น	11
tɛ̀ŋ-ŋaan	結婚する	แต่งงาน	10
tiaŋ	ベッド	เตียง	7
tìm-sam	飲茶（ヤムチャ）	ติ่มซำ	6

tìt-tɔ̀ɔ	連絡する	ติดต่อ	8
tôm	煮る	ต้ม	文字
too-kiaw	東京	โตเกียว	2
tóʔ	テーブル	โต๊ะ	7
tóʔ tham-ŋaan	机	โต๊ะทำงาน	7
tɔ̂ŋ	～しなければならない	ต้อง	9
tɔ̀ɔ (rót)	乗り換える	ต่อ(รถ)	10
tɔɔn-cháaw	朝 / 午前	ตอนเช้า	6
tɔɔn-níi	今	ตอนนี้	3
tɔ̀ɔp	答える / 返信する	ตอบ	10
traa	シンボル / 印	ตรา	発音
triam	準備する	เตรียม	発音
troŋ	まっすぐ	ตรง	発音
troŋ-nǎy	どこ？	ตรงไหน	7
troŋ-pay	まっすぐ行く	ตรงไป	9
trùat	調べる	ตรวจ	発音
tua	体	ตัว	文字
túk-túk	トゥクトゥク（オート三輪車）	ตุ๊กตุ๊ก	6
tûu-pray-sa-nii	郵便ポスト	ตู้ไปรษณีย์	7
tɔɔn-dèk	幼少時	ตอนเด็ก	6
tɯ̀ɯn	起きる	ตื่น	5

th

thaa	塗る	ทา	発音
thâa	もし	ถ้า	発音
thâa ... kɔ̂ɔ ...	もし～ならば	ถ้า...ก็...	12
tháa	挑戦する	ท้า	発音
thǎam	尋ねる	ถาม	8
thaan	食べる / 飲む（丁寧語）	ทาน	4
thaaŋ	～の方向で / 道	ทาง	9
thaaŋ-dùan	高速道路	ทางด่วน	9
thàay-rûup	写真を撮る	ถ่ายรูป	5
tha-hǎan	軍人	ทหาร	文字
tha-lee	海	ทะเล	4
tham	する / 作る / やる	ทำ	3
tham-bun	タムブン / 徳を積む	ทำบุญ	6
tham khwaam-sa-ʔàat	掃除する	ทำความสะอาด	6
tham-ma-châat	自然	ธรรมชาติ	11

tham-ma-daa	普通	ธรรมดา	文字
tham-ŋaan	仕事する	ทำงาน	2
than	間に合う	ทัน	8
tha-naa-khaan	銀行	ธนาคาร	2
tha-naay-khwaam	弁護士	ทนายความ	2
tha-nŏn	通り、道	ถนน	3
than-thii	すぐに	ทันที	12
thăŋ	～杯（バケツに入った氷など）	ถัง	11
thâw-rày	いくつ / いくら / どれぐらい / どの程度	เท่าไร	3
then-nít	テニス	เทนนิส	8
thɛ́k-sîi	タクシー	แท็กซี่	7
thɛ̌w-níi	このあたり	แถวนี้	1
thə̀ʔ	～しよう	เถอะ	8
thîaw	遊ぶ / 旅をする	เที่ยว	6
thîi	～で /（関係代名詞）/ ～人分	ที่	2
thîi-bâan	家族	ที่บ้าน	7
thîi-cɔ̀ɔt-rót	駐車場	ที่จอดรถ	7
thîi-năy	どこ？	ที่ไหน	2
thîi-sɔ̌ɔŋ	第２/２番目の	ที่2	9
thîi-sùt	１番	ที่สุด	文字
thîi-tham-ŋaan	職場	ที่ทำงาน	3
thîi-wâaŋ	空いている席 / 場所	ที่ว่าง	3
thii-wii	TV	ทีวี	9
thíŋ	捨てる	ทิ้ง	12
thon	長持ちする	ทน	4
thoo-ra-sàp	電話 / 電話する	โทรศัพท์	文字
(thoo-ra-sàp) mɯɯ-thɯ̌ɯ	携帯電話	(โทรศัพท์)มือถือ	3
thoo-ra-thát	テレビ	โทรทัศน์	3
thôot náʔ	すいません	โทษนะ	1
thôot-thii	ごめんなさい	โทษที	8
thɔɔn	おつりを渡す	ทอน	9
thɔ́ɔŋ-sǐa	お腹を壊す	ท้องเสีย	6
thɔɔ-ra-maan	苦しい	ทรมาน	文字
thrít-sa-dii	理論	ทฤษฎี	文字
thùa	豆	ถั่ว	文字
thûay	カップ / ～杯（カップに入った飲み物）	ถ้วย	5
thúk-cháaw	毎朝	ทุกเช้า	9

thúk-wan	毎日	ทุกวัน	8
thúk-yàaŋ	全部	ทุกอย่าง	5
thǔŋ	～袋（袋で持ち帰るラーメンなど）	ถุง	11
thǔŋ-mɯɯ	手袋	ถุงมือ	12
thǔŋ-tháaw	靴下	ถุงเท้า	5
thú-ráʔ	用事	ธุระ	11
thú-rá-kìt sùan-tua	自営業	ธุรกิจส่วนตัว	9
thú-rian	ドリアン	ทุเรียน	4
thùuk	（値段が）安い / 当たる / 触る / 正しい	ถูก	4
thǔu tua	体を洗う	ถูตัว	10
thʉ̌ŋ	～まで / 到着する	ถึง	8
u			
ʔûan	太っている	อ้วน	4
ʔuay-phɔɔn	祝う	อวยพร	文字
ʔùn	暖かい	อุ่น	文字
w			
wâa càʔ	～しようと思う	ว่าจะ	6
wǎan	甘い	หวาน	文字
wâaŋ	空いている	ว่าง	6
wâay-náam	泳ぐ	ว่ายน้ำ	5
wâay-phráʔ	お参りする	ไหว้พระ	7
wan	日	วัน	文字
wan can	月曜日	วันจันทร์	6
wan-níi	今日	วันนี้	1
wan phá-rɯ́-hàt (sàʔ-bɔɔ-dii)	木曜日	วันพฤหัส(บดี)	6
wan phút	水曜日	วันพุธ	6
wan sǎw	土曜日	วันเสาร์	6
wan sùk	金曜日	วันศุกร์	6
wan-thîi	～日	วันที่	10
wan-yùt	休日	วันหยุด	11
wan-yùt-râat-cha-kaan	祝日	วันหยุดราชการ	9
wan waa-leen-thaay	バレンタインデー	วันวาเลนไทน์	12
wan ʔaa-thít	日曜日	วันอาทิตย์	6
wan ʔaŋ-khaan	火曜日	วันอังคาร	6
wát	寺 / 寺院	วัด	5
wàt-dii	こんにちは	หวัดดี	1
wǎy	動く	ไหว	文字

wee-laa	時間	เวลา	12
wɛ̂n(-taa)	メガネ	แว่น(ตา)	5
wii-sâa	ビザ	วีซ่า	9
wít-sa-wá-kɔɔn	エンジニア	วิศวกร	2
wít-sa-wáʔ	工学	วิศวะ	2
wiw	景色	วิว	6
y			
yaa	薬	ยา	発音
yàa	～するな / ～しないで	อย่า	12
yâa	おばあさん（父方）	ย่า	3
yâa	草	หญ้า	文字
yàak	～したい	อยาก	6
yâak	難しい	ยาก	4
yàaŋ	～のような	อย่าง	文字
yaaŋ-lóp	消しゴム	ยางลบ	5
yâat	親戚	ญาติ	文字
yaaw	長い	ยาว	発音
yaay	おばあさん（母方）	ยาย	3
yáay	引っ越す / 移る	ย้าย	10
yaŋ	まだ	ยัง	1
yáp	シワになる	ยับ	発音
yay	繊維	ใย	文字
yày	大きい	ใหญ่	5
yə́ʔ	たくさん / 多い	เยอะ	4
yìap	踏む	เหยียบ	文字
yîi-pùn	日本	ญี่ปุ่น	2
yîi-sìp	20	ยี่สิบ	3
yím	笑う	ยิ้ม	文字
yin-dii	喜ぶ	ยินดี	1
yin-dii thîi dâay rúu-càk	はじめまして	ยินดีที่ได้รู้จัก	1
yǐŋ	女	หญิง	文字
yòk	翡翠	หยก	文字
yûŋ	忙しい	ยุ่ง	8
yùt	止まる	หยุด	文字
yùu	住む / ある / いる / ～している	อยู่	3
yùu-dûay-kan	一緒にいる / 同棲する	อยู่ด้วยกัน	10

| yɯɯm | 貸す / 借りる | ยืม | 11 |
| yɯɯn | 立つ | ยืน | 6 |